Lernen und Forschen mit sozialen Simulationen

AF211235

.

Larissa Mogk (Hrsg.)

Lernen und Forschen
mit sozialen Simulationen

Das interdisziplinäre
Real-Life-Simulationsspiel SocialSIM

Waxmann 2015
Münster • New York

Bibliografische Informationen der Deutschen Nationalbibliothek
Die Deutsche Nationalbibliothek verzeichnet diese Publikation in
der Deutschen Nationalbibliografie; detaillierte bibliografische
Daten sind im Internet über http://dnb.d-nb.de abrufbar.

Print-ISBN 978-3-8309-3309-0
E-Book-ISBN 978-8309-8309-5

© Waxmann Verlag GmbH, 2015
Steinfurter Straße 555, 48159 Münster

www.waxmann.com
info@waxmann.com

Umschlaggestaltung: Inna Ponomareva, Jena
Titelbild: Xiaoqiu Qiu, Freiburg
Satz: Sven Solterbeck, Münster

Gedruckt auf alterungsbeständigem Papier,
säurefrei gemäß ISO 9706

Printed in Germany

Inhalt

Einleitung

Zwischen Spiel und Simulation: SocialSIM als Lehr- und Lerninstrument

Larissa Mogk

Simulationen sind in den Naturwissenschaften gängige Praxis. Hier dienen sie dazu, vorherige Überlegungen zu verifizieren. In einer abgeschlossenen Laborumgebung oder einer Computersimulation wird unter bestimmten vorher konstruierten Bedingungen überprüft, ob die vorherigen Annahmen mit den Ergebnissen aus der Simulation übereinstimmen. Im Anschluss daran wird überlegt inwieweit die Versuchsbedingungen mit der realen Situation vergleichbar sind. Mit Ausnahme der in einigen Fächern üblichen computerbasierten Version, gehören Simulationen eher weniger zum Repertoire der Sozialwissenschaften. Soziale Prozesse seien nicht wiederholbar und zu komplex, um sie vereinfacht abzubilden, lautet meist die Begründung. Wir sind jedoch der Überzeugung, dass sich soziale Prozesse auch in einer simulierten Umgebung beobachten lassen. Die exakte Wiederholbarkeit einer Simulation ist dabei selbstverständlich nicht gegeben. Die Erkenntnisse, die aus einem solchen Experiment abgeleitet werden können, sind dadurch aber nicht weniger wertvoll. Simulationen vereinfachen und veranschaulichen gesellschaftliche Prozesse, indem sie Komplexität reduzieren und einzelne Zusammenhänge herausheben. Genau diese Eigenschaften einer Simulation versuchte das Simulationsspiel SocialSIM für die Lehre zu nutzen.

Was ist SocialSIM?

SocialSIM hat 2014 den *Instructional Development Award*, den Preis für innovative Lehre der Universität Freiburg gewonnen, der jährlich von der Abteilung Lehrentwicklung vergeben und vom Bundesministerium für Bildung und Forschung gefördert wird. Das Projekt hatte sich zum Ziel gesetzt, Simulationen für die Sozialwissenschaften zu erproben. Teil des Lehr- und Lernprojekts war das Simulationsspiel *SocialSIM – Bau Dir Deine Gesellschaft!*, das im Vorfeld von einem interdisziplinären Team entwickelt wurde. Es war gleichzeitig ein Spielfeld und eine teilweise kontrollierte Forschungsumgebung. Für einen Tag wurde mit dem Simulationsspiel eine vereinfachte Umgebung geschaffen, in der soziale Prozesse stattfinden konnten. Diese wurden dann mit der Fokussierung auf bestimmte inhaltliche Schwerpunkte von Studierenden erforscht. Eine inhaltliche und methodische Begleitung der Studierenden fand in wöchentlichen interdisziplinären und fachspezifischen Seminarsitzungen statt.

Für die über 80 Teilnehmer*innen am Simulationsspiel bot SocialSIM die Chance ihre Gemeinschaft nach eigenen Vorstellungen zu gestalten. Spieler*innen konnten ein politisches und wirtschaftliches System aushandeln, SIM verdienen und Infrastruktur aufbauen. Der thematische Schwerpunkt des Simulationsspiels war eine der großen Herausforderungen unserer Zeit, die Nachhaltigkeit. Gleichzeitig mussten sich die Spieler*innen fragen, in welche Richtung sich ihre Gemeinschaft entwickeln sollte und wie sie mit sozialer Ungleichheit umgehen wollte.

Im Wechselspiel zwischen vorab definierten Regeln und Räumen für eigene Gestaltungsfreiheit simulierten Spieler*innen gesellschaftliche Abläufe. Sie entschieden dabei nach individuellen oder kollektiven Interessen und erfuhren im Verlauf des Spiels die Konsequenzen ihres Handelns. In einem Mikrokosmos wurde die Verschränkung sozialer, politischer und wirtschaftlicher Prozesse spielerisch erlebt. Für die Studierenden der Fächer Soziologie, Ethnologie und Politikwissenschaft wurde das interaktive Real-life-Simulationsspiel zum gemeinsamen Forschungsfeld. Sie profitierten von dem interdisziplinären Rahmen, der empirischen Praxis und dem Erlebnis Simulation.

Das Projekt war als Experiment geplant, diente aber weniger dazu, theoretische Vorannahmen zu überprüfen. Mit einem verlaufsoffenen und variablen Setting wollten wir Bedingungen für die sozialwissenschaftliche Forschung schaffen. SocialSIM sollte eine innovative Lehrmethode sein und den Bereich des erfahrungsbasierten und performativen Lernens stärken, der in der Universität gegenüber dem kognitiven Lernen meist vernachlässigt wird.

Die Lernziele

Die Lernziele waren konzeptionell auf zwei Ebenen angelegt. Zum einen war die Simulationsumgebung Repräsentationsfläche für die Veranschaulichung von politischen, sozialen und wirtschaftlichen Prozessen, die in der Lehre meist nur theoretisch abgehandelt werden. Zum anderen bot die Simulation eine Plattform für studentische Forschungsprojekte. Studierende aus Ethnologie, Soziologie und Politikwissenschaften setzten sich mit den methodischen Grundfragen der Sozialwissenschaften auseinander und entwickelten eigene Forschungsfragen. Während der eintägigen Simulation führten sie Datenerhebungen in Form von Interviews, Fragebogen und Teilnehmender Beobachtung durch. Von der Entwicklung einer eigenen Forschungsfrage über die Umsetzung der Erhebung und die Auswertung der Daten bis zur schriftlichen Aufarbeitung führten sie alle Schritte des empirischen Arbeitens aus. Viele Studierende sammelten mit der Teilnahme am Projekt ihre ersten empirischen Erfahrungen. Eine besondere Herausforderung war dabei die Unterscheidung zwischen Beobachtung und Interpretation. Vorbereitet und begleitet wurden die Übungsforschungen von den jeweiligen Dozierenden in wöchentlichen gemeinsamen und fachspezifischen Seminaren im Sommersemester 2014. Das Seminar bot eine Möglichkeit gut betreut und in einem geschützten Rahmen eigene Erfahrungen zu sammeln und sich auszuprobieren.

In der interdisziplinären Lernumgebung konnten neben den thematischen und methodischen Inhalten auch die Kenntnisse über die Charakteristika der jeweils anderen Fächer gestärkt werden. Unter den Studierenden ergaben sich Forschungskooperationen und ein reger Austausch über spezifische Forschungsmethoden und fachliche Perspektiven. Zugute kam allen Beteiligten die zeitliche und räumliche Komprimierung im Simulationskontext, die das Erkennen der Zusammenhänge vereinfachte.

Eine weitere Dimension des Ausprobierens bot sich für die Teilnehmenden an der Simulation. Für sie war es vor allem das Erleben des Mikrokosmos Gesellschaft, das in Erinnerung blieb. Charakteristisch für diese geteilte Erfahrung ist ein beiläufiges unbewusstes Lernen, das im Nachhinein reflektiert werden muss. Der Einsatz von Simulationen in der Lehre mag einem Skeptiker oder einer Skeptikerin deshalb zuerst wenig Ziel führend erscheinen. Die Lernerfahrungen und deren Reflektionen sind bei den Beteiligten allerdings über Jahre hinweg in Erinnerung und lassen sich jederzeit wieder abrufen. Sie dienen als Bezugspunkte für die Auseinandersetzung mit sozialwissenschaftlichen Theorien.

Die Einordnung

Mit dem Blick auf die Bildungslandschaft werden universitäre Lehre und spielerisches Lernen für gewöhnlich nicht zusammen gedacht. Das humanistische Ideal eines sich in der Universität bildenden Menschen widerspricht offenbar der Vorstellung von einem Spieler oder einer Spielerin. Wie Kinder probieren Spielende sich aus, tauchen in imaginierte Welten ein, nehmen diese als gegeben an und schlüpfen selbst in eine Rolle. Ihr Handeln zieht dabei meist keine Konsequenzen nach sich. Sie interagieren mit anderen Spieler*innen, sind abhängig von Glück, Reaktion oder der gewählten Strategie. Im Gegensatz dazu steht der Student oder die Studentin, der oder die Bücher liest, diskutiert und in der theoretischen Auseinandersetzung Erkenntnis erlangt.

Johan Huizinga beschreibt die Figur des *homo ludens*, des spielenden Menschen, und zugleich das Spiel als elementar für die menschliche Kultur. Neben dem *homo sapiens*, der durch seine Vernunft gekennzeichnet ist und dem *homo faber*, dem schaffenden Menschen, zeigt Huizinga die kulturelle Bedeutung der Spiele auf (Huizinga 2001: 7 ff.). Er ist davon überzeugt, dass gerade diese unsere Kultur formen. Sie sind gekennzeichnet durch freies Handeln und das Wissen, dass es sich nicht um das „eigentliche" Leben handelt. Das wird besonders deutlich, da das Spiel in Dauer und Raum festgelegt ist. Es entsteht eine „zeitweilige, begrenzte Vollkommenheit" (Huizinga 2001: 19). Diese Begrenzung und Kondensierung bietet die Möglichkeit für verschiedenste Lernprozesse, die in der praktischen Umsetzung eingeübt werden können.

Im Spiel werden Strukturen und individuelle Handlungsweisen in einer so-tun-als-ob-Situation reproduziert. Bei dem wohl jedem vertrauten Spiel „Vater, Mutter, Kind" werden die vorgelebten Verhaltensweisen der Eltern oder anderer Erziehungsbeauftragter eingenommen und neu gedeutet. Auf diese Weise üben die Kinder Verhaltensweisen ein, die ihnen vorgelebt wurden. Auch Spieler*innen bei SocialSIM benutzen vertraute und imaginierte Handlungsmuster aus ihrem Alltag und formen damit den Spielverlauf. Die Kombination aus Neuerfinden und Reproduktion von habitualisiertem Handeln macht den Reiz dieser Simulation aus. In der Auswertungsphase nach der Simulation und in der Konfrontation mit dem Alltag der Spieler*innen werden die Spielerfahrungen reflektiert und zueinander in Bezug gesetzt.

Das Erlebte und Eingeübte sind die entscheidenden Lernerfahrungen, die die Spieler*innen immer wieder rekonstruieren können.

Von diesen Stärken profitierte auch das Lehr- und Lernprojekt Social-SIM. Der Spielkontext wurde dabei erstaunlich ernst genommen und konnte so als realitätsnahe Forschungsumgebung dienen. Ähnlich wie bei anderen Spielen nahmen die Teilnehmer*innen bei SocialSIM ihre Rollen an und bewegten sich darin. Sie stülpten diese allerdings nicht über wie ein Kostüm, an das man von Zeit zu Zeit wieder erinnert werden muss, wenn man die Rolle unbewusst verlassen hat. Die Teilnehmer*innen spielten sich selbst. Vergleichbar wäre das eher mit den Reaktionen bei einem Mensch-ärgere-dich-nicht-Spiel: Mitleid oder Schadenfreude mit demjenigen*derjenigen, den*die man rausschmeißt, Freude über einen Sieg, Enttäuschung und Verärgerung, wenn man verliert, oder im letzten Spielzug die falsche Entscheidung getroffen hat. Wir reagieren emotional, steigern uns in das Spiel hinein und verhalten uns häufig wie in einer Situation außerhalb des Spiels. Diese Gefühle sind situationsbezogen und spontan. Das Spiel wird kurzzeitig als Realität akzeptiert.

Diese mit dem Spiel verbundenen Attribute können auch in der akademischen Lehre zu Lernerfolgen führen, wie das Projekt SocialSIM zeigt. So wie der vernünftige und der zweckgerichtete, systematisch denkende Mensch Grundlage der Wissensvermittlung ist, sollte es auch der intrinsisch motivierte spielende Mensch sein. Die Spannung und Freude des Spiels, das emotionale Erleben von sozialen, wirtschaftlichen und politischen Prozessen fördert bei SocialSIM das multidimensionale Lernen. Die persönliche Erfahrung des Spiels und der Forschungsübung während des Spiels können im Anschluss zur Verdeutlichung von Theorien und methodischem Vorgehen reflektiert werden. Durch den überschaubaren Komplexitätsgrad und die Abgeschlossenheit der Simulation sind dafür gute Rahmenbedingungen gegeben.

Die konstruierte Situation birgt aber auch die Gefahr, dass sie nicht als Abbild eines realen Kontextes ernst genommen wird. Die Teilnehmer*innen wissen, dass ihrem Handeln nach dem Spiel keine Konsequenzen folgen. Dieser Umstand lädt dazu ein, anders vorzugehen als im Alltag und neue Denkmuster im Simulationskontext auszuprobieren. Aber auch das sind Denkmuster, die in der Gesellschaft vorhanden sind und die in der Simulation lediglich ausgespielt werden. Die Simulation bietet so auch die Möglichkeit Utopien und gedachte Idealsituationen zu verwirklichen und die

Konsequenzen zu überblicken. Ziel für das Simulationsdesign von Social-SIM war es in diesem Zusammenhang die Abläufe so zu gestalten, dass sie den Realen möglichst ähnlich sind.

Das Simulationsspiel

Als Voraussetzung für eine ergebnisoffene Forschung war es für die beteiligten Wissenschaften elementar, dass für SocialSIM kein konkretes Spielziel vorgegeben war. Spieler*innen sollten keine Strategie entwickeln, um zu gewinnen. Ebenso wenig wollten wir vorgeben, was die erstrebenswerte Gesellschaftsform ist und Gewinner*innen und Verlierer*innen benennen. Die Spieler*innen sollen sich frei fühlen, ihre eigene Spielumgebung zu gestalten und nicht gezwungen sein, nach vorgegeben Strategien zu handeln. Bei politischen Entscheidungen wurden Vorschläge für verschiedene Organisationsformen gemacht, die Spieler*innen konnten aber auch selbst kreative Lösungen finden.

Trotzdem ist SocialSIM auch der Modellcharakter einer Simulation inhärent. Das Spieldesign wurde vorher so konzipiert, das bestimmte Thematiken darin zu untersuchen sind. Ein Schwerpunkt lag auf der Untersuchung der gesellschaftlichen Nutzung und Verteilung von Gemeingütern. Hier wurde der Umgang mit der Allmende in unterschiedlichen Gruppengrößen getestet. Des Weiteren wurden bestimmte Spielregeln von der Spielleitung vorgegeben und ein grober Ablauf des Simulationsspiels stand von Beginn an fest. Den Spieler*innen blieb dann nur die Wahl zu spielen oder die Abläufe zu boykottieren. Auch das Spielfeld und die anfängliche Aufteilung der Spieler*innen in drei Gemeinschaften prägten des Verlauf von SocialSIM'14 in entscheidendem Maße. Ein Minimum an Vorgaben war jedoch notwendig, um ein solches Event planen und vorbereiten zu können.

SocialSIM unterschiedet sich trotzdem deutlich von anderen Simulationen. So werden bei Rollen- und Planspielen vor allem feste Rollen und der Spielverlauf vorgegeben. Ziel von Planspielen ist es vielmehr, die Strukturen und Funktionsweisen von politischen und wirtschaftlichen Institutionen sichtbar zu machen. Der didaktische Anspruch ist klar formuliert, der Aspekt des Einübens wird betont. Rollenspiele dienen unter anderem der individuellen Persönlichkeitsentwicklung. In einem Handlungsrahmen, aus dem keine Konsequenzen zu erwarten sind, können verschiedene Rollen ausprobiert oder eingeübt werden.

Die Besonderheit des situativen Entscheidens bei SocialSIM wird vor allem im Vergleich mit einem Theaterstück deutlich. Auch hier werden Rollen gespielt, jedoch sind diese einstudiert und können, mit Ausnahme des Improvisationstheaters, nicht der Situation entsprechend angepasst werden. Die Konstellation Schauspieler*in auf einer Bühne und Publikum im Saal unterscheidet sich deutlich von der Realität bei SocialSIM.

Die Beteiligten

Mit dem Projekt SocialSIM wagten Mitarbeiter*innen der Universität Freiburg 2014 das Experiment und machten Simulationen zum Thema von Lehre und Forschung. Dieses Vorhaben wurde ermöglicht durch die Beteiligung verschiedener Dozierender und Studierender. Das Spieldesign wurde von einer interdisziplinären Gruppe von Ethnologinnen (Larissa Mogk, Nadja Bürger und Mirjam Lücking), Politikwissenschaftler*innen (Mikko Huotari, Tristan Fuhrmann, Jana Ciernioch und Amal Froidevaux), Soziologen (Felix Metzger und Benjamin Hennchen), Volkswirten (Antonio Farfán-Vallespín, Dmitriy Morgunov und Nikita Zakharov) und der Kulturwissenschaftlerin Judith Müller entwickelt. Neben der Konzeption arbeiteten die Beteiligten bei der Umsetzung des Simulationsspiels am 2. August 2014 mit. Getragen wurde die Durchführung des Simulationsspiels zusätzlich von den Studierenden des Seminars und den freiwilligen Helfer*innen.

Für die Lehre waren Dozierende der Ethnologie (Prof. Dr. Gregor Dobler und Larissa Mogk), Soziologie (Dr. Dominique Schirmer) und Politikwissenschaft (Dr. Friedrich Arndt) verantwortlich. In Abstimmung mit dem Spieldesign konzipierten sie die Lehrinhalte für das Seminar und begleiteten die Forschungsprojekte der Studierenden. Auch während der Simulation standen sie für Fragen der Studierenden zur Verfügung und beobachteten und dokumentierten das Geschehen.

Das Handbuch

Ziel dieses Handbuches ist es, die Erfahrungen, die wir bei der Konzeption und Durchführung der Lehre und der Simulation gemacht haben, festzuhalten. Wir hoffen, dass bei Lehrenden im universitären oder außeruniversitären Bereich dadurch das Interesse an dem Einsatz von Simulationen in der Lehre geweckt wird. Aus Perspektive der Beteiligten und dem Feedback der Spieler*innen zufolge war „das Experiment" sehr gelungen und sollte unbedingt wiederholt werden.

Im ersten Teil wird dazu das Simulationsspiel *SocialSIM – Bau Dir Deine Gesellschaft!* vorgestellt. Um das Simulationsspiel und die damit verbundenen Designentscheidungen zu verstehen, beschreibt Antonio Farfán-Vallespín die Ziele, Struktur und die Narrative der Simulation. Anschließend stehen die Ereignisse des Simulationstages im Mittelpunkt. Zuerst wird Bezug genommen auf den Spielverlauf, die Elemente und das räumliche und personelle Setting von SocialSIM'14. Dann gehen die Soziologin Dominique Schirmer und die Soziologiestudentin Hannah Köpper auf die Konzeption und Analyse des Fragebogens ein, der speziell entwickelt wurde, um das Profil der Teilnehmer*innen zu erheben und die drei Gemeinschaften von SocialSIM einzuteilen. Zum Schluss dieses ersten Teils geben die Volkswirte Antonio Farfán-Vallespín und Nikita Zakharov einen Überblick über die Entwicklungen bei SocialSIM'14 und beschreiben die Geschehnisse innerhalb der einzelnen Gemeinschaften detaillierter.

Im zweiten Teil wird der Fokus auf die Lehre und das Lernen bei SocialSIM gelegt. Den Anfang macht der Ethnologe Gregor Dobler mit einem Beitrag zur Gestaltung der interdisziplinären Lehre. Dobler geht auf die inhaltliche Schwerpunktsetzung, die praktischen Erfahrungen und die Chancen und Probleme gegenüber herkömmlichen Seminaren ein. Die beiden darauf folgenden Beiträge beschäftigen sich mit den Lernerfolgen der Beteiligten. Antonio Farfán-Vallespín reflektiert die Erfahrungen für Simulationsteilnehmer*innen, während sich der Politikwissenschaftler Friedrich Arndt auf die Zielgruppe der Studierenden konzentriert. Er hebt die Potentiale für Lernende im Spannungsfeld von universitärer und beruflicher Professionalisierung hervor. Im Anschuss präsentieren die Studierenden selbst ihre Forschungsprojekte. Die Beiträge ermöglichen einen tieferen Einblick in die Geschehnisse des Simulationstages und zeigen gleichzeitig die großen Lernfortschritte, die die Studierenden während des Projektes gemacht haben. Die studentischen Präsentationen sind untergliedert in ausführliche Projektbeschreibungen und Kurzberichte. Die Berichte zeigen eine große Bandbreite verschiedener Forschungsmethoden aus allen beteiligten Wissenschaften. Die Studierenden beschreiben ihre Forschungsfragen sowie ihre methodischen Herangehensweisen und reflektieren ihre

Forschungserfahrungen. Dabei zeigen sie unterschiedliche Stadien der Datenanalyse und Verknüpfung mit theoretischen Grundlagen.

Der dritte Teil bietet Einblicke in die Planung und Umsetzung eines Simulationsprojektes. Wir gehen dabei von unseren eigenen Erfahrungen aus und formulieren, was im Allgemeinen beachtet werden muss. Der dritte Teil ist als Manual für diejenigen gedacht, die selbst mit Simulationen in der Lehre arbeiten möchten. Im ersten Kapitel finden sich konkrete Hinweise für die Planung und Organisation eines solchen Events. Dann wird beschrieben, was es für das Simulationsdesign zu beachten gilt. Wir gehen dabei auf die Struktur einer Simulation, die Ausgestaltung und den technischen Kern ein. Als drittes folgen Tipps zur Gestaltung der Lehre. Zum Schluss möchten wir Anregungen für die weitere Nutzung und zukünftige Entwicklung von SocialSIM geben. Die Kommentare von Harald Wohlfeil (Leiter der Abteilung Lehrentwicklung an der Universität Freiburg) und Stephan Lengsfeld (Professor für Betriebswirtschaftslehre) bewerten das Projekt und zeigen neue Wege für die Nutzung von Simulationen auf.

Literatur

Huizinga, Johan (2001): Homo ludens. Vom Ursprung der Kultur im Spiel. Reinbek bei Hamburg: Rowohlt-Taschenbuch-Verlag.

I.   SocialSIM'14: Design und Umsetzung

1.   Goals, structure and narrative – Design of the simulation

Antonio Farfán-Vallespín

Large part of the responsibility for achieving the goals of SocialSIM'14 relied on a proper design of the simulation. In this section I am going to describe the design of the simulation, its main characteristics and how it contributed to the fulfillment of the goals of the project.

Structure of the design of the simulation

As we saw in detail in the chapter before, the game was divided into two types of activities that participants could undertake: production and quests. Production implied performing an activity to obtain some defined output that would then be exchanged at the production center for chips symbolizing the given resource (food, wood, coal etc.) Production could be done, in general, as long as there were natural resources available. Quests were one-time tasks that implied building some infrastructure (the so-called engineer quests); interacting with other players (community quests); defining the political system (political quests) or developing some new technology (science quests). Before doing each quest, participants had to pay a given amount of resources. Each of the quests or production activities required playing a small game for approximately 10 minutes. If the game was completed successfully, the actor/s would receive the benefit promised by the quest or the product. At any given moment only some quests would be available. Solving one quest would make new quests available, thereby promoting the feeling of progression with an increase in complexity. The quest tree in the figure below shows the quests which would become available after the completion of each quest.

The process of the design of the simulation was separated into two tiers. One tier developed the structure of the game or meta-game, whereas the other tier designed the concrete games that participants would play in order to produce or solve quests, also referred here as mini-games.

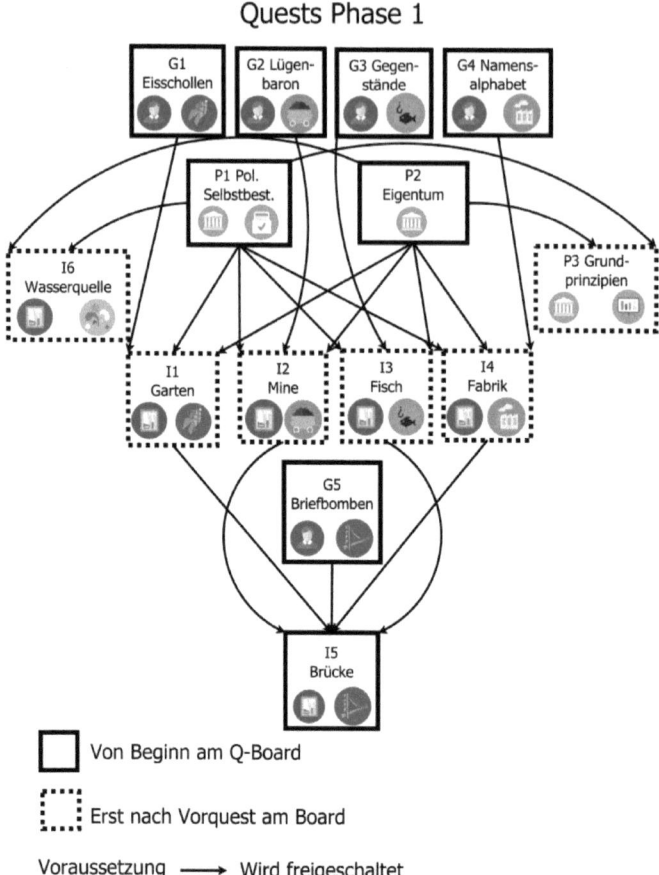

Figure 1   The two tiers of the design of the simulation

The structure-design team established the rules of the game and designed the quest tree, which defined the general characteristics of each quest, its costs and rewards in terms of resources and which new quests would each quest unlock. This team also decided on the initial endowments of resources each community would have and the resources gained in each production activity. It also defined the information players would receive and when, what should they be able to see about other players and about the quest tree and how would players be identified (colors and number badges). Finally, it defined the timeline and the story behind the simulation which united the different individual games into a meaningful narrative.

The structural-design team had two main purposes. The first purpose was to create a meta-game, which would ensure that players would understand and enjoy the narrative of the game and keep them motivated and active the entire day. We used different elements from the gamification literature and concepts from computer game design to create a structure that would make each mini-game a step towards the achievement of a larger goal, thereby providing a shared meaning and a collective narrative which would transcend individual games and individual players.

The second purpose of the structural design of the simulation was to enable the different social, economic and politic conflicts we were interested in to arise as part of the game, posing obstacles to the players that they should solve for the advancement of the game. In this way, participants would have an intrinsic motivation to solve these problems and not just external compliance.

The final output of the structure design was the quest tree. The tree is a network of cells, with each cell representing a quest. The specific games to be solved in each cell or quest had not yet designed, so each cell represented the idea behind the quest and the set of requirements and rewards for successful completion.

Once the quest tree was developed, it was then the task of another team to design the games that would be played in each quest. The requirements for these games were given by the structure of the game and demanded that they should take around 10 minutes, they should be varied and fun and they should bear some resemblance to the real activity they were simulating. Further, these individual games should have some specific properties that would allow interaction with the second tier of design of the simulation, as we will see later.

However, the division of the two tiers in the design process was not as clear-cut as this seems to suggest. We reshaped the structure and the games after each of the tests. We had many team members on both teams and some parts of the structure and the games were designed in parallel. As a result, the interactions between the two teams were frequent, fruitful and necessary.

In this section I will describe the structural tier of the design of the simulation and how we attempted to fulfill each of the two purposes, while the next section will describe the individual games' tier.

Elements of the simulation capturing social science topics

The simulation had a clear vocation of serving as a vehicle for teaching different aspects of the social sciences. This pedagogic component was captured in the design of the simulation through different challenges that participants had or might have to solve. The first and most important challenge was building their own society. They needed to collectively decide how their society would work, which rules they would follow, how they would make decisions, and which goals they should pursue. This basic challenge was composed of different sub-challenges that could be classified into three categories: First, the "existential" challenge; second, we have the three main challenges addressing more direct social sciences issues: the development challenge, the environmental challenge and the organizational challenge; and third, there were different specific social challenges embedded in mini-games such as the tragedy of the commons in the fishery.

The "existential" challenge

In phase 1, participants were given a clear common goal – build the bridge to get lunch. However, in phase 2 there was no explicit goal, they were purposely left without one. In front of them were productive resources and quests they could pursue. As well, they were free to choose how to organize themselves and which purposes should they attain. However, they still had to make the decision of where to go as a society, what to achieve and to determine what their collective goal was. This is important because it mirrors some of the key cleavages in societies, the multiplicity of goals our complex societies have and the difficulty in harmonizing these multiple goals in each decision. To facilitate participants' reflection on this point, one of the first decisions they had to collectively make in phase 2 was to choose the values of their society. This activity was intended to stimulate discussion on the topic. This multiplicity of goals lead to an internal conflict within each of the communities: A majority of players in each community wanted to solve quests and pursue technical and economic progress, as was suggested by the game design. In opposition to them, a minority of players were more interested in the political process or in achieving some desired social and political structure. As we will see, this conflict, and the disparate success in its solution, was one of the key determinants of the evolution of each society in phase 2.

The development challenge

We assumed that, explicitly or implicitly, a large share of participants would be interested in solving quests, advancing their society through the quest tree, augmenting their personal and community wealth, and solving the challenges that appeared on their way. Once they started following this path, they would enter into the game dynamics designed to lead them to the social, political and economic problems we were interested in. This was one of the larger risks we took: if participants had decided that they were not interested in solving quests, the simulation would have probably failed.

This development path was based on some simple mechanisms. At every given moment, participants would have a number of quests available to be solved. Solving these quests would provide some benefits, as explained before. However, being allowed to attempt to solve these quests required paying for an amount of resources. The design team decided in advance how many resources these quests would cost, the amount of resources communities would initially have available for being extracted and the amount of resources for which a given productive action by the players could be converted into. Therefore, by deciding these parameters: costs of the quests, initial endowments of natural resources of the communities and production per unit of real effort, we could control how much players would have to work in case they chose to solve a given quest and therefore know how long participants would be entertained for each quest they wanted to solve.

Through the completion of these quests, communities would gain new buildings, making them look more prosperous over time, and they would advance through the quest tree, giving participants a feeling of collective achievement. Therefore, it did not come as a surprise for us that many participants adopted, explicitly or implicitly, the advance through the quest tree as the main goal of the simulation. As a consequence, many participants preferred organization forms that would be more conducive to achieving solving quests efficiently even if they would not be democratic or would be far from their political ideals. This led to conflicts with other participants who considered that development should not be the first priority, as we will see thoroughly when I discuss the development of each community.

Further, we set long-term goals that required solving intermediate quests. These long-term goals would have clear and important benefits for the players so that the effort of solving an intermediate quest was seen as worthwhile. Building the bridge would grant them access to a real lunch, so no bridge meant no food, the incentive was straightforward. The other important long-term goal was the university, which promised access to new technologies and infrastructures. The need for building the university was intensified by our design. We determined the initial endowment and the expenditures for quests in such a way that by the beginning of phase 2 they would have depleted most of the initial resources (such as fisheries, berries or mushrooms). If they wanted to be able to afford new quests, they would need to develop new sources of production or to make existing resources more productive, and this could only be made through the university. The quest tree was the document capturing all quests and it revealed which quests were a prerequisite for them.

Environmental challenge

The third main driver of the simulation was the occurrence of environmental disasters. Most of the technologies they could develop would generate emissions of pollutants that, in the long run, would accumulate and cause different environmental catastrophes. These catastrophes were captured in the game by a wheel of disasters that would randomly destroy productive infrastructure. Also, some infrastructures, like the factory, would generate toxic residuals that would poison players. Poisoned players would lose their ability to take part in the game unless other players could afford a large amount of resources to heal them. The magnitude of these environmental problems increased as more polluting products were produced. We decided that, after a given threshold of pollution, the magnitude and frequency of the disasters would seriously disrupt the activities of the communities and create an increasing urge for a solution. The solutions available for them were, first, solving science quests at the university that would provide them information on the causes of climate change. Second, some science quests would allow them to develop new technologies that would pollute less, like filters, and some other science quests would directly reduce pollution. Third, they could also find political solutions regulating the use of polluting technologies like the climate conference where representatives of all communities met to solve these problems globally.

Organizational challenges

Inspired by popular computer games of strategy and civilization-building such as "Sim City", "Civilization" or "Age of Empires", or board games such as "Settlers from Catan", the simulation started with few elements on the stage and few options for the players. The basic rules of the game where thus relatively easy to learn. But, since each new quest solved would open many new possibilities, the more a community would advance in the quest tree, the higher would be the complexity they had to cope with. This would pose four different organizational challenges.

The first organizational challenge was *managing information complexity*. The increasing degree of complexity of the game required that, in order to make meaningful decisions, the decision-makers should know what is happening in their community and, towards the end of the simulation, in the rest of communities. They should also be aware of what should be done next and what the wishes or needs of the country members are so that consensus could be built. We will see that the success in solving this challenge was a relevant element for the success or failure of countries.

The second organizational challenge was finding a way to make *collective decisions* smoothly and overcoming internal conflicts or differences of opinion, which could lead to gridlocks or extended unproductive discussions. This was particularly relevant because most of the infrastructure was not feasible for one individual alone and its benefits could spill over into all country members. It was also important to be able to quickly decide which direction to take and which quests to solve. This was by far the most determinant issue faced by each community. Difference of priorities, of approaches and of opinions about what had to be done arose continuously. As well, long discussions turned out to be very time consuming and unproductive, thus becoming one of the central concerns of most players.

The third organizational challenge was deciding *how to allocate resources efficiently*, which means, who pays the costs of the different quests and how much, and who is doing which task. Some tasks were more entertaining than others, although some boring tasks such as sorting lentils had a key strategic importance for the development of the countries. Some other activities seemed appealing but with some degree of thinking players could realize that they were totally irrelevant for development.

The fourth organizational challenge was finding *consensus about the distribution of resources* such as the output of the different infrastructures. This problem can be particularly intense if communities choose private property, but given that they all chose common property regime, as we will see, this problem was played down.

The way participants solved these challenges revealed important insights related to sociology, anthropology, political science, theory of organizations, public choice or political economy as well as many other fields of social sciences.

The specific social challenges in mini-games

Finally, we introduced several social issues into the design of the simulation which were extracted from the syllabus of social sciences. These issues were placed in the form of challenges that players should solve in their own way if they wanted to progress in the quest tree or if they wanted to achieve their desired type of society.

These social issues would sometimes be captured by the individual games. For instance, in the fisheries participants could obtain food by fishing. This game was designed in such a way that it would provoke a *tragedy of the commons*. Fisheries would have seasons when it was possible to fish and pauses when fishing was not allowed and the stock of fishes would regenerate. If the total amount fished in one season were too high, fishes would not regenerate completely and next season they would have fewer fish, risking ending up in total depletion of the fishery if overfishing would persist. In other words, each individual has the incentive to fish as much as he can, but this leads to a tragedy of the commons making everyone worse off. Another example was the *public good* character of most of the quests, where some players had to pay the costs and exert the effort, though potentially all players would benefit from the infrastructure or technology developed in that quest, giving incentives to free ride. Other quests required making *collective decisions*, where players might have heterogeneous views or interests. Competition for the control of resources was also possible, especially if private property was chosen. We also introduced *externalities* in the simulation (pollution for instance). Those players who caused pollution by extracting resources at the mine, at the factory or at the chicken farm, were different people than those who suffered the consequences of pollution. For instance, fishers and those sorting lentils, would see their resources poisoned as a consequence of the pollution generated at the mine or at the factory. This problem did not arise within communities because the collectivization of the production internalized the externality. However, pollution generated by one community affected other communities as well. This problem was central at the end of the game, requiring frequent negotiations between communities and motivating the celebration of an international climate conference where low polluting communities discussed whether to punish high-polluting communities to prevent them from polluting or to compensate them so that they would stop producing polluting goods.

We also introduced individual health shocks that asked for solidarity among players for solving them. Mushrooms and pollution could poison players and make them lose their lives, as explained before. Being "poisoned" prevented players from participating in the simulation unless some other player would pay the cost of healing them. Therefore, poisoning created a need for altruism or for creating some insurance system. These shocks gave players an opportunity to choose between behaving pro-socially or individualistically.

Finally, in phase 3, some organization members disguised as aliens appeared in the simulation room and informed all players that the planet was facing immediate destruction due to excessive pollution. If players wanted to leave the planet, the aliens informed them, all three communities were required to take part in a global quest cleaning the planet of pollution and residuals. However, players were also offered the possibility of secretly bidding for one of the limited places in the alien's spaceship and going to the relax area outside the simulation field, thereby leaving the planet without helping the others clean-up the pollution they had helped cause. The aliens' dilemma constituted a classical conflict between the individual and the group – absent so far in the game. Players managed to coordinate themselves in order to avoid "individualistic" players abandoning the game floor before cleaning, albeit unsuccessfully, as we will see later. We will also see how the results in this challenge were partially unexpected, leading participants in the simulation to important reflections.

Elements in the simulation introduced for 'play value'

As we have said before, one of the two key goals of the design of the simulation was that, in order to keep participants hooked on the simulation the entire day, they should have fun taking part in it and be intrinsically motivated to play. For this, we embedded different elements from the gamification literature which are usually applied in the design of computer games but can be applicable to all types of games. These elements are explained in the following paragraph.

Alternative reality: The first element was clearly the feeling of being in a different reality as seen in the role-playing component of the simulation. The different playful elements in the simulation included the introduction by our angels; the alteration of the usual space of the University canteen (which was already well known to most participants); the new social environment; the new tasks and the new rules. These all induced a feeling of suspended reality, or of being in a different world where they could play and experiment with new roles and new institutions. Further, we intended to keep players anonymous; we only identified them with a number and a color badge that would indicate their community, so that the feeling of experimenting and of being in a different reality could be intensified. However, many of the participants had previously known each other, with one of the communities deciding to create their own name badges to facilitate discussions thereby eroding our goal of offering anonymity.

Collective achievement: The dominant incentive for players was collective achievement in its different forms: progression through the quest tree, observing the infrastructure in the area of their country growth, and becoming technologically more advanced, etc. Collective achievement was, de-facto, one of the main motivations for most of the players, as was acknowledged in the discussion groups after the simulation. However, this was contrary to their choices when asked about the main values of society, where development was never chosen among the top three values. Examples of this collective achievement feeling were the spontaneous celebrations of the success in achieving some benchmarks, such as building the bridge or the University. These were very costly and very important for the game and when solved, raised a great deal of collective enthusiasm. For this effect, the size of the groups was essential. We set the size of the group at between 20 and 30 members per community. We considered this to be the optimal size in which a group is large enough to make collective decisions challenging, yet still manageable.[1]

Low individual incentives: Incentives for individual achievements were set very low on purpose. There were no individual points, no individual achievements, all quests were collective and the benefits were also collective. Collecting resources individually did not make sense since there was nothing that could be bought individually until the middle of phase 2 when the market opened and they could buy food and drinks privately with the resources of the game. However, at that point it was too late to change the game dynamics. The reason for this, again, was a prudential one. Since this was the first time such a simulation was run and given that players already had a large share of frustration coming from political discussions, we did not consider it sensible to add more potential for conflicts in the game. These conflicts could have escalated and might not have been managed in a constructive way, possibly ruining the entire game.

Concerning the conflict between the individual and the group, it must be clearly stated that incentives were deliberately tilted towards collective action. There were many incentives to work collectively and almost no incentives to act egoistically. The main reason for this was to avoid potential conflicts among players, thereby curbing a bad atmosphere in cases where individual competition might be too strong. Further, we wanted all kinds of players to enjoy the event, not only those who were more competition-oriented. Finally, since the motto of SocialSIM'14 was "build your own society", we knew that most participants would appreciate having the opportunity to experiment with collectivist solutions.

Social connectedness: Another important driver was the feelings of being part of a community and of social connectedness given the strong bonds that the intense interaction generated. This was especially visible in some situations of the game in which players could be "poisoned" and lose their "life", meaning that they would no longer be able to partake in any action in the game unless someone else offered resources to heal them. The fact was that in all the poisoning cases, unknown players donated resources to help poisoned peers, creating a sense of generalized gratitude and intense connectedness among players.

---

1   We did not allow participants to change their community in order to avoid complexity and facilitate group-building, but they could visit other communities once the bridge was built.

Collective identity: Closely related to social connectedness is the feeling of collective identity that we encouraged with different design decisions. First, we made participants start in separate communities and required them to solve community quests that were indeed ice-breaking or team building exercises aimed at facilitating the building of goodwill and bonds among community members. We gave them a shared goal (the bridge), in order to strengthen the need of cooperation and a shared fate. Further, all quests were collective and there was little room for individual tasks, so consensus was a must. We gave them clear identity elements: with a bag and a badge of the color of their community so that they would easily recognize each other. We also forbade them to change communities by forcing them to make each exchange in their original production center. This was meant to increase the need for cooperation in their communities. Finally, the allocation of players to each community aimed at having ideologically homogenous communities as a way of promoting identification with the community.

Collective narrative: Similarly, the narrative behind the simulation i.e. being on an island, starting a society from scratch, creating its institutions, its economy, and facing collective problems etc., provided players with a feeling of being part of a larger shared story. This was expressed in the quests where they were required to write the history of their community. Similarly, participants also experienced a strong feeling of collective agency, of being the actors of history forging the progress of their society and fighting together to save the world from the environmental catastrophe.

Group competition: To some extent, having three different groups muddied the motivation for collective achievement with the motivation for collective competition. We deliberately decided not to have scores, points, or rankings so that players could not easily compare themselves to one another. Inter-group competition was not encouraged in the design, mainly due to concerns that competition could get out of hand and create a bad atmosphere. However, the spirit of competitiveness is always so strong that little stimulation is required to generate competitive dynamics. As such, many participants instinctively engaged in this competition even when there were no rewards or explicit incentives for it. Some of the groups cheered loudly each time they achieved some major success, generating a visible reaction of discomfort among neighboring communities that heard that cheering. Some players also stated that their main motivation was that their community had to be best community. During the presentation of the achievements of each community (after simulation), there were often boos and cheers from the different communities each time a community had performed better than others in some dimension.

Realization and experimentation of utopias: Another main driver for players was the desire of some participants to realize their political or social aspirations. In the survey, many participants stated that they were attracted by the possibility of experimenting with different social models which are not presently possible in reality. Closely related was the idea of power motivation: the wish to impose one's opinion into the collective. The fact that almost all decisions in the game had to be made collectively meant that the reaching of consensus was a must and thus discussions became an integral part of the dynamics of SocialSIM. In these discussions, many participants were eager to express their views, attempting to influence the collective decision-making process in favor of their views by using different degrees of skill and success. The achievement of this goal depended, of course, on the willingness of their fellow country participants to accept the suggestions of the influencers. Given that there were often divergent opinions, many players did not succeed in their influencing efforts, thereby generating a great deal of frustration.

Social harmony: Given the bitterness of some of the discussions, many players expressed a longing for social harmony. Some participants who were initially passive in the political discussions, stepped forward in order achieve the collective development goals and enjoy social harmony. Those communities that achieved this harmony were those with higher levels of satisfaction at the end.

Exploration: There was also a constant component of surprise and exploration in the simulation. Participants were constantly facing new games, new quests, new possibilities, new people and new problems. Players were always exploring a completely new environment and the progressive expansion of the scope of the game from the country towards a deeper integration of the entire community of players reinforced this feeling of constant novelty.

Individual games: Finally, the design of the individual games resorted to different types of incentives to keep players entertained. Examples of the elements of fun used in these games were: the excitement of solving puzzles, the joy of social interaction, the pride of succeeding in skill challenges, the feeling of achievement after building a bridge with sticks or the chimney of a factory with plastic bricks, the relaxation of doing origami, the mindless simplicity of sorting lentils of different colors, the mystery of crawling into a dark tunnel of around 10 meters that was the mine to find coal at the end of it, etc. These games might have appeared childish at times, but were accepted and greatly enjoyed by the participants and constituted a very nice counterbalance to the sometimes terribly bitter discussions in the political arena.

2. Simulationsspiel SocialSIM'14 in der Praxis

2.1 Spielverlauf und Setting

Larissa Mogk

Das Simulationsspiel *SocialSIM – Bau Dir Deine Gesellschaft* nimmt bestimmte menschliche Bedürfnisse (wie Hunger, Schlaf, soziale Interaktion etc.) als gegeben an und unternimmt darüber hinaus den Versuch, komplexe gesellschaftliche Prozesse abzubilden.

Grundsätzlich stehen die Spieler*innen vor der Herausforderung ihre Existenz, symbolisiert durch ein Herz, zu sichern. Dieses Spieler*innen-Herz dürfen sie nicht verlieren, denn sonst werden sie handlungsunfähig. Um dieser Gefahr zu entgehen, können sich die Spieler*innen mit anderen zusammenschließen, sich politisch organisieren oder, mit mehr Risiko, ihr individuelles Glück suchen. Der Reiz des Spiels liegt darin, die einfache Waldlandschaft, die zu Beginn das Spielfeld darstellt, weiter zu entwickeln. Dafür müssen die Spieler*innen Rohstoffe und ihre eigene „Energie" in Form von SIM[1] investieren. Die Entwicklung hin zu einer produktiven Wirtschaft kann jedoch die Ausbeutung von Ressourcen bewirken. Dieser Herausforderung müssen sich die Spieler*innen bei SocialSIM stellen. Auf dem Spielfeld werden Wald und Produktionsstätten durch verschiedene Requisiten symbolisiert und als Spielrealität wahrgenommen. Dort können die Spieler*innen bauen, sammeln und produzieren. Diese Prozesse werden durch kleine Spiele und Aufgaben simuliert.

In einem ersten Schritt werden die Spieler*innen in drei Gruppen eingeteilt, im weiteren Spielverlauf können sie dann auch miteinander interagieren. Der genaue Spielverlauf wird im Folgenden erklärt und zur besseren Orientierung tabellarisch dargestellt. Es folgt eine ausführliche Beschreibung der Elemente des Simulationsspiels, die bereits im Spielverlauf erwähnt werden, zum besseren Verständnis aber an dieser Stelle noch einmal nachgelesen werden können.

---

1 SIM werden die Spielsteine genannt, die während des Simulationsspiels verdient werden können. In der Folge können sie von Spieler*innen eingesetzt werden, um die Gemeinschaft weiter zu entwickeln.

Ablauf des Simulationsspiels

Begrüßung

SocialSIM beginnt mit der Registrierung, der Verteilung der „Spieler*innen-
Identitäten" und der Erklärung der Spielregeln. Vor dem Spiel werden die
Spieler*innen in drei farblich voneinander abgegrenzte Gemeinschaften
eingeteilt und erhalten Taschen mit grundlegenden Informationen und
einem kleinen Startkapital, das für alle Spieler*innen gleich ist. Zudem
erhalten sie ein Spieler*innen-Herz mit ihrer Spieler*innen-Nummer und
ein Armband mit der gleichen Nummer, jeweils in der Farbe ihrer Gemeinschaft. Das Herz steht für die Gesundheit im Spiel. Nur Spieler*innen mit
einem Herz können Aktivitäten im Spiel ausführen. Dies wird von den
Spielleiter*innen überprüft. Das Armband steht für den Spieler*innen-Puls
und kann nicht verloren, verkauft oder abgegeben werden. Jede*r Spieler*in
ist so einer Gemeinschaft zuordnenbar. Nach der Ausstattung mit einer So-
cialSIM-Identität geben die Spieler*innen ihre persönlichen Gegenstände,
wie Taschen und Jacken an der Garderobe ab.

Gemeinsamer Startpunkt des Spiels ist ein Einführungsvideo, das die
Spielregeln von SocialSIM präsentiert. Im Anschluss werden die drei Gruppen von der Spielleitung auf das Spielfeld begleitet und mit den vorhandenen Aufbau vertraut gemacht. Auf dem Spielfeld besetzt die Spielleitung
in jeder Gemeinschaft ein Zentrum und steht als Ansprechpartner*in zur
Verfügung.

Erste Phase

Nach der Begrüßung folgt die erste Spielphase, die der Orientierung im
Spiel dient. In der ersten Phase des Spiels sind die Gemeinschaften auf ihren Inseln voneinander getrennt. Spieler*innen interagieren ausschließlich
innerhalb der ihnen zugeteilten Gemeinschaft. Als Spielziel ist der Bau einer
Brücke vorgegeben. Dieser ermöglicht den Zugang zum Mittagessen und
setzt damit spielerisch einen Anreiz, sich eine Pause zu „verdienen". Gleichzeitig erwirkt der Brückenbau zur zentralen Insel, mit den anderen Gemeinschaften in Kontakt zu kommen. Die eingeschränkten Wahlmöglichkeiten
und das klar vorgegebene Ziel in der ersten Phase sollen bewirken, dass
sich die Spieler*innen mit den komplexen Abläufen von Nahrungsammeln,

Phase	Ziele	Inhalte	Zeitplanung
Begrüßung	Einführung	Gruppeneinteilung, Erklärung der Spielregeln, Begleitung auf das Spielfeld	9.00–9.30 Uhr (30–40 Minuten)
1. Phase	Brückenbau als Verbindung zu den anderen Gemeinschaften und für den Zugang zum Mittagessen	Orientierung im Spiel, politische Organisationsstrukturen in der Gemeinschaft festlegen, vom Sammeln zur Produktion	9.30–12.30 Uhr
Mittagessen			12.30–13.30 Uhr
2. Phase	Entscheidung für die Grundwerte der eigenen Gemeinschaft und Festlegung einer energiepolitischen Richtung	Weiterentwicklung der Gemeinschaft, Interaktion zwischen den Gemeinschaften	13.30–18.30 Uhr (inklusive Kaffeepause)
Abendessen			18.30–19.30 Uhr
3. Phase	gemeinsame Lösung der globalen Umwelt- und Klimakrise	Umweltkonferenz, Aufforstungsprogramm oder Verlassen des Planeten	19.30–21.30 Uhr
Abschluss	Reflektion	Präsentation und Austausch bei Gruppendiskussionen	21.30–23.00 Uhr

Produktion etc. vertraut machen und die gestellten Aufgaben in circa drei Stunden lösen.

Um das Ziel des Brückenbaus zu erreichen, müssen die Spieler*innen Beeren, Pilze und Holz in einem simulierten Wald sammeln und ihren Verdienst in Gemeinschafts- und Ingenieurs-Quests investieren. Quests sind kleine Aufgaben, die mit einer Gruppe von Spieler*innen gelöst werden können. So gelangen sie an Informationen und können schließlich die zentralen Infrastrukturen wie eine Fabrik und einen Garten bauen, sowie die Mine und den Fischteich freispielen. Die neue Infrastruktur ermöglicht eine schnellere und effizientere Versorgung und die Produktion von Holz und Energie. Rohstoffe für den Brückenbau können nun erwirtschaftet werden. Zu den Voraussetzungen für den Ingenieurs-Quest *Brücke* gehört zudem

die Einigung auf ein politisches System und die Festlegung der Eigentums-
und Nutzungsrechte für die gebauten Infrastrukturen. Das Spielgeschehen
ist entscheidend davon beeinflusst, ob für den Garten, die Fabrik und die
Mine privater oder öffentlicher Besitz festgelegt wird. Die Festlegung auf ein
politisches System zu Beginn des Spiels (auch, wenn dies im weiteren Spielverlauf zu jeder Zeit revidiert werden kann) stellt demnach die zentralen
Weichen für die weitere Entwicklung der jeweiligen Gemeinschaft.

Der Brückenbau ist wie erwähnt gleichbedeutend mit dem Zugang zum
Mittagessen, das die Spieler*innen sich nach der ersten Phase verdient
haben. Schafft eine Gemeinschaft diese Aufgabe in der vorgegebenen Zeit
nicht, muss sie mit dem Rettungshubschrauber zum Essen begleitet werden.
Die Spieler*innen müssen die Brücke dann zu Beginn der zweiten Phase
fertigstellen, um im Anschluss Zugang zu weiteren Quests zu bekommen.

Zweite Phase

Die Herausforderung der zweiten Phase besteht im Wesentlichen darin, auf
politischer, wissenschaftlicher und wirtschaftlicher Ebene Lösungen für die
Umwelt- und Klimaproblematiken zu erwirken, die der Bau der zentralen
Infrastrukturen und der Rohstoffabbau bewirkt haben. Mit einer Dauer von
fünf Stunden ist die zweite Phase die längste Spielphase und muss mindestens durch eine Kaffeepause oder eine Auszeit unterbrochen werden.

Zentral ist außerdem, dass diese Phase wesentlich offener gestaltet ist
als die erste Phase und die Spieler*innen mehr Handlungsspielraum haben. Ihnen wird kein klares Ziel vorgegeben. Vielmehr können sich die
Spieler*innen in einem bestimmten Bereich spezialisieren und können so
beeinflussen, in welche Richtung sich ihre Gemeinschaft entwickeln soll. Sie
können sich beispielsweise entscheiden, ob sie in einen Freizeitbereich oder
eine Universität investieren möchten und außerdem darüber diskutieren,
welche Werte die Basis ihrer Gemeinschaft sein sollen. Dadurch soll den
Spieler*innen die Möglichkeit gegeben werden, in der Gruppe ihre eigenen
Handlungen zu reflektieren und diese an den selbst gewählten Grundwer-
ten der Gemeinschaft zu messen. Durch den Brückenbau können sich alle
Spieler*innen frei zwischen den Gemeinschaften bewegen und werden teilweise zur Kooperation angeregt.

Hinzu kommen von der Spielleitung hervorgerufene Umweltverschmutzungen und klimatische Veränderungen, welche den Handlungsdruck im

Spiel erhöhen. Der Unterscheidung zwischen Umweltverschmutzung und Klimaveränderung liegt folgende Simplifizierung zugrunde: Die Umweltverschmutzung bezieht sich nur auf die lokale Ebene, das heißt, sie hat nur Auswirkungen für die jeweilige Gemeinschaft. Sichtbar wird die Verschmutzung durch schwarzes Konfetti, das Gewässer und Landwirtschaft der Gemeinschaften bedeckt. Umweltverschmutzungen können bei SocialSIM durch die Verwendung von Kohle in der Fabrik und den Einsatz von Dünger in der Landwirtschaft entstehen. Auswirkungen registrieren die Spieler*innen, wenn das Essen, das sie produzieren, vergiftet ist. Eine Vergiftung kann sich negativ auf ihre Gesundheit auswirken, so dass sie ihr Spieler*innen-Herz verlieren können.

Der Ausstoß von Treibhausgasen in der Fabrik und bei der Produktion von Origami-Hühnchen im Garten hingegen wirkt sich auf alle Gemeinschaften aus. Sichtbar wird das CO_2 durch schwarze, mit Helium gefüllte Luftballons, die je nach Level der Produktion in der zweiten Phase von der Spielleitung im Raum verteilt werden. Sie schweben, für alle sichtbar, an langen Schnüren über dem Geschehen im Raum. Die Klimaveränderungen führen zu Katastrophen, die alle 15 Minuten an einem Schicksalsrad bestimmt werden. So kann es passieren, dass Dürre, Waldbrand, Flut oder Wirbelsturm die Gemeinschaften lahm legen. Bei einer solchen Katastrophe werden große schwarze Decken über die betroffene Infrastruktur gelegt und schränken den Handlungsraum der Gemeinschaften für eine bestimmte Zeit ein.

Ein wichtiger Schlüssel, um den Umweltproblematiken entgegen zu wirken, ist der Bau der Universität. Dort können Wissenschafts-Quests gelöst und so die Problematiken erkannt, und deren Lösung vorangetrieben werden. Auswege ergeben sich durch den Ausbau der Atomkraft, oder mit geringerem Risiko aber auch weniger Leistung verbunden, der Windenergie. Filter für die Fabrik können die Verschmutzung eindämmen, Dünger sorgen in der Landwirtschaft für mehr Ertrag. Der politische Quest *Gemeinsame Umweltkonferenz*, der gegen Ende der zweiten Phase gespielt werden kann, soll dazu beitragen, sich auf einer gemeinsamen Ebene auf zuverlässige Regeln zu verständigen.

Dritte Phase

Nach dem Abendessen setzt die dritte Phase ein, die in den letzten eineinhalb Stunden den „Showdown" der Simulation beinhaltet. Hier werden die
Spieler*innen vor die Herausforderung gestellt, die Klimakatastrophe zu verhindern, die in den Gemeinschaften immer spürbarer wird. Zu Beginn der
dritten Phase werden die Aufgaben der zweiten Phase zunächst fortgeführt.
Im Anschluss kommt es zu einer Dramatisierung der Umweltproblematik
und der Beschleunigung von Entscheidungsprozessen. Nach etwa einer hal-
ben Stunde wird das Spiel durch eine Präsentation unterbrochen, die den
Spieler*innen drastisch vor Augen führt, welche Umweltverschmutzungen
und Klimaveränderungen sich durch ihr Wirtschaften ergeben haben. Die
Spieler*innen haben nun die Möglichkeit, eines der begehrten Tickets für
einen Flug auf einen neuen Planeten, der von diesen Problematiken nicht
betroffen ist, zu gewinnen. Die verdeckte Auktion beginnt, die 20 Meistbietenden dürfen mit dem Raumschiff auf den unberührten Planeten fliegen.
Bei SocialSIM'14 bedeutete das ein Freiticket zur anschließenden Party. An
der Bar konnten die verbleibenden SIM in Getränke eingetauscht werden.

Nachdem das Raumschiff sich mit den 20 Meistbietenden zu dem anderen Planeten aufgemacht hat, tritt eine Wahrsagerin auf, die prophezeit, dass
die Probleme auf der Erde durch ein Aufforstungsprogramm gelöst werden
könnten. Mit Hilfe von Holz und Nägeln sollen die Gemeinschaften Baum-
stämme in Form stabiler Leitern bauen, um die Helium-Luftballons, die
weit über den Gemeinschaften schweben, zu zerstören. Wenn dieser Schritt
geschafft ist, können sich alle Spieler*innen zur Reflexion und der anschließenden Party begeben. Das Verlassen des Spielfeldes markiert gleichzeitig
das Verlassen der Rolle, welche die Spieler*innen über den Tag hinweg inne
hatten.

Reflektion

Die Reflektionsphase im Anschluss an die Simulation kann zur Datengewinnung für das Lehrprojekt genutzt werden. Diese Phase bietet die
Möglichkeit, die Spieler*innen zum Spielverlauf und ihren Rollen zu befragen. Das kann in Form von Einzelinterviews oder thematischen Grup-
peninterviews geschehen. Es können aber auch erste Daten und Ergebnisse
präsentiert werden, die während des Simulationsspiels in Form von kurzen

Befragungen und Stimmungsbildern gesammelt wurden. Die Präsentation und Zusammenfassung gesammelter Daten regt den Austausch über die Simulation an und schreibt geteilte Erfahrungen fest. Im Anschluss können die individuellen Erfahrungen geteilt werden und sich im Gespräch zu einem vielschichtigen Bild zusammenfügen. Bei SocialSIM'14 löste sich die Reflexion in einer ausgelassenen Party auf. Einige Teilnehmer*innen diskutierten jedoch noch bis in die frühen Morgenstunden.

Generell ist das Bedürfnis, sich über die Erfahrungen und Geschehnisse des Simulationstages auszutauschen, sehr hoch und es sollte in einem informellen Rahmen Gelegenheit zum Austausch gegeben werden. Wie Gespräche mit einzelnen Simulationsteilnehmer*innen belegten, beschäftigten die Erlebnisse bei SocialSIM'14 die Teilnehmer*innen noch Tage und Wochen nach dem Simulationsspiel. Besonders die in der Gruppe reflektierten und damit als Erfahrung in der Erinnerung festgeschriebenen Handlungen aus der Spielsituation bleiben lange im Gedächtnis.

Elemente von SocialSIM

Die Gemeinschaften

Die Spieler*innen sind bei SocialSIM von Beginn an in drei Gemeinschaften à ca. 30 Personen eingeteilt. Die Gemeinschaften bilden die Einheit der politischen Organisation und der spielerischen Handlungen in der ersten Phase des Spiels. In diesen Gruppen entscheiden die Spieler*innen über ein politisches System, die Verteilung von Ressourcen und bestimmen die Ziele und Grundprinzipien ihres Handelns. Darüber hinaus baut sich in der Gemeinschaft ein soziales und wirtschaftliches Netzwerk auf, das wie sich im Verlauf des Spield zeigte, auch über die erste Phase hinaus Bestand hat. Unterstützt durch die unterschiedliche Farbgebung und Diskussionen über die politische Organisationstruktur oder die Grundwerte in den drei Gemeinschaften, kann sich eine Gruppenidentität herausbilden.

In der zweiten und dritten Phase haben die Gemeinschaften die Möglichkeit, miteinander zu interagieren, um vor allem die teilweise grenzüberschreitenden Umwelt- und Klimaproblematiken gemeinsam zu lösen. Die politischen Vertreter*innen verhandeln in informellen Absprachen und einer Konferenz auf intergemeinschaftlicher Ebene. Der Grundstein für die wirtschaftliche und wissenschaftliche Kooperation ist mit dem Brückenbau am Ende der ersten Phase gelegt.

Die Zentren

In jeder Gemeinschaft gibt es eine Vertretung der Spielleitung, das Zentrum. So steht die Spielleitung in Kontakt mit den Spieler*innen, kann Informationen herausgeben und wenn nötig in den Spielverlauf eingreifen. Reguläre Aufgabe des Zentrums ist es, die Abläufe des Spiels zu koordinieren. Zwei Helfer*innen der Spielleitung sind für die Tauschprozesse und deren Dokumentation verantwortlich. Spieler*innen tauschen die im Spiel erwirtschafteten Rohstoffe gegen SIM- und Chip-Spielsteine ein, die dann für die Weiternetwicklung im Spiel eingesetzt werden können. Zwei weitere Helfer*innen kümmern sich um die Durchführung der Quests, die von den Spieler*innen gelöst werden. Ein Mitglied der Spielleitung steht jeder Gemeinschaft als Ansprechpartner*in und für die Kommunikation zwischen den Gemeinschaften zur Verfügung.

Für die Kommunikation zwischen den Spieler*innen einer Gemeinschaft steht am Zentrum das Lokaljournal, eine Stellwand mit Stiften und Papier, bereit. Spieler*innen können dort Nachrichten hinterlassen, Informationen anbringen und auf gelöste Quests aufmerksam machen.

Die SIMs und Chips

Die SIMs sind Spielsteine, welche die „Energien" bzw. die Gesundheit der Spieler*innen symbolisieren. Sie können nach dem Sammeln oder Produzieren von Nahrungsmitteln am Zentrum jeder Gemeinschaft eingetauscht werden. SIM müssen zur Lösung von Quests, aber auch zur weiteren Produktion von Lebensmitteln bei jeder Tauschhandlung eingesetzt werden. Die Spielsteine sind elementar für die Weiterentwicklung der Gemeinschaft und die Handlungsfähigkeit der Spieler*innen. Hat ein Spieler oder eine Spielerin wegen Krankheit ihr Herz verloren, kann es nur mit SIM wieder zurückgekauft werden.

Die Chips symbolisieren Rohstoffe, die im Spiel erwirtschaftet werden. Die Rohstoffe können, einmal in Chips eingetauscht, für das Lösen der Quests und den Aufbau von Infrastruktur eingesetzt werden. Es gibt Holz-

Chips, die für gesammeltes oder produziertes Holz am Zentrum getauscht werden können sowie Energie-Chips. Bei Energie-Chips wird grundsätzlich zwischen schwarzen und weißen Chips unterschieden. Schwarze Energie-Chips werden in der Mine und bei der Ölförderung produziert. Ihre Herstellung wirkt sich auf das Klima und die Umweltverschmutzung aus. Weiße Energie-Chips haben diesen Nachteil nicht, können aber erst durch wissenschaftlichen und technischen Fortschritt in Wind- und Atomkraftwerk produziert werden.

Die Produktion

Die Produktion ist elementarer Bestandteil des Spiels. Nur wer Rohstoffe abbaut und Nahrung produziert, kann die Gemeinschaft weiterentwickeln und in Infrastruktur und wissenschaftlichen Fortschritt investieren. Mit anfangs gesammelten Ressourcen aus der Waldlandschaft wie Beeren, Pilzen und Holz kann in einem ersten Schritt die Voraussetzung für die Produktion geschaffen werden. Die ersten Produktionsstätten (Fabrik, Mine, Garten und Fischteich) ermöglichen dann im zweiten Schritt einen Ausbau der Möglichkeiten und eine Spezialisierung. Die Spieler*innen können zum Beispiel unterschiedliche Energieformen, wie Windenergie, Öl oder Atomkraft, wählen. Eine Übersicht der Produktionsstruktur findet sich in der Graphik auf der nächsten Seite.

Zentrale Produktionsstätten und Infrastruktur

Die Fabrik

In der Fabrik können zwei verschiedene Produkte hergestellt werden. Becher dienen dem Anbau von Reis und Linsen im Garten, Sägen ermöglichen die Produktion von Holz. Die Fabrik unterstützt damit die Gewinnung von SIM und den Rohstoff Holz. Für die Herstellung in der Fabrik müssen aber auch SIM und EnergieChips (diese können unter anderem in der Mine oder der Ölquelle gewonnen werden) aufgewendet werden.

Produktionsstruktur

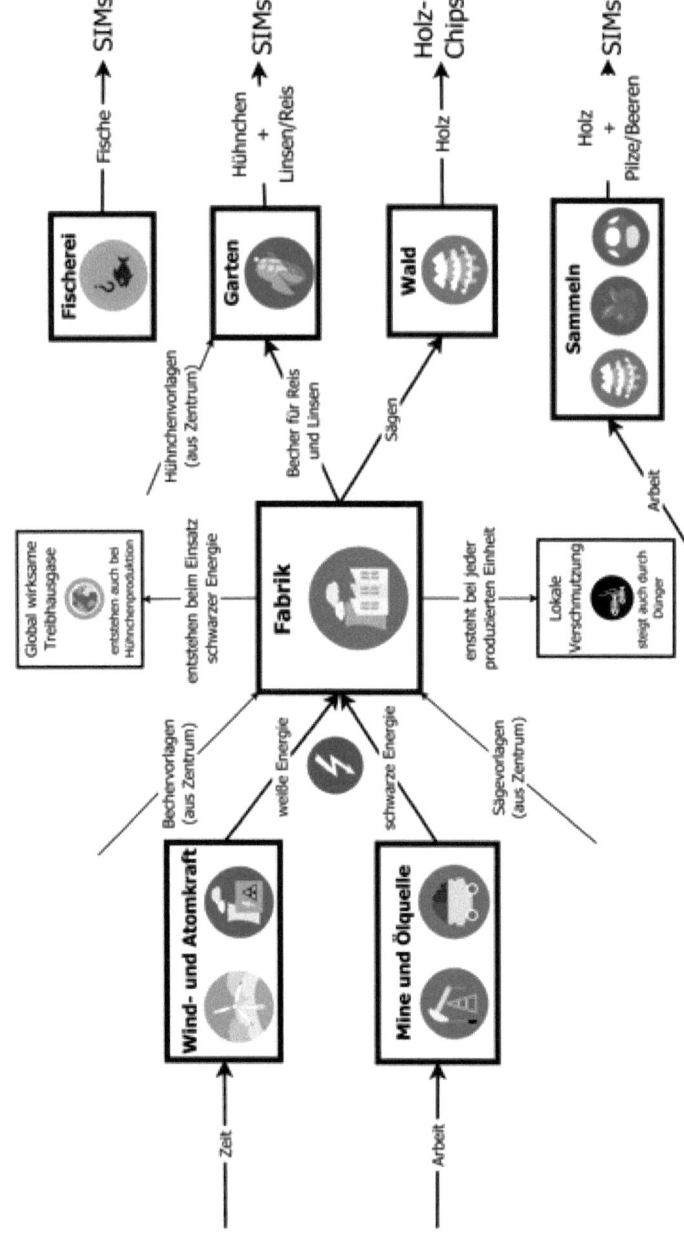

Grundregel: Bei jedem Tausch am Zentrum wird 1 SIM fällig!!!

Der Garten

Der Garten ist Produktionsfläche für Reis, Linsen und Hühnchen. Reis und Linsen werden von den Beeten (große Boxen mit einem Reis-Linsen-Gemisch) getrennt in die Becher abgefüllt. Das Sortieren der beiden Rohstoffe erfordert viel Fleiß und Geduld. Zudem müssen zuerst die Becher produziert werden. Die Gemeinschaften können die unterschiedlichen Arbeitsschritte aufteilen, es können aber auch alle Schritte von der gleichen Person ausgeführt werden.

Das zweite Produkt des Gartens sind Hühnchen. Sie werden nach der Technik des Origami aus Papier gefaltet. Die Hühnchen-Produktion ist weniger komplex, bringt dafür aber weniger Ertrag als Reis und Linsen ein.

Der Fischteich

Der Fischteich stellt im Spiel eine Auseinandersetzung mit der Allmende-Problematik dar. Ziel des Spiels ist es eine Strategie für den Umgang mit der knappen Ressource Fisch zu finden. In der ersten Phase müssen sich die Spieler*innen innerhalb ihrer Gemeinschaften auf die Nutzung der Allmende einigen, in der zweiten Phase werden Handlungsstrategien mit allen Beteiligten von SocialSIM ausgehandelt.

Die Universität

Die Universität ist die zentrale Infrastruktureinrichtung der zweiten Phase. Sie ermöglicht das Lösen der Wissenschafts-Quests. Diese wiederum klären über die Umweltveränderungen auf und bieten Lösungen an.

Alternative Energiequellen

Windenergie und *Atomkraft* sind die alternativen Energiequellen bei SocialSIM. Sie können mit Hilfe der nötigen Technologie (dazu ist die Universität erforderlich) in der zweiten Phase gebaut werden. Vorteil dieser Energiequellen ist, dass sie „saubere Energie" produzieren. Das Atomkraftwerk stellt im Vergleich zur Windenergie bei SocialSIM ein erhöhtes Sicherheitsrisiko dar.

Freizeitbereich

In der zweiten Phase können die Gemeinschaften ihren eigenen Freizeit-bereich bauen. Diese Einrichtung ist wichtig, um eine Alternative zu einer produktiven Wissensgesellschaft zu geben. Spieler*innen wird Raum geboten, sich auszuruhen und zu entspannen.

Intergemeinschaftliche Infrastruktur

Internet und Markt ist Infrastruktur, die eine Interaktion zwischen den Gemeinschaften fördert. Das *Internet* wird von einer Gemeinschaft „erfunden und installiert". Die anderen Gemeinschaften müssen dann den Zugangscode herausfinden. Mit der Einführung des Internets bekommen die Gemeinschaften internetfähige Tablets zur Verfügung gestellt. Diese können sie nutzen, um mit den anderen Gemeinschaften zu kommunizieren, oder sich Informationen zu beschaffen.

Der *Markt* befindet sich auf der zentralen Insel. An Ständen werden dort Getränke, Süßwaren und Spiele angeboten. Geöffnet wird der Markt nur, wenn alle Gemeinschaften den dazu gehörenden Quest bearbeiten. Zur Lösung der Aufgabe ist die Kooperation aller Gemeinschaften notwendig.

Die Quests

 Quests sind kleine Aufgaben, die die Spieler*innen in einer Kleingruppe lösen müssen. Sie ermöglichen die Weiterentwicklung der Gemeinschaften in vier Bereichen. Zur Lösung der Quests investieren die Spieler*innen eine vorgegebene Anzahl von SIM und Chips und erhalten dafür die Aufgabenstellung am Zentrum. Die Quests sind meist in einer vorgegeben Zeit zu lösen. Die kleinen Spiele machen Spaß und lassen die Simulation kurzweilig erscheinen.

Die *Gemeinschafts-Quests* dienen in der ersten Phase hauptsächlich dem Kennenlernen der Spieler*innen. Zusätzlich erhalten sie wichtige Informationen zur Infrastruktur, die sie im nächsten Schritt aufbauen können. In der zweiten Phase haben die Gemeinschafts-Quests das Ziel die Identitäten der Gemeinschaft herauszubilden.

Die *politischen Quests* ermöglichen den Spieler*innen den Aufbau grundlegender politischer Organisationsstrukturen. Dazu gehört die Festlegung auf ein politisches System, die Regelung der Eigentums- und Nutzungsrechte und die Wahl von drei Grundprinzipien für die Gemeinschaft in der ersten Phase. In der zweiten Phase wird gemeinsam von allen Gemeinschaften über die Allmende-Problematik und die Klima- und Umweltveränderungen beraten. Die Quests geben Anregungen, die angenommen oder diskutiert werden können. Um die Gestaltungsfreiheit der Spieler*innen zu erhalten, können sie ihre Entscheidungen jederzeit ändern und neu abstimmen.

Durch die *Ingenieurs-Quests* kann Infrastruktur aufgebaut werden. Bei diesen kleinen Aufgaben müssen die Spieler*innen in der Regel selbst etwas konstruieren, das dann im Spiel direkt oder symbolisch eingesetzt werden kann. Diese Quests sind elementar für die Weiterentwicklung der Gemeinschaft: Nur der Bau der Brücke ermöglicht den Austausch mit den anderen Gemeinschaften. Durch den Bau der Universität werden die Wissenschafts-Quests freigespielt. Vierzehn weitere Aufgaben bewirken beispielsweise den Bau einer Fabrik, eines Freizeitbereichs oder des Marktes.

Wissenschafts-Quests können erst nach dem Bau der Universität in der zweiten Phase gespielt werden. Problematiken, die im Spielverlauf auftauchen, werden hier erforscht. Lösungen und Patente können dann mittels der jeweiligen Ingenieurs-Quests umgesetzt werden. Die Aufgaben regen die Spieler*innen zum Tüfteln und Ausprobieren an.

Spielfeld

SocialSIM'14 fand in der Mensa Rempartstraße in Freiburg statt. Für die Veranstaltung standen verschiedene Räumlichkeiten innerhalb der Mensa zur Verfügung. Im Untergeschoss war Raum für die Registrierung und

Begrüßung, sowie eine Garderobe eingerichtet. Dort fanden im Anschluss auch die Auswertungsphase und die Party nach dem Spiel statt. Während der Simulation waren die Minen der einzelnen Gemeinschaften ebenfalls im Untergeschoss untergebracht. Im großen Saal im Obergeschoss war das Spielfeld aufgebaut. Die Galerie nutzten das Spielleitungsteam und die forschenden Studierenden zur Ablage und als Ort der Koordination und Beobachtung.

Das Spielfeld, eine Fläche von etwa 300 Quadratmetern auf einer Ebene, war eingeteilt in drei etwa gleich große „Inseln" (abgetrennte Bereiche). Diese dienten als Territorien für die drei Gemeinschaften. Außerdem befand sich auf dem Spielfeld eine zentrale „Insel", die durch Brücken mit den anderen Inseln verbunden werden konnte. Um das „Meer", welche die Inseln voneinander trennte, zu simulieren, wurde der Boden zwischen den Inseln bei SocialSIM'14 mit blauer Plastikfolie abgeklebt. Die Gemeinschaften waren so durch Stellwände voneinander abgeteilt und konnten das Geschehen auf den anderen Inseln nicht direkt einsehen. Jede der drei Inseln war mit einem Zentrum, dem Sitz der Spielleitung, ausgestattet. Am Zentrum konnten Rohstoffe eingetauscht und Quests (für den Spielverlauf relevante Aufgaben) erworben werden.

Zu Beginn waren die Flächen der drei Gemeinschaftsinseln jeweils symbolisch mit einer „Waldlandschaft" für das Sammeln von Pilzen, Beeren und Holz ausgestattet. Der Fischteich, der durch den Bau von Angeln frei gespielt wurde und im Anschluss für die Fischerei genutzt werden konnte, war ebenfalls auf allen drei Inseln aufgebaut. Die Entwicklung weiterer Infrastruktur war bereits durch Tische und Stühle markiert. Die drei Minen, die im Verlauf der Simulation von jeder Gemeinschaft eigens frei gespielt werden konnten, waren im Untergeschoss aufgebaut. Für das Erreichen des Kohlelagers (bestehend aus Eimern mit Grillkohle) mussten die Spieler*innen lange dunkle und enge Tunnel aus aneinandergereihten Umzugskartons durchqueren. Jede Gemeinschaft konnte ihre Mine über eine separate Treppe erreichen.

Generell könnte das Simulationsspiel SocialSIM auch im Freien stattfinden. Die Trennung zwischen Ober- und Untergeschoss ist nicht zwingend notwendig. Eine Galerie erleichtert den Überblick über das Spielgeschehen, ist aber ebenfalls nicht zwingend erforderlich. Wichtig sind hohe Decken, damit die Helium-gefüllten Luftballone für die Spieler*innen nicht erreichbar sind. Eine Fläche von insgesamt 500 bis 600 Quadratmetern sollte mindestens zur Verfügung stehen.

SocialSIM-Beteiligte

Das Simulationsspiel *SocialSIM – Bau Dir Deine Gesellschaft* ist für 80 bis 100 Personen konzipiert. Zu Beginn des Spiels sind die Spieler*innen in drei verschiedene Gemeinschaften eingeteilt. Die Aufteilung bei SocialSIM'14 fand in Zusammenarbeit mit dem interdisziplinären Seminar nach einer vorherigen Teilnehmer*innen-Befragung statt, kann aber auch durch Zufall bestimmt werden. Hier galt es im Vorfeld abzuwägen, ob die Einteilung in die jeweiligen Gruppen relativ homogene oder heterogene Gemeinschaften hervorbringen sollte. Letztlich wurde sich im Planungsteam für erstere Variante entschieden, um die Zufriedenheit der Spieler*innen mit ihrer Gemeinschaft über einen längeren Zeitraum hinweg sicherzustellen.

SocialSIM kann ab einem Alter von 16 Jahren[2] gespielt werden. Kinder können auch beteiligt werden, allerdings sollten sie in Begleitung von Erwachsenen sein. Es muss bedacht werden, dass komplexe Abläufe und die politischen Quests von Kindern unter Umständen nicht verstanden werden. Dazu kommt, dass die Simulation einen ganzen Tag dauert, was die Aufnahmefähigkeit der meisten Kinder überstrapaziert. Dennoch machen die einzelnen Spiele auch Kindern viel Freude und die Simulation würde durch die Anwesenheit einer weiteren gesellschaftlichen Gruppe bereichert.

Um den reibungslosen Ablauf des Simulationstages zu gewährleisten, wird ein Organisationsteam von mindestens neun Personen[3] benötigt. Dieses Team muss sich im Voraus mit den Details des Spielablaufs auseinandersetzten und die Veranstaltung planen. Für die Durchführung von Social-SIM sollten außerdem 30 bis 35 Helfer*innen zur Verfügung stehen. Sie arbeiten in Schichten hauptsächlich an den Zentren der Gemeinschaften und

---

2   Grundsätzlich können Personen jeden Alters an dem Simulationsspiel teilnehmen. Zu beachten ist allerdings, dass besonders die politischen und wirtschaftlichen Dynamiken erst ab einem bestimmten Alter verstanden und reflektiert werden können. Aus rechtlichen Gründen kann es bei einer Veranstaltung, die bis in die späten Abendstunden andauert, sinnvoll sein, eine Alterbeschränkung einzuführen. Andernfalls muss die Genehmigung der Erziehungsberechtigten im Vorfeld eingeholt werden.

3   Eine detaillierte Beschreibung der Aufgaben des Spielleitungsteams findet sich in TEIL III unter Planung, Organisation und Durchführung.

sind dort für die Durchführung der Quests und den Tausch von SIM und Chips verantwortlich. Die Helfer*innen sollten im Vorfeld eingewiesen werden, damit sie auf ihre Aufgaben vorbereitet sind und die Abläufe im Spiel verstehen. Das Organisationsteam steht bei Fragen für die Helfer*innen zur Verfügung und kümmert sich außerdem um den Markt, die Umweltveränderungen und die Fischerei.

Bei SocialSIM'14 führten außerdem fast alle Seminarteilnehmer*innen eigene Übungsforschungen während dem Simulationsspiel durch. Als Beobachter*innen nahmen sie am Spielgeschehen teil oder saßen auf der Galerie, führten während und nach dem Simulationsspiel Interviews und generierten Daten mit Hilfe von Fragebögen. Alle Seminarteilnehmer*innen waren auch als Helfer*innen an den Zentren eingeteilt. Daraus ergab ich bei den meisten eine Doppelrolle als Forscher*in und Helfer*in des Spielleitungsteams.

Des Weiteren waren zwei Glücksforscher*innen an SocialSIM'14 beteiligt. Sie befragten alle drei Gemeinschaften insgesamt dreimal während des gesamten Spiels zu ihrer individuellen Zufriedenheit und der Zufriedenheit mit ihrer Gemeinschaft. Die Ergebnisse aus den Umfragen konnten direkt von den Spieler*innen eingesehen werden und wurden zudem bei der Abschlusspräsentation vorgestellt. Personen, die wie die Glücksforscher*innen den Spielverlauf dokumentieren, sind für die Reflektion aber auch für die weitere Auswertung von unschätzbarem Wert.

2.2 Zuteilung und Profil der SocialSIM-Gemeinschaften – der Teilnehmer*innen-Fragebogen

Dominique Schirmer und Hannah Köpper

In dem vorliegenden Beitrag befassen wir uns mit einem der Simulations- und Forschungsinstrumente des SocialSIM-Projektes: dem Teilnehmer*innen-Fragebogen. Es handelt sich dabei um einen – überwiegend – geschlossenen quantitativen Online-Fragebogen, den wir innerhalb des SocialSIM-Projektes gemeinsam entwickelt haben. Aufgaben des Fragebogens waren, die drei Simulations-Gemeinschaften zu entwickeln und einzuteilen, Fragen für die Gesamtanalyse und für Forschungsprojekte zu erheben sowie die Teilnehmer*innen in Bezug auf unsere Forschungsfragen zu beschreiben (Profil). Diese drei Aufgaben waren eng aufeinander abgestimmt. Die Arbeit mit dem Fragebogen beinhaltete drei Phasen: Die Konstruktion des Fragebogens (Phase eins) war Teil der Entwicklung der Simulation sowie Teil der Konzipierung der Forschungsprojekte und umgekehrt. Für die verschiedenen Forschungsprojekte der Studierenden war es wichtig, die Haltung der Teilnehmer*innen zu bestimmten Fragen zu erheben. Zudem war ein wichtiges Ziel, die Gemeinschaften und ihr Handeln während der Simulation vergleichen zu können und zwar möglichst in Bezug auf konkrete Fragen aus den Forschungsprojekten. Phase zwei bestand aus der „technischen" Ausführung dieses Plans. Wir haben die Teilnehmer*innen, die den Fragebogen wie vorgesehen im Vorfeld ausgefüllt hatten, drei Gruppen zugewiesen – den Simulationsgemeinschaften – und am Tag der Simulation versucht, auch die restlichen Teilnehmer*innen nach diesem Prinzip zuzuteilen. In Phase drei ging es dann darum, die Daten aufzubereiten und auszuwerten. Diese Analysen haben wir schon während der Simulation begonnen und am Abend der Simulation teilweise vorgestellt.

Dieser Beitrag beschreibt die drei Phasen der Fragebogenanalyse; die Fragebogenkonstruktion als Teil der Entwicklung der Simulation, die Einteilung der Teilnehmer*innen in drei Simulations-Gemeinschaften sowie die Analyse (des Profils) der Teilnehmer*innen. Die Beschreibung der Fragebogenkonstruktion und der Organisation der Erhebung ist sicher für diejenigen besonders interessant, die sich selbst mit Fragen der Organisation und Ausführung eines solchen Projektes befassen; die Analyse einiger inhaltlicher Aspekte zu Umwelt- bzw. allgemein zu politischem Handeln soll dagegen einen kleinen Eindruck von den Teilnehmer*innen vermitteln und zeigt ihr Profil in Bezug auf Motivation, Struktur, Selbsteinschätzung, Engagement und Umweltdenken. Die Analysen haben wir später ausgeweitet; unser Beitrag zum Aktivismus und politischen Handeln der Teilnehmer*innen in diesem Band ist ein Beispiel dafür. Auch andere Projekte haben mit den Daten aus dem Fragebogen gearbeitet. Insgesamt ist allerdings zu sagen, dass das Datenmaterial des SocialSIM-Projektes noch sehr viel mehr Potential hat, als wir bisher nutzen konnten. Wir haben am Tag der Simulation, aber auch davor und danach vielfältige und umfangreiche Daten erhoben, deren Verknüpfung besonders interessant ist. Hier gibt es noch viel Raum für weitere Analysen.

Der Fragebogen – Instrument der Organisation und Analyse der Simulation

Die Entwicklung des Fragebogens – den wir als Online-Fragebogen konzipiert haben – war ein Projekt, das sich über einen längeren Zeitraum der Vorbereitung hinzog und an dem unterschiedliche und unterschiedlich große Gruppen mitgearbeitet haben. Die kleinste Arbeitsgruppe bestand aus den beiden Autorinnen des vorliegenden Textes, die größte Arbeitsgruppe umfasste alle Studierenden und Lehrenden sowie die Mitglieder des Organisationsteams des SocialSIM-Projektes. Einzelne Arbeitsgruppen, beispielsweise die Teilnehmer*innen des soziologischen Seminars sowie eine kleine interdisziplinäre Gruppe Studierender haben Items diskutiert, sortiert und ausgewählt, die u. a. vom Vorbereitungsteam der Simulation und von einzelnen Studierenden aus ihren Forschungsfragen eingebracht wurden. Ein Teil des Gesamtteams hat Fragen aus internationalen Erhebungen recherchiert und gesammelt (vor allem aus dem World Value Survey und dem Eurobarometer). Das Lehr- und Forschungsprojekt SocialSIM war im Sommersemester angesiedelt; noch vor Beginn des Sommersemesters haben wir mit der Konstruktion des Fragebogens begonnen. In dieser Phase des Gesamtprojektes haben wir den inhaltlichen Schwerpunkt der Simulation konkretisiert. In der folgenden Zeit, vor allem von Mitte Juni bis zur Veröffentlichung des Online-Fragebogens am 15. Juli 2014, haben wir die Themen und Items des Fragebogens in unterschiedlicher Besetzung weiterentwickelt. Der Schwerpunkt der Arbeit fand im soziologischen Seminar statt. Aus dem Gesamtprojekt haben einzelne Studierende Items beigesteuert, die für ihre Projekte interessant waren. So haben wir diesen Fragebogen in mehreren Runden mit einer Vielzahl von Beteiligten und in unterschiedlichen Besetzungen entwickelt. Die letzte Phase der Vorbereitung war ein Pretest, der vom 8. bis zum 10. Juli 2014 lief.

Die Vorteile einer Online-Umfrage betreffen sowohl die Teilnehmer*innen als auch die Forscher*innen. Der Aufwand für die Teilnehmer*innen ist relativ gering, da das Verschicken entfällt. Zusätzlich ist der Fragebogen jederzeit aufrufbar und nicht etwa an die Anwesenheit einer Interviewer*in gebunden. Für Fragen in Bezug auf den Fragebogen gab es eine Kontaktmöglichkeit, die über die Homepage des Projektes und im Anschreiben kommuniziert wurde. Für die Projektorganisation bietet der Online-Fragebogen einen großen Kosten-Nutzen-Vorteil, da die Kosten für Versand und Druck sowie für Erinnerungsschreiben entfallen. Die Bitte zur Teilnahme, der Umfragelink und die Erinnerungsschreiben können schnell an mehrere Personen versandt werden. Weiterhin müssen im Nachhinein keine Daten aus den Fragebögen eingegeben werden, da sie mit der Online-Umfrage direkt verfügbar sind. So werden auch Fehler bei der Kodierung und der Dateneingabe vermieden.

Der Fragebogen wurde von 65 der Teilnehmer*innen zwischen dem 15.7.2014 und dem 1.8.2014, also vor der Simulation, ausgefüllt. Beim Verkauf der Tickets für die Veranstaltung hatten wir um die Angabe einer Mailadresse gebeten. An diese Adresse haben wir dann direkt nach dem Ticketverkauf einen Link zur Umfrage mit der Bitte um Teilnahme versandt. Dabei haben wir unterstrichen, dass das Ausfüllen des Fragebogens für die Teilnahme an der Simulation sehr wichtig sei. Personen, die mehrere Tickets gekauft haben, hatten wir gebeten, den Link zur Umfrage an die anderen Teilnehmer*innen weiterzuleiten. Zudem haben wir mehrere Erinnerungen versandt. Die Ausfälle durch direkte Nichterreichbarkeit auf Grund falscher oder fehlerhafter Mailadressen waren mit N = 1 sehr gering. Anders indirekte Ausfälle (Nicht-Teilnahme), die dadurch entstanden sein können, dass wir die Personen, die ihr Ticket nicht selbst gekauft haben, nur indirekt erreicht hatten (mit der Bitte um Weiterleitung). Hier muss für kommende Veranstaltungen eine Lösung gefunden werden, beispielsweise eine Online-Registrierung oder das „Einchecken" im Vorfeld der Veranstaltung; der Aufwand für die Teilnehmer*innen sollte allerdings gering gehalten werden, um den Veranstaltungscharakter und die Übersichtlichkeit zu erhalten.

Der Fragebogen

Der Fragebogen gliedert sich in zwei Teile, einen Hauptteil, den alle Teilnehmer*innen ausfüllen sollten, und einen zweiten Teil, der ausdrücklich freiwillig war. Wir haben den Fragebogen geteilt, weil wir befürchtet hatten, dass er sonst für einige zu lang sein würde. So haben wir die Items, die für die Einteilung dreier Simulations-Gemeinschaften zuständig waren sowie Fragen von allgemeinem Interesse und weiterführende Fragen, die speziell(er) auf die Forschungsprojekte zugeschnitten waren, getrennt. Die Zuteilung möglichst vieler Teilnehmer*innen zu den Gemeinschaften war wichtiger, als die Beantwortung aller Fragen. Die Entscheidung für oder gegen die Aufteilung in Pflichtteil und freiwilligen Teil ist eine Frage der Abwägung. Grundsätzlich laufen Fragebogen, deren Beantwortung eine bestimmte Zeit überschreitet, Gefahr, nicht (gut) verwertbar zu sein. Die Befragten brechen den Fragebogen ab oder, noch schlimmer, sie klicken sich nur noch bis zum Ende durch, ohne ernsthaft auf die Fragen zu antworten. Die optimale Zeit bzw. Höchstdauer ist nicht pauschal festzulegen; sie hängt von der Form (z.B. online oder als persönliches Interview), vom Thema und vom Publikum ab. Uns erschien eine Dauer von 20 Minuten und mehr kritisch, weil die Simulation für die Teilnehmer*innen Freizeitcharakter haben sollte. Deshalb sollte die Aufteilung in zwei Teile ermöglichen, dass auch langsame Teilnehmer*innen den Pflichtteil in 15 Minuten bewältigen konnten, so dass die Gruppenzuteilung am Simulationstag gewährleistet war. Die Bearbeitung beider Teile betrug im Mittel 18 Minuten (Median). Wie zu sehen ist, haben wir die Bereitschaft der Teilnehmer*innen, Zeit in den Fragebogen zu investieren, unterschätzt, denn bis auf eine Person haben alle (65 von 66 Teilnehmer*innen), die Teil eins beantwortet hatten, auch Teil zwei ausgefüllt.

Der erste Teil des Fragebogens enthält neun Fragebatterien mit vier offenen Fragen und fünf Fragen zur Person (soziodemografische Fragen) sowie eine Frage zu einer Projektteilnahme im Vorfeld. Der zweite, freiwillige Teil des Fragebogens, enthält ebenfalls neun Fragebatterien sowie die Möglichkeit, Anmerkungen zum Fragebogen zu machen. Gegenstand der Fragen waren Teilnahmemotivation, die persönliche Selbsteinschätzung sowie gesellschaftliche und politische Themen, vor allem zu den Bereichen Umwelt und sozioökonomische Entwicklung sowie zu politischem Handeln bzw. politischer Beteiligung. Einzelne Aspekte dieser Themen werden im

zweiten Teil des Fragebogens vertieft. Zusätzlich gibt es dort zwei Fragen
zu Vertrauen und zur Einordnung der eigenen Tätigkeit. Gefragt haben wir
zum Beispiel, welchen Problemen wir heute gegenüberstehen, nach (Um-
welt-)Maßnahmen, die die Befragten im Haushalt praktizieren, nach ihren
Werten im Zusammenleben mit anderen; danach, ob sie an verschiedenen
(politischen) Aktionen teilgenommen haben oder teilnehmen würden sowie nach persönlichem Engagement und nach allgemeineren Aktivitäten.
Schließlich haben wir schon im ersten Teil Umweltschutz und Wirtschaftswachstum bzw. soziale Aspekte gegenübergestellt. Im freiwilligen Teil haben
wir uns unter anderem interessiert für die Einschätzung der Befragten in
Bezug auf Möglichkeiten des Engagements oder politischen Einflusses von
Einzelpersonen, Gruppen oder der Gesellschaft insgesamt; wir haben konkreter zu Umweltproblemen und Umweltschutz gefragt und danach, welches Verhalten akzeptiert oder nicht akzeptiert wird sowie zwei Fragen zum
Vertrauen gestellt. Insgesamt haben wir in beiden Teilen Fragen zur Person
gestellt und damit sowohl soziodemografische Daten abgefragt, als auch
Einschätzungen die eigene Person betreffend. Eine Auflistung der Fragen
(ohne genaue Antwortvorgaben) findet sich im Anhang dieses Beitrages.

Konstruktion der drei Gemeinschaften

Der Fragebogen hatte, wie schon deutlich wurde, viele Aufgaben. Eine der
Aufgaben war die Einteilung der Teilnehmer*innen in drei unterscheidbare
Gruppen, die Gemeinschaften. Das Motiv der Unterscheidbarkeit hatte ja
schon bei der Auswahl der Fragen und Konstruktion des Fragebogens eine
Rolle gespielt; nun hatten wir, in der Phase der Anmeldung, empirische
Daten der Teilnehmer*innen, um unsere Vorstellungen der Gruppen zu
überprüfen und im Detail an die Daten anzupassen.
    Wir haben drei Gruppen gebildet, „Wirtschaft und Soziales", „Politik"
sowie „Umwelt"; sie waren am Simulationstag die Gruppen „gelb", „rot" und
„grün". Die Gruppeneinteilung war nicht leicht; einerseits war das Thema
Umwelt ein Schwerpunkt des Projektes und gerade zum Thema Umwelt
ließen sich nur schwer Gruppen unterscheiden. Im Gegensatz dazu fiel es
leicht, eine „politische" Gruppe zu bilden (die rote Gruppe) – ihre Mitglieder grenzten sich von den anderen Teilnehmer*innen durch politische
Aktivitäten ab, die sowohl quantitativ, als auch qualitativ intensiv(er) waren.
So war eine der vier Fragen, die den Hauptscore der Politik-Gruppe bildete,

die nach der Beteiligung an einer „illegale(n) Aktion (z. B. Tierbefreiung)",
die einige positiv mit „Ja, ich habe mich schon an einer solchen Aktion
beteiligt" beantwortet hatten (Tabelle 1). Der Fragebogen enthielt einige
solcher Items, mit denen eine mehr oder weniger eindeutige Zuordnung
der Daten, und somit der Personen zu Gruppen, möglich war. Mehr oder
weniger heißt, dass Items teilweise gut geeignet waren, um Unterschiede
bei den Teilnehmer*innen zu zeigen, teilweise haben sie aber keine Unterscheidbarkeit erzeugt und waren deshalb nicht sehr nützlich.

Tabelle 1:   Frage zur Beteiligung an einer illegalen Aktion

		Gruppe in der Simulation		
		Politik	WiSo	Umwelt
Illegale Aktion (z.B. Tierbefreiung)	1 Ja, ich habe mich schon an einer solchen Aktion beteiligt.	8	1	1
	2 Nein, ich habe das noch nicht getan, könnte mir aber vorstellen es zu tun.	11	7	14
	3 Nein, ich würde mich unter keinen Umständen an einer solchen Aktion beteiligen.	2	13	7

Die Einteilung ist auch deshalb nicht einfach, weil ein knappes Viertel der
Teilnehmer*innen nur einen Kurzfragebogen am Tag der Simulation ausgefüllt hatte. Wie schon ausgeführt, hatten von den 85 Personen, die an der
Simulation teilnahmen und/oder einen Fragebogen beantwortet hatten,
nur 65 Personen den Online-Fragebogen ausgefüllt; darunter eine Person,
die zum Ende des Pflichtteils aus dem Fragebogen ausgestiegen war (eine
Person mehr hat den Online-Fragebogen ausgefüllt, aber für den Tag der
Simulation abgesagt). Die Zuteilung der „Neuen" am Tag der Simulation
erfolgte – hauptsächlich – mit einem reduzierten Fragebogen, der lediglich
die wichtigsten der Gruppierungsvariablen enthielt.

Um zu prüfen, ob die Bildung der Gemeinschaften wie geplant erfolgt ist
und ob die Zuteilung auch mit dem reduzierten Fragebogen funktioniert,
haben wir im Zuge der Analyse Prüfmaße aus den verschiedenen Zutei-
lungsvariablen gebildet. Sie sollen zeigen, ob die Gemeinschaften, so, wie sie
dann am Tag der Simulation aufgeteilt waren, in Bezug auf die relevanten
Variablen unterscheidbar sind.

Die Einteilung der Gruppen, so, wie sie dann schließlich wirksam wurde, ist für die Politik- und für die WiSo-Gruppe gut in den Daten nachzuvollziehen, nicht aber für die Umwelt-Gruppe, die allerdings schon in der
ersten Zuordnung im Vorfeld (genauso) kritisch war. Berücksichtigt man
bei der Umweltgruppe nicht nur den höchsten Scorewert, sondern auch
den mittleren (und verwässert damit die Abgrenzung), verbessert sich das

Bild. Ein Beispiel ist die Variable „Zugunsten der Umwelt sollten wir alle bereit sein, unseren derzeitigen Lebensstandard einzuschränken", für die nicht nur der höchste Wert („stimme voll und ganz zu"), sondern auch der zweite, zustimmende Wert („stimme eher zu") in den Score eingeht. Die folgende Abbildung zeigt die Anzahl der Teilnehmer*innen der *höchsten* Scores nach Gruppe (Abbildung 1). Die Tabelle zeigt die Verteilung der Teilnehmer*innen auf den *mittleren und den höchsten* Score (Tabelle 2). Die fehlende klare Abgrenzbarkeit einer Umweltgruppe ist damit zu erklären, dass besonderer Aktivismus und besonderes Umweltinteresse bei den Teilnehmer*innen eng verknüpft sind.

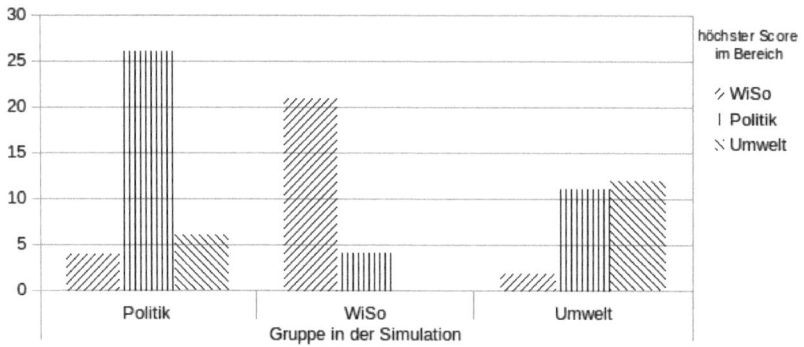

Abbildung 1:   Häufigkeiten (Anzahl Teilnehmer*innen) der höchsten Prüfscores, aufgeteilt nach Gemeinschaften. Balken: senkrecht schraffiert – höchster Prüfscore für Politik; von links unten nach recht oben schraffiert – höchster Prüfscore für WiSo; von links oben nach rechts unten schraffiert – höchster Prüfscore für Umwelt

Tabelle 2:   Mittlerer und höchster Prüfscore nach Gruppe

| | | Gruppe in der Simulation | | |
| | | Politik | WiSo | Umwelt |
		Anzahl	Anzahl	Anzahl
Pruefscore WiSo	mittel - 2	4	0	3
	hoch - 3	4	21	2
Pruefscore Politik	mittel - 2	2	18	16
	hoch - 3	26	4	11
Pruefscore Umwelt	mittel - 2	16	10	12
	hoch - 3	6	0	12

Probleme für die Analyse

Wir haben betont, dass die Aufteilung in Gemeinschaften, in eine Politik-eine Wirtschaft-und-Soziales- sowie eine Umweltgruppe, ein Kern dieser Simulation war. Es ging also für die Teilnehmer*innen und für uns nicht nur darum, zu erleben, wie die Gemeinschaften Aufgaben lösen und ihre Welt gestalten, sondern es ging uns Forschenden auch darum, zu betrachten, ob die Haltung zu bestimmten Fragen einen Einfluss auf das Handeln in der Simulation hat und, wenn ja, welchen. Da die Gruppen gemeinschaftlich handelten und da für das Gruppenhandeln natürlich relevant ist, welche Personen in ihr agieren und welche Dynamiken sich entwickeln, ist die Zu-ordenbarkeit zu bestimmten Haltungen und die Unterscheidbarkeit der drei Gemeinschaften zentral. Weiterhin ist die Analyse der Fragebogenitems nach der Gruppenzuordnung wichtig. Und schließlich auch die Verknüp-fung dieser Daten mit den anderen Daten, die wir während der Simulation und um die Simulation herum gesammelt haben. Simulationsdaten sind beispielsweise die Anzahl gelöster Aufgaben, die Einnahmen oder der Kon-sum während des Spiels. Solche Daten haben unsere Organisationszentren in jeder Gemeinschaft während der Simulation direkt zentral gesammelt.

Aufteilung der Gruppen
Wir hatten weiter oben beschrieben, dass die Aufteilung in Gruppen zwar im Nachhinein nachvollziehbar, aber dennoch nicht in Bezug auf alle Teilnehmer*innen eindeutig war. Hier kommt hinzu, dass nicht alle Teilnehmer*innen einen vollständigen Fragebogen ausgefüllt haben, we-nige haben sogar keinen Fragebogen ausgefüllt. Weiterhin sind einige Teilnehmer*innen während der Simulation später gekommen und/oder frü-her gegangen und es waren zwei Kinder an der Simulation beteiligt, die kei-nen Fragebogen ausgefüllt haben. Das bedeutet, dass erstens nicht sämtliche Mitglieder einer Gemeinschaft nach den gewünschten Kriterien zugeordnet sind und dass zweitens die Umweltgruppe nicht scharf abgrenzbar ist.

Kollektiv- und Individualdaten
Wir haben für die Simulation sowohl Kollektiv-, als auch Individualdaten erhoben. Während die Kollektivdaten zentral für unsere Perspektive auf (die) Gemeinschaften sind (welche Ressourcen verbraucht eine Gruppe, was erwirtschaftet sie usw.), können auch einige Individualdaten interessant sein (wie äußert sich und handelt eine konkrete Teilnehmerin). Bei der Auswer-

tung von Daten, die im Laufe der Simulation erzeugt wurden, und bei ihrer Verknüpfung mit den Fragebogendaten ist aber zu berücksichtigen, dass sich Kollektiv- und Individualdaten in der Simulation vermischen. Einige Individualdaten sind tatsächlich Gruppendaten, das heißt, personenbezogene Werte während der Simulation haben Kollektivcharakter. So, wenn beispielsweise vier Personen einer Gemeinschaft für den Fischfang abgeordnet waren und die Erträge, die jeweils auf ihre Person verbucht wurden, für die Gruppe erwirtschafteten. Ob und wieviel eine Person erwirtschaftet hat bzw. besitzt, ist deshalb nicht in den Daten zu sehen.

Profil der Teilnehmer*innen

Im zweiten Teil des Beitrags möchten wir nun zeigen, wer an SocialSIM 2014 teilgenommen hat; gleichzeitig ordnen wir dieses Profil bezüglich unserer Zielsetzungen und unseres Vorgehens, z. B. bei der Werbung, ein. Einen kleinen Eindruck können wir dabei auch von den Items vermitteln, die wir verwendet haben bzw. vom Profil der Teilnehmer*innen in Bezug auf diese Items. Einen konkreteren Eindruck davon vermittelt unser Beitrag zum Aktivismus weiter unten sowie der Beitrag zur Entwicklung der drei Gemeinschaften in diesem Teil des Bandes. Wie wir oben schon dargelegt haben, hatten nur 65 der insgesamt 86 (konstanten) Teilnehmer*innen den Gesamtfragebogen ausgefüllt. Das folgende Teilnehmer*innenprofil beschreibt deshalb diese 65 Personen; auf Ausnahmen weisen wir ausdrücklich hin.

Was waren die Motive, an der Simulation teilzunehmen? Wir haben die Teilnehmer*innen gebeten, Antworten zu ihrer Motivation für die Teilnahme an SocialSIM zu wählen (Abbildung 2). Hier zeigt sich, dass die meisten der Befragten das Zusammenspiel gesellschaftlicher Prozesse nachvollziehen wollten (N = 52) und dass außerdem der Spaß im Vordergrund stand (N = 50). Den dritten Rang nimmt mit 42 Nennungen das Verfolgen des Aufbaus politischer Systeme ein. In den Motivationen der Befragten zeigen sich auch Vorstellungen über die Konzeption von SocialSIM. Die Simulation wurde im Vorfeld als Spiel beworben und mit dem Hinweis, es gebe die Möglichkeit, sich eine eigene Gesellschaft zu „bauen". Über den genauen Aufbau und den Ablauf der Simulation erhielten die Teilnehmer*innen im Vorfeld keine Information.

Die meisten Befragten (59 Personen) waren im Sommer 2014 zwischen 19 und 39 Jahren alt, sechs Befragungsteilnehmer*innen waren älter als

54 Jahre (Abbildung 3); außerdem waren 41 der Teilnehmer*innen Männer, 24 Frauen.

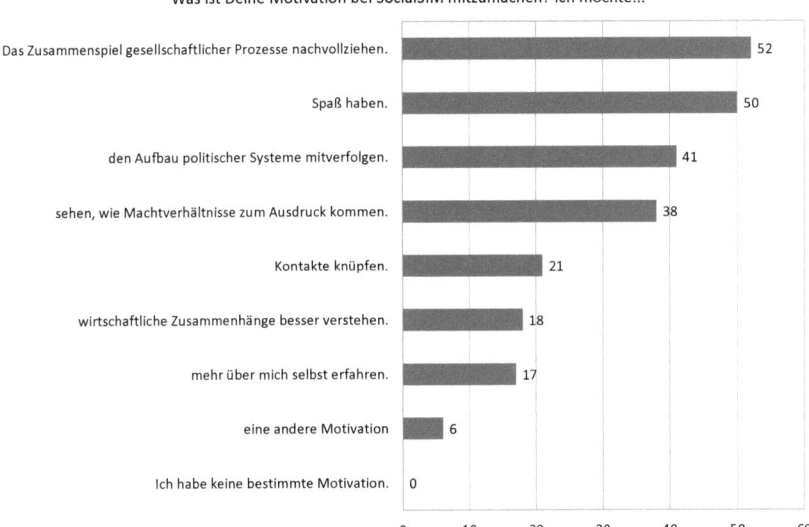

Abildung 2:   Motivation zur Teilnahme

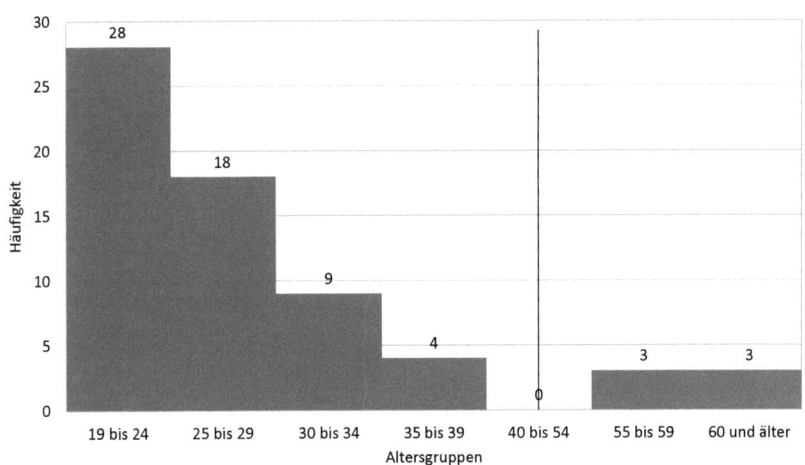

Abbildung 3:   Altersverteilung der Befragten, N = 65, keine Werte zwischen 40 und 54

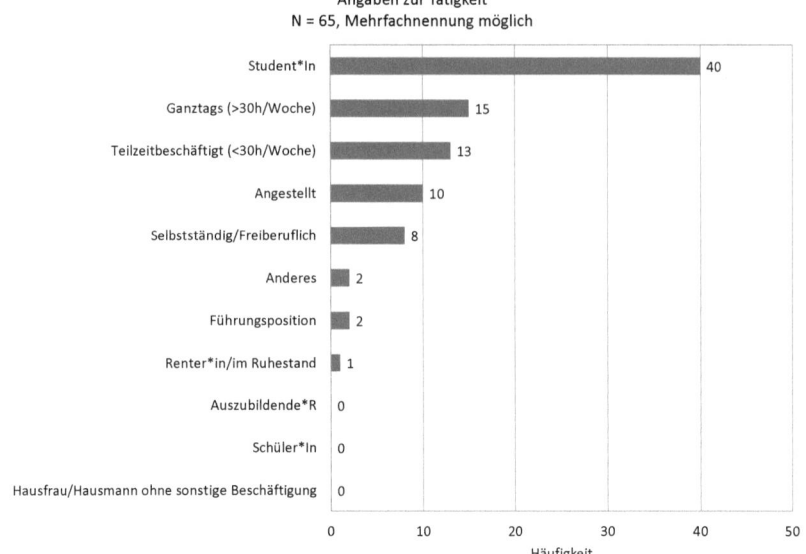

Abbildung 4:   (Berufliche) Tätigkeit

Der höchste Schulabschluss von 63 Befragten ist das Abitur bzw. die (Fach-) Hochschulreife. Nur zwei Befragte gaben an, einen Haupt- bzw. Realschulabschluss zu haben. Auch daran zeigt sich, dass mit der Simulation hauptsächlich Studierende angesprochen wurden; 40 Teilnehmer*innen studierten. Nur ein Bruchteil der Befragten gab an, mehr als 30 Stunden pro Woche erwerbstätig beschäftigt zu sein bzw. in einem Angestelltenverhältnis zu stehen oder selbständig zu sein (Abbildung 4).

Wie sich zeigt, haben wir mit der Simulation hauptsächlich ein jüngeres Publikum mit hohem Schulabschluss, vor allem Studierende, angesprochen. Ursprünglich war unser Ziel, eine ausgeglichene(re) Teilnehmer*innenstruktur zu erhalten. Die Werbung für das Simulationsspiel im Vorfeld war einerseits teilweise darauf ausgerichtet, hatte andererseits aber doch einen deutlichen Fokus auf der Universität bzw. den Studierenden. So haben wir zwar Plakate in der gesamten Freiburger Innenstadt aufgehängt und den Verkauf der Eintrittskarten über die beiden großen regionalen Anbieterinnen (Badische Zeitung und Reservix) organisiert, Flyer haben wir jedoch – mit Ausnahme eines Samstages in der Fußgängerzone – hauptsächlich vor den Mensen der Universitäten und Hochschulen verteilt, wodurch vor allem Student*innen und Mitarbeiter*innen der Universitäten und Hochschulen angesprochen wurden. Auch das Thema des Simulationsspiels kann einen Einfluss haben. Hinzu kommt die Form des Fragebogens als Onlinebefragung. Schließlich hatten wir uns für eine Anrede mit „Du" entschieden („Bau Dir Deine Gesellschaft", „Spielst Du mit?" usw.), das wir für das erwartete studentische Publikum passender fanden.

Eine Itembatterie sollte die Selbsteinschätzung der Befragungsteilnehmer*innen abbilden (Abbildung 5). Sie fragte zehn Eigenschaften bzw. Aussagen zum eigenen Charakter ab, mit denen die Befragten sich selbst auf einer Skala von „Stimme stimme voll und ganz zu" bis „Stimme absolut nicht zu" einschätzen sollten. Die Items umfassten dabei sowohl die Beziehung zu anderen Menschen als auch die Einschätzung der eigenen Fähigkeiten und des Charakters. Die größte Zustimmung geben die Befragungsteilnehmer*innen bei den Aussagen, eine rege Fantasie zu haben (21 Nennungen bei „Stimme voll und ganz zu" sowie 21 bei „Stimme eher zu") und vertrauensvoll zu sein (18 Nennungen bei „Stimme voll und ganz zu" und 36 Nennungen bei „Stimme eher zu"). Am wenigsten können die Befragten zustimmen, kreativ veranlagt zu sein. Hier sehen sich 46 Befragte nicht als eine kreative Person. Die Selbsteinschätzung ist in Bezug auf die Teilnehmer*innengruppe sehr interessant. Die Bewerbung der Simulation als Spiel scheint in Zusammenhang mit der Selbsteinschätzung als Person mit reger Fantasie zu stehen. Konträr dazu steht allerdings die geringe Einschätzung der Kreativität, da die Simulation als kreativer Prozess beworben wurde. Die Eigenschaften, aus sich herauszugehen und andere gerne zu konfrontieren, rangieren, obwohl wir sie wegen der Öffentlichkeit und Spielbewerbung eher an oberer Stelle vermutet haben, mit 27 und 28 Zustimmungen eher in der Mitte der Items.

Viele der befragten Teilnehmer*innen sind in irgendeiner Weise sozial oder politisch engagiert (Abbildung 6). Von den Befragten gaben 22 an, sich sehr häufig oder häufig in wohltätigen, politischen oder humanitären Organisationen zu engagieren, 21 Befragte in Sport- und Freizeitvereinen. Jeweils elf Teilnehmer*innen engagieren sich ihrer Angabe nach sehr häufig oder häufig in Umweltorganisationen oder bei Kunst- und Musikveranstaltungen. Nur zwei der Befragten gaben ein sehr häufiges oder häufiges Engagement in Gewerkschaften, sechs in religiösen Organisationen oder der Kirche und sieben in politischen Parteien an. Lediglich drei Teilnehmer*innen engagieren sich überhaupt nicht, haben also bei allen Fragen „nie" angeklickt.

Da das Engagement einer Person in mehreren Bereichen möglich und auch üblich ist, ist die Summe der Nennungen größer als 65.

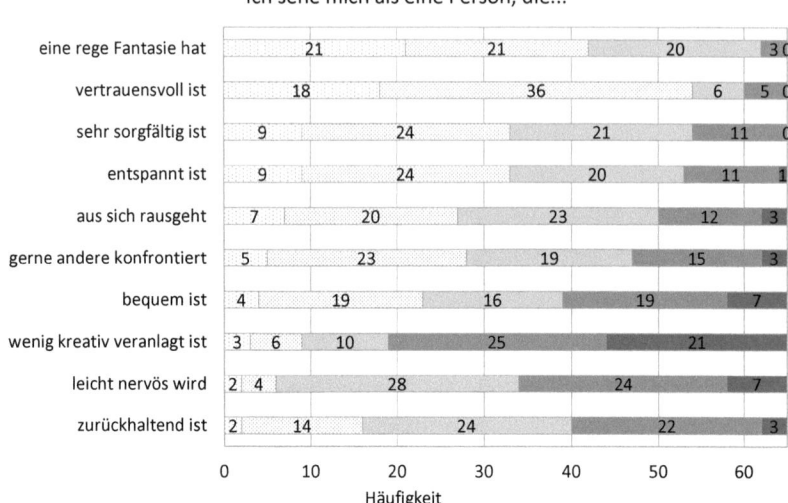

Abbildung 5:   Selbsteinschätzung als Person: „Ich sehe mich als eine Person, die …"

Abbildung 6:   Engagementfelder (sehr häufiges oder häufiges Engagement)

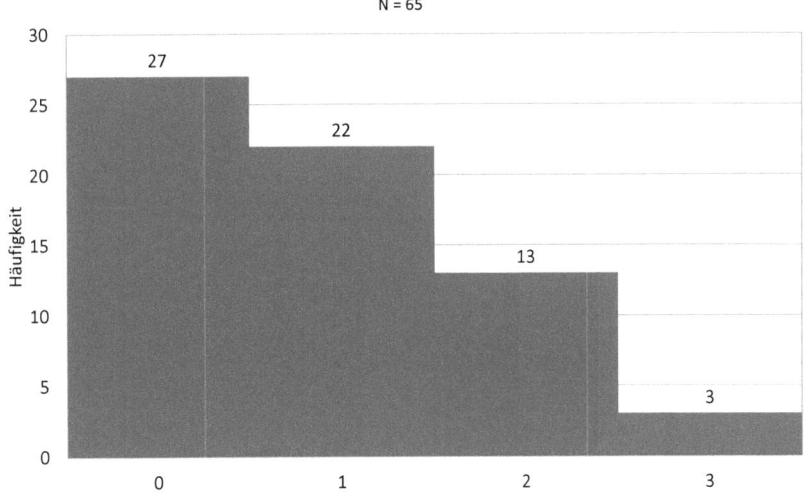

Abbildung 7:   Histogramm Engagement-Score

Aus den Angaben zur Häufigkeit des Engagements haben wir ein *Engagement-Score* berechnet (Abbildung 7). Mit ihm wollten wir die Bereiche häufigen bis sehr häufigen Engagements genauer untersuchen. Die meisten der Teilnehmer*innen des Online-Fragebogens gaben an, sich in keinem der genannten Bereiche sehr häufig oder häufig zu engagieren (insgesamt 27 Befragte), 22 Personen engagieren sich zumindest in einem der Felder häufig bis sehr häufig, 13 Personen in zwei und nur drei Personen in drei Bereichen. Keine*r gab an, sich in mehr als drei Bereichen häufiger einzubringen.

Ein Hauptthema der Simulation war ökologisches Denken und ökologisches Handeln. In den Fragebögen hatten deshalb viele Fragen die Funktion, das Denken und Handeln der Teilnehmer*innen zu diesem Thema einzuschätzen. In einigen Fragen haben wir Einstellungen verglichen oder gar gegenübergestellt, so dass sie konkurrieren. Die Funktion des Vergleichs hatte die Itembatterie „Wie gut sind die folgenden Möglichkeiten Deiner Meinung nach geeignet, um den Fortschritt in Deutschland zu bewerten? Der Fortschritt in Deutschland sollte …" mit den Items „… auf Grundlage wirtschaftlicher Kriterien bewertet werden", „… auf Grundlage sozialer Kriterien bewertet werden" sowie „… auf Grundlage ökologischer Kriterien bewertet werden". „Soziale Kriterien" sind den meisten am wichtigsten, 35 Befragte haben dem „voll und ganz" zugestimmt. Fasst man die beiden zustimmenden Antwortka-

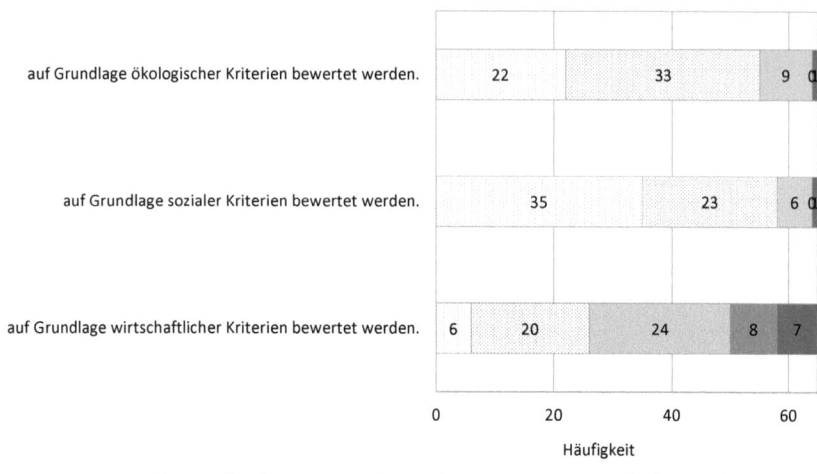

Abbildung 8:   Einstellung zur Bewertung des Fortschritts in Deutschland, N = 65

tegorien zusammen, liegen soziale und ökologische Kriterien fast gleichauf, 58 Personen halten soziale Kriterien für wichtig, 55 halten ökologische Kriterien für wichtig. Der Bedeutung wirtschaftlicher Kriterien stimmen dagegen nur 26 Befragte zu, lediglich sechs davon haben den höchsten Wert („stimme voll und ganz zu") angekreuzt. Die Bedeutung wirtschaftlicher Kriterien wurde sogar von den meisten Befragten zurückgewiesen. Im Vergleich dazu wurden die beiden Aussagen zu den ökologischen und sozialen Kriterien jeweils von nur einer Person völlig abgelehnt, die anderen Befragten positionierten sich entweder zustimmend oder neutral (Abbildung 8).

Diese kleine Zusammenstellung mag einen Eindruck von den Teilnehmer*innen der Simulation vermitteln, wie ihn die Daten des Online-Fragebogens zeigen. In unserem Beitrag zum Aktivismus und Engagement der Teilnehmer*innen stellen wir aus diesen Daten Analysen zu politischen und Wertehaltungen und zum Zusammenhang einiger Variablen vor. Weitere Beiträge dieses Handbuchs zeigen die Teilnehmer*innen und ihr Handeln in der Simulation aus unterschiedlichen Perspektiven und auf der Grundlagen anderer Daten.

Literatur

Maurer, Marcus/Jandura, Olaf (2009): Masse statt Klasse? Einige kritische Anmerkungen zu Repräsentativität und Validität von Online-Befragungen. In: Jackob, Nikolaus/Schoen, Harald/Zerback, Thomas (Hg.): Sozialforschung im Internet. Methodologie und Praxis der Online-Befragung. Wiesbaden: VS Verlag für Sozialwissenschaften, S. 61–73.

Pötschke, Manuela (2009): Potentiale von Online-Befragungen: Erfahrungen aus der Hochschulforschung. In: Jackob, Nikolaus/Schoen, Harald/Zerback, Thomas (Hg.)(2009): Sozialforschung im Internet. Methodologie und Praxis der Online-Befragung. Wiesbaden: VS Verlag für Sozialwissenschaften, S. 75–89.

Anhang

Auflistung der Items des Online-Fragebogens

1. Start,
   Kode

2. Was ist Deine Motivation, bei SocialSIM mitzumachen? (Mehrfachantwort)
   Ich möchte Spaß haben.
   Ich möchte den Aufbau politischer Systeme verfolgen.
   Ich möchte Kontakte knüpfen.
   Ich möchte wirtschaftliche Zusammenhänge besser verstehen.
   Ich möchte mehr über mich selbst erfahren.
   Ich möchte sehen, wie Machtverhältnisse zum Ausdruck kommen.
   Ich möchte das Zusammenspiel gesellschaftlicher Prozesse nachvollziehen.
   Ich habe keine bestimmte Motivation.
   Andere

3. Ich sehe mich als eine Person, die ... (Fünf Werte)
   ... zurückhaltend ist.
   ... vertrauensvoll ist.
   ... bequem ist.
   ... entspannt ist.
   ... wenig kreativ veranlagt ist.

… aus sich rausgeht.

… gerne andere konfrontiert.

… sehr sorgfältig ist.

… leicht nervös wird.

… eine rege Fantasie hat.

4. Was glaubst Du, sind die drei wichtigsten Probleme, denen wir uns heute gegenübersehen?
(Drei offene Antworten)

5. Welche der folgenden Maßnahmen praktizierst Du in Deinem Haushalt.
(ja – nein)
Ich halte den Verbrauch von Wasser und Strom gering.
Ich halte den Verbrauch von Heizkosten gering.
Ich halte Abfälle getrennt und gebe sie in die entsprechenden Müllsysteme getrennt ab.
Ich beziehe Ökostrom.
Ich kaufe energieeffiziente Geräte.
Ich achte beim Einkauf von Lebensmitteln auf ihre regionale Herkunft.
Beim Einkauf bevorzuge ich Produkte mit einem Biosiegel.

6. Wie wichtig sind Dir die folgenden Werte im Zusammenleben mit anderen? (Fünf Werte)
Gesellschaftlicher Reichtum
Sicherheit
Nachhaltigkeit
Presse-/Medienfreiheit
Stabile Wirtschaft
Demokratie
Gerechtigkeit
Gleichheit
Freiheit
Welche weiteren Werte sind Dir im Zusammenleben mit anderen wichtig?

7. Auflistung verschiedener (politischer) Aktionen. (Drei Antworten: Ja, ich habe mich schon an einer solchen Aktion beteiligt. – Nein, ich habe das noch nicht getan, könnte mir aber vorstellen es zu tun. – Nein, ich

würde mich unter keinen Umständen an einer solchen Aktion beteiligen.
Unterschriftenaktion/Petition
Boykott
Demonstration
Streik
Bewusst bzw. „politisch" einkaufen und konsumieren
Gemeinnützige Geldspende
Illegale Aktion (z. B. Tierbefreiung)

8. In folgenden Gebieten engagiere ich mich … (Fünf Werte)
Religiöse Organisation/Kirche
Kunst-/Musikveranstaltungen
Gewerkschaft
Politische Partei
Umweltorganisation
Wohltätige/Humanitäre/Politische Organisation
Sport- und Freizeitverein
Andere

9. Der Fortschritt in Deutschland sollte … (Fünf Werte)
… auf Grundlage wirtschaftlicher Kriterien bewertet werden.
… auf Grundlage sozialer Kriterien bewertet werden.
… auf Grundlage ökologischer Kriterien bewertet werden.
… auf Grundlage folgender Kriterien bewertet werden:

10. Auswahl von einer der beiden Aussagen:
Dem Umweltschutz sollte mehr Aufmerksamkeit geschenkt werden, auch wenn dadurch das Wirtschaftswachstum sinkt und Arbeitsplätze verloren gehen.
Wirtschaftswachstum und die Schaffung von Arbeitsplätzen sollten höchste Priorität genießen, selbst wenn darunter die Umwelt leidet.

11. Geschlecht. Geburtsjahr.

12. Welchen höchsten allgemeinen Schulabschluss hast Du? Alternativ: vorraussichtlicher Abschluss. Welchen berufsbildenden Abschluss hast Du? (Mehrfachantwort)

13. Status der beruflichen Tätigkeit. (Mehrfachantwort)

14. Hast Du an einem oder mehreren der Testläufe von SocialSIM teilgenommen?

15. Filter zweiter Teil des Fragebogens.

16. Startseite

17. Zustimmung zu Aussagen: (Fünf Werte)
Auch als einzelne Person kann ich eine Rolle bei wichtigen gesellschaftlichen Themen in Deutschland spielen.
In einer Gruppe kann man sich gezielt bei wichtigen gesellschaftlichen Themen engagieren.
Für wichtige gesellschaftliche Themen sollten vor allem die Regierung und Organisationen verantwortlich sein.

18. Welche der folgenden (politischen) Möglichkeiten wäre Deiner Meinung nach am wirksamsten zur Lösung von Umweltproblemen? (Auswahl von einer oder zwei Antworten und Rangfolge)
Mehr Information über Umweltfragen.
Bessere Durchsetzung des geltenden Umweltrechts.
Höhere Geldstrafen für Umweltsünder.
Strengeres Umweltrecht.
Stärkere finanzielle Anreize (z. B. Steuererleichterung, Fördermittel) für Industrie, Handel und BürgerInnen garantieren, wenn sie zum Umweltschutz beitragen.
Besteuerung oder höhere Besteuerung von umweltschädlichen Aktivitäten.
Effizientere Nutzung der natürlichen Ressourcen.

19. Hast Du an der letzten Wahl teilgenommen? (Ja – Nein)

20. Bitte sage für jede der folgenden Handlungen, ob Du sie in jedem Fall für in Ordnung hältst, unter keinen Umständen für in Ordnung hältst, oder irgendetwas dazwischen. (Zehn Werte)
Staatliche Leistungen in Anspruch nehmen, auf die man keinen Anspruch hat.

Kein Fahrgeld in öffentlichen Verkehrsmitteln zahlen/schwarzfahren.

Diebstahl von Eigentum.

Wenn jemand Schmiergeld für eine Tätigkeit annimmt.

Wenn jemand unehrlich bei der Steuererklärung ist.

Gewalt gegen andere Menschen.

21. Zustimmung zu/Ablehnung von vier Aussagen. (Vier Werte)

    Es sollte gesetzlich geregelt werden, dass der Umweltschutz über privat-wirtschaftlichen Interessen steht.

    Ich verwende möglichst oft gebraucht Plastiktüten, Schachteln, leere Schraubgläser (z.B. von Marmelade, Obst, Mayonnaise) etc. im Haushalt.

    In meiner Freizeit verwende ich das Auto, z.B. für Ausflüge, Kurzurlaube, Besuche oder Fahrten zu Freizeitaktivitäten.

    Man sollte Getränke wie Bier, Sprudel und Fruchtsäfte in Pfandflaschen kaufen.

22. Zustimmung zu/Ablehnung von drei Aussagen. (Vier Werte)

    Zugunsten der Umwelt sollten wir alle bereit sein, unseren derzeitigen Lebensstandard einzuschränken.

    Es gibt Grenzen des Wachstums, die unsere industrialisierte Welt schon überschritten hat oder sehr bald erreichen wird.

    Derzeit ist es immer noch so, dass sich der größte Teil der Bevölkerung wenig umweltbewusst verhält.

23. Vertrauen in Menschen. (Vier Werte)

    Mitglieder Deiner Familie.

    Menschen in Deiner Nachbarschaft.

    Menschen, die Du kennst.

    Menschen, denen Du zum ersten Mal begegnest.

    Menschen anderer Religion.

    Menschen anderer Nationalität.

24. Vertrauen in öffentliche Einrichtungen und Organisationen. (Sieben Werte)

    Dem Gesundheitswesen.

    Dem Bundesverfassungsgericht.

    Der Bundesregierung.

Der Justiz.

Der Wissenschaft.

Der Polizei.

Politischen Parteien.

Dem Bundestag.

Den Medien.

Öffentlichen Verwaltungen.

Unabhängigen politischen oder humanitären Organisationen.

Der Europäischen Kommission.

25. Bei der Ausübung meiner Tätigkeit (Arbeit/Studium/Ausbildung) … (Fünf Werte)

… bin ich unabhängig.

… verrichte ich vorwiegend Routinetätigkeiten.

… bin ich vorwiegend kreativ tätig.

… verrichte ich vorwiegend körperliche Tätigkeiten.

… verrichte ich vorwiegend geistige Tätigkeiten.

… koordiniere ich die Tätigkeiten und Aufgaben anderer Mitarbeiter*innen.

26. Hast Du Anmerkungen zum Fragebogen?

2.3   Development of the three communities

Antonio Farfán-Vallespín

The task of explaining what happened on August 2nd is cumbersome to say the least. It is not easy to know what more than 80 people acting at the same time were exactly doing at any given time and why they were doing it. It is even more difficult to extract a synthesis, a story that summarizes what happened in that day. The work resembles that of a detective collecting different pieces of evidence and trying to assemble them in order to find a meaning.

In our case, we devised different ways to obtain the information we needed to feed into the different research projects of students and to be able to evaluate the project. First, as part of their research projects, our students were observing the participants and taking notes. They also conducted interviews with participants. We also had data from the initial survey on the personality and the political and economic preferences of participants. Further, we collected quantitative data on each transaction made between players and the organization in both production and quests. For each production transaction with the center, we collected player identity, time, and the amounts of goods exchanged. For quests, we collected player identity and time. By registering these transactions, we knew the level of production of each good and the quests players had solved at any given point of time. The levels of pollution were calculated from the levels of production. We also conducted three polls during the simulation in which we asked each individual in a community at a time for the level of individual satisfaction and for the level of satisfaction with their society. In addition to this, in one of the polls we asked players to vote for the three main values with which they would like to define their society. They also had the option of solving a "history" quest in which each community was rewarded for writing their history from their own perspective. We also recorded the discussions which took place immediately after the simulation and took notes of the discussions celebrated one week after the simulation. For more information on these discussions please check the section on learning outcomes for participants in the simulation. Finally, we had the option of informally asking some participants for clarifications or for confirmation of the main facts.

We present the description of the development of the communities in three parts. The first part, together with Nikita Zakharov, provides a description of the overall development of the three communities. The second part combines all sources of information, qualitative and quantitative, to describe the evolution of each community regarding economic development, political development and aggregated level of happiness of each community. This part also analyzes the data in order to identify the elements that caused the different performances of each community and to understand the keys to success or failure of each society in the areas of production, quests solved, political stability and happiness, and satisfaction of the participants. Finally, the third part presents the results of a statistical test attempting to check whether initial differences in the characteristics of the participants as revealed in the initial survey could explain the observed differences in the performance of the communities.

2.3.1 Development of the communities in figures

Antonio Farfán-Vallespín and Nikita Zakharov

For the presentation of the overall development we have selected data about the production, level of local and global pollution and the level of happiness of the players. In the following we discuss the results. In the graphic below we can observe the total amount of production for different resources, together with the accumulated level of local pollution, the share of each community in the total global pollution, the number of quests solved and the final level of happiness in the third wave surveyed towards the end of the game. The star indicates the community with the highest value in each category. For negative variables like pollution, the star indicates the community that polluted the least.

RESOURCE # COMMUNITY	SIMS	ENERGY dirty	ENERGY clean	TOOLS	WOOD	Fish caught	Level of Local Pollution	Share in Global Pollution	Quests	Happiness
Green Community	1798	120	15 ★	65	681	114	3 ★	0.34	32 ★	4.41 ★
Yellow Community	1042	284 ★	0	106	718	354	5	0.27 ★	18	3.05
Red Community	1974	160	0	112 ★	961 ★	460 ★	4	0.39	25	3.9

Note: a star ★ identifies the community who produced most of particular resource (opposite stands for the case of pollution since it is unfavourable resource)

Figure 1: Final accumulated results per community. Diagram by Nikita Zakharov

We can see that the only community which produced clean energy was the green one. The green community also had the lowest level of local pollution, solved the largest number of quests and was the happiest on average. The yellow community produced the highest amount of dirty/black energy (from oil and coal) but had a surprisingly low contribution to global pollution. This is explained in part by their low production of tools and chicken, which were the other two polluting products. The red community produced more SIMs, more tools, more wood, and fished the most. They solved a medium amount of quests and were also second in terms of self-reported happiness.

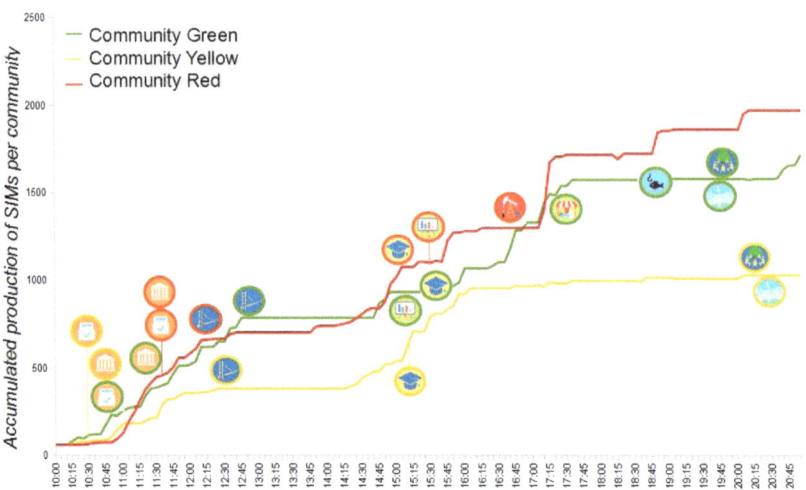

Figure 2:   Production of SIMs and Quests over time. Diagram by Nikita Zakharov

In this diagram, we can observe the production of SIMS and quests solved over time. We can appreciate that the red and green communities had a similar level of production of SIMs over time. Production within the yellow community, in contrast, fell clearly below that of the other two. We can also observe that green and red solved more quests and that, in general, they solved them at earlier points of time.

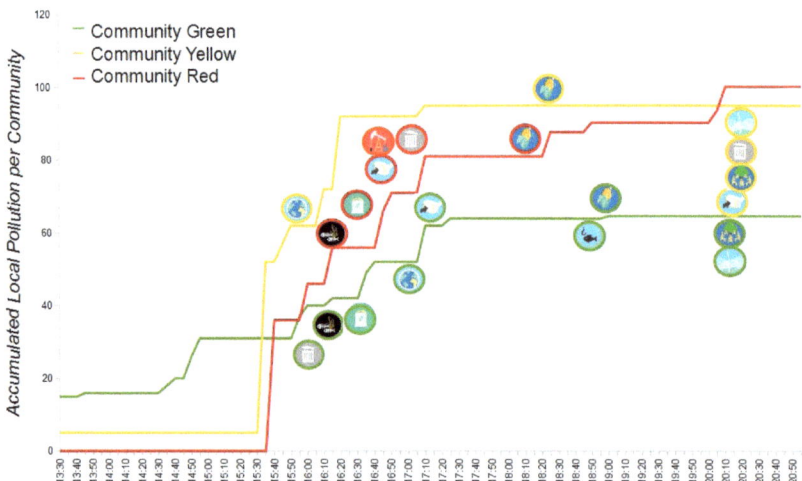

Figure 3:   Local Pollution and Ecological Quests. Diagram by Nikita Zakharov

The previous diagram displays the local pollution level in each community and the quests related to fighting pollution or its consequences. Concerning local pollution, the green community started with a higher pollution level due to the production of chicken, since they did not know it was causing pollution. At 15:30, the yellow team started the production of coal at a very quick rate and shortly afterwards they began producing oil which caused a significant spike in the level of local pollution. They hoarded most of this production since they did not have a need for it, speculating that energy might be valuable in the future.

The red community produced coal only when they needed it and therefore had a more moderate increase in the amount of local pollution. The green community invested in technologies for reducing pollution and in clean energies. As a result, their level of pollution remained low.

2.3.2 Description and analysis of each community

Antonio Farfán-Vallespín

In part 1 we have seen that the evolution of each community was quite different in all the variables that we measured, but we could not know why. In this part, I will attempt to offer some explanations of these different performances using mostly the transcripts and notes of the discussion that took place after the simulation and the materials compiled by students for their research projects.

Green Community – the trusted leader

In phase 1, the green community opted for collective property and elected representatives. These representatives formed a so-called "government" that would manage the common resources and try to provide guidance to the community. However, a group of players stood out in group discussions for being particularly vocal and opposing the "productivistic" path of collecting resources and solving quests. We will refer to this group as the "dissenters". As a result, discussions tended to take last longer than what most of participants found desirable. Further, the leadership of the "government" was described by discussants as being both unclear and unsecure, but it succeeded in making the green community the first one to get the bridge and go for lunch.

In phase 2, the conflict between the majority of the group with "productivistic" goals and the dissenters reached a new peak during the quest requiring them to choose the three values of their community. The community decided to create a committee to select five values while the rest of the community was producing and solving other quests and then the entire community would choose three out of the five values proposed by the committee. Most of the dissenters volunteered to be on this committee and not surprisingly got into very long discussions and tried to elaborate very sophisticated definitions of values which were not always self-explanatory for the rest of the community. During the discussions of the committee, the development of the entire community was blocked because choosing the values of the community was a requirement for building the University and the University was a requirement for almost all other quests in the second phase. Those players who were more oriented towards progress made pressure on the committee to speed up their task so that the rest of the community could build the University. These pressures were not well received and the community was covered by an atmosphere of bitterness and frustration. This spirit was captured by the satisfaction poll that took part exactly during this gridlock and showed the lowest level of satisfaction of all countries in all periods.

Once the values of society were chosen, a new government emerged to try to improve the situation. Dissenters self-marginalized themselves and devoted themselves to tasks that did not have crucial relevance (for example, painting mandalas). The new administration turned out to be a great success: quests were steadily solved, production flew without bottlenecks, pollution was low and discussions and tensions among players were absent. Most of players of the green community expressed their satisfaction with the order they created (both during the last poll and throughout the discussions) after the simulation with compliments such as "We were doing well" or "Our needs were well taken care of".

What were the characteristics of this successful new administration? The cornerstone was a lady who defined herself as the "Ansprechspartnerin" or contact person. This contact person gave advice on which quests had to be done and which products were necessary. With another person, she managed the board of resources where all players brought the output of their work and from which all quests were funded. Her advice on what had to be done was always followed without major discussions due to the trust players attributed to her.

Another important role in the green community was the self defined as "Presse" or information agent. This person took on the task of talking with the different community members to collect information on their activities, problems and needs. This information was then transmitted to the contact person who then took it into account when formulating advice. Communication also worked the other way round, the information agent often went to his fellow community members, communicating the decisions made or asking for action in some direction. Finally, as in other countries, once interaction with other countries became more important, some players volunteered as diplomats by communicating with others and reporting back to the group.

Keys to success regarding the development of the green community:

In the section highlighting the goals, structure and narrative of the game, we described the four organizational challenges each community was facing: managing information complexity, making collective decisions in a timely and satisfactory way, allocating resources efficiently and redistributing collective resources in a way that would not lead to conflicts.

If we look at how the green community handled these challenges, we can see that the keys to their success were the following:Management of information: Information flow was centralized through the contact person and was dispersed to and from the rest of the green players through the information agent. The high level of trust facilitated the flowing of information.

Collective decision making: Decision making was also centralized through the contact person. Based on the collected information, she decided which quests had to be done or asked for the opinion of their constituency. Green players agreed with most of her decisions, probably thanks to the high degree of ideological homogeneity. For instance, there was almost consensus that they would not develop polluting technologies which paid off well given the heavy costs associated with pollution in our game design.

Efficient resource allocation: the contact person identified the bottlenecks and scarce resources and suggested that players produce them. Her suggestions were followed and as a result their economy grew smoothly and solved many quests.

No redistribution conflicts: The collectivized resources and the lack of individual incentives made the redistribution problem redundant. The contact person even started a survey to find out whether her fellow community members would like to keep a part of the resources they produced or preferred some individual remuneration, which was rejected by a large majority.

Red community – the plenum versus the bank

An observer of the red community during the simulation might have thought that they were experiencing a political and economic idyll. Red players were sitting during long and harmonious plenary sessions, giving examples of deliberative democracy, deciding on any conceivable issue and using sophisticated techniques to moderate discussions. At the same time, quests were being solved, production was high and everything gave the image of good organization. Surprisingly, satisfaction rates were not as high as in the green community contrary to what this idyllic situation would suggest. After listening to the feedback from players of the red community a very different picture emerged. Many players expressed their dissatisfaction with "plenum-leaders", bemoaning their excessive control and the excess time spent on discussions. The feeling was that the plenum was an inefficient institution for achieving "progress" – meaning solving quests. At the same time, the feedback from some of the players who were identified as plenum-leaders pointed to the excessive "productivistic"-orientation of their community.

The origin of this division in the red community can be traced back to one of the earlier decisions of the plenum: collectivizing resources. Few players objected to this decision and decided to pool their resources in order to solve quests while the rest of players took part in the plenums. They referred to this pooling of resources as the "bank" and as such, we will do the same. The bank quickly emerged as the de facto manager of the collectivized resources by collecting the output that players obtained. They did so by giving advice on quests that had to be made and on which products were necessary at a given point of time. The bank also granted funding to those players who had interesting projects that could evoke the current functioning of University funding. Thanks to the management of the bank, the red community progressed quickly and was the second one to build the bridge and go for lunch.

Over time a struggle between the plenum-leaders and the bank became more and more obvious to all players. This was seen in the plenum's attempts to restrict autonomy of the bank by forcing the bank to ask for authorization from the plenum in the case of large expenses. At times the bank ignored decisions of the plenum and solved quests that were still under discussion in the plenum. Finally, according to the feedback we received, the bank emerged as the winner of this struggle with a high legitimacy expressed in sentences like "They (the bank) were getting us ahead" or "Towards the end, the plenum had no real power". This is a very interesting result since the plenum was the democratic and deliberative institution, and though the bank was not accountable to anyone it still enjoyed a higher endorsement from the, otherwise very politically conscious, players of the red community.

In the second half of the simulation, when more coordination with other communities was required, the plenum-leaders of the red community played a key role in organizing the discussions between the three communities as well as leading the global environmental conference. The red plenum leaders also had a leading role in the last key event of the simulation: the alien's dilemma at the end. Here, all players were posed with the decision between staying in the game floor and solving the last collective quest, or being one of the ten players allowed to abandon the game floor before solving the quest while enjoying some free drinks at the bar. The red plenum leaders considered that abandoning the game floor before solving the final quest should not be allowed and therefore organized a human chain around the collectors of the bids for leaving the game floor. This initiative was massively followed by almost all participants, creating a moment of genuine union among the three communities. However, some organization members infiltrated among players and collected bids, making the boycotting effort worthless. Some of those who secretly bid turned out to be the "bankers" of the red community. When finally the ten chosen people were leaving the game floor and going towards the party area (with the red players identifying their bankers among them), there was a very heated reaction. This ensued because many assumed that not only were the players egoistically abandoning the group, but that the resources used to buy the ticket had been stolen from the common treasure, given that there was no private property and all resources were collective and managed by the bank. The ensuing indignation led to a harmless but very symbolic aggression, where players staying on the game floor booed and threw polystyrene bricks at those abandoning the room. Some accused the plenum leaders of the red community of being the instigators of this symbolic attack.

Keys to red's performance in the organizational challenges

With respect to the first challenge (the management of information), the information about quests that had to be solved was provided by the bank much faster than via the plenum. With regards to the second challenge (the collective decision making procedure), we had two competing decision makers with very different characteristics. The plenum was more participative but distrusted by some players. It was perceived as inefficient for progress. In contrast, the bank was less participative but more trusted and perceived as more efficient for progress. The third challenge (the allocation of resources), was solved by the bank, which chose the right quests and suggested that players produce those resources necessary to maintain development. Distribution of output was not an issue although many players expressed bitter disappointment when the bankers were able to afford the ticket to the spaceship, despite property being officially collective.

Yellow Community – the failure to coordinate

In phase 1, the yellow community agreed on a representative democracy but were not able to organize elections, so the different candidates tried to lead without having been voted and therefore legitimacy was lacking. At some point they agreed on having a self-appointed leader and functional committees of volunteers. However, they had a poor discussion style as one observer defines, "It seems like the one who shouted louder got his views through". Together with this, there was a notorious lack of trust among many players, expressed for instance in the aggressive request that bankers should open their bags so that they could be inspected by other players. This was motivated by the suspicion that public resources might have been stolen by the bankers. These controls did not uncover any hidden resources, but according to some of our observers this was because those who hid resources did so in their pockets and not in their bags. This result was also observed in one of the tests we ran in order to prepare the simulation. In that test, after heated discussions about collectivization, the players who were more vocal against giving their resources away for the community decided to hide their goods in their pockets and even in more sophisticated hideouts like the toilet or the paper bin. Another difficulty of the yellow community during the simulation was that a group of around five players who were exchange students from France did not speak German fluently. This strained communication according to some players. As a result of all these factors, the yellow team lacked leadership and coordination and failed to build the bridge in the given time.

In phase 2, a decentralized equilibrium emerged in which different factions were trying to do what they considered to be the best for the group in a non-coordinated way. There was no centralized decision making. Some efforts to coordinate or to centralize information through a so-called journalist or information agent failed due to the lack of trust, "Why should I tell you what I am doing?" expressed one of the yellow players. The consequence was that in phase 2 the yellow community made some incorrect strategic decisions such as investing in energy without a serious need for energy while not knowing that this was causing a high level of pollution. They also had an insufficient production of those resources that were "boring" to produce but strategically important – especially food which was obtained by sorting lentils. These problems simply got worse when, as a consequence of the excessive pollution, the food production centers were closed and the yellow community ran out of food. This forced them to ask for help from other communities, bringing contempt from the international community upon them for begging for resources while at the same time being the main polluter.

The overall result was that both progress (in terms of quests and production) and satisfaction were the lowest of the three countries.

Keys to the lack of success in organizational challenges

Concerning the information challenge, the high level of distrust and lack of coordination prevented them from sharing relevant information required for making well-informed decisions. By sharing information they might have noticed that they did not need so much energy and that instead they needed more food, or that it was urgent to fight pollution before their centers of production of food were closed.

With respect to the success in making collective decisions, their decision making process was slow, frustrating for all participants and often unsuccessful. The discussion style was often aggressive, and not conducive to finding solutions. There was distrust in any potential candidate to coordinate the community. However, this does not seem to be due to a lack of leadership talent. According to some players of the yellow community there were some very competent leaders but they did not manage to become influential any further than within their small factions.

The third challenge (the allocation of resources) was also not entirely successful. As mentioned before they invested their resources and worked on wrong priorities, like producing unnecessary energy which led them to the economic collapse at the end of phase 2.

The question hence is why there was so much arguing and distrust in the yellow community in comparison to the other countries? The most obvious reason seems to be the fact that they were more heterogeneous in two dimensions: ideologically and culturally. They were more ideologically heterogeneous because the mechanism of allocation of players to each community we had devised induced this. Recall that participants had to answer a small survey before the simulation. We then used their scores in certain variables in order to allocate them to communities with other members that shared the same values. In particular, the relevant dimensions were ecological activism for the green community and political activism for the red community. However, this system inevitably generated a group collecting those players that had low scores in both ecological activism and political activism, though they might be completely different in any other aspect. In our case it was the yellow community which collected those individuals with a strong preference for a stable and prosperous economy. However, given that it was the group with the lowest number of participants allocated by this dimension, it also collected all those individuals who could not be allocated to any of the other two groups. Therefore, they had some players with a rather conservative profile together with others who had a clear left-wing orientation. This ideological divide caused deep divergences in decisions like property rights or how production had to be organized. These divergences also probably led to the lack of trust. Cultural heterogeneity was brought about by the presence of French exchange students who represented around the 20% of the community members and had many difficulties in communicating with the others. Due to this, they opted to act autonomously and according to the comments of some yellow players, this autonomy made it very difficult to create a unified group. However, there were also some exchange students in the green community, some of them even in the government of phase 1.

Another reason could be the presence of some dominant personalities who had difficult discussion styles and were often argumentative and belligerent. It seems, however, that all countries had a share of difficult personalities, but the others might have been more successful in handling with them. Perhaps another reason could have been that there was no person in the yellow community with enough leadership talent to inspire enough trust to coordinate the team. However, some players praised some of the fraction leaders as being highly competent and successful in coping with the chaos that the yellow team was in, so it seems there was some leadership in the yellow team as well, but it could not manage to inspire the loyalty of the entire group.

A surprising element mentioned in many feedback sessions was geography, meaning that the display of the area of the yellow community did not facilitate the existence of an area for discussions. It is true that by pure chance the red community had an open area where they could all meet comfortably and the yellow did not. However, the green community did not have an open area for meetings either, but developed it when they noticed how necessary it was. Towards the end of phase 2, the yellow team realized that they could meet in an area that was not that central but belonged to them and started celebrating their plenums there.

Finally, one could also play with the idea that some of the players in the yellow community could have felt uncomfortable with the negative connotations they associated with the color of their community. In Germany, each of the chosen colors, red, green and yellow, can be immediately associated with one political party with yellow belonging to a conservative party, much hated among left-wing supporters. As a consequence, some left-leaning players that landed in this community begrudged that they should not have been there. In the same fashion, the animosity towards the yellow team was often not hidden due to the assumption of other players that yellow players must be of conservative ideology. This might have hampered the commitment of some players within their own community, whereas some green players stated that their main motivation was making the green community become the best community – probably not only due to competitive spirit but also as a part of their ideological preferences.

2.3.3 Quantitative analysis of the differences between communities

Antonio Farfán-Vallespín and Nikita Zakharov

In the previous qualitative analysis we have described the different developments of the three communities. In what follows, we use the quantitative from the survey that participants in the simulation were asked to take at the time of registering, in order to test some of the hypotheses suggested by the qualitative analysis.

We want to test whether the differences in the observed behavior of the communities could be attributed to differences in the average values of individual characteristics of the members of each community. Our hypothesis is that members of the yellow community should have both a lower average level of trust and lower average levels of other values facilitating cooperation, than the members of the other communities, which would then explain their disparate behavior. We conduct a test of means of each trait between the average of one community and the average of the other two communities combined.

The more important panel for testing our hypotheses is panel 1, which tests the differences in the means of individual characteristics. Respondents were given the affirmation "I describe myself as …" and then had to evaluate to which extent they identified themselves with each of the following traits: "a reserved person", "a trusting person", "a relaxed person", "an easy-going person", "a conflictive person", "a caring person", and "a nervous person". Answers rank between 0 and 5, where we transformed the original scale to make 5 be the highest value and 0 the lowest.

If the behavior of the yellow community was motivated by differences in their personalities, we would expect to observe that the yellow community scored significantly lower, on average, than the other communities in considering themselves a trusting person, a relaxed person and an easy-going person. Alternatively, they would score higher in considering themselves a nervous person and a conflictive person.

Individual characteristics	Green		Yellow		Red	
	Mean	P-value	Mean	P-value	Mean	P-value
Describe yourself as:						
a reserved person	2.05	0.19	1.58	0.14	1.86	0.83
a trusting person	3.14	0.56	3.13	0.62	2.91	0.27
a relaxed person	2.52	0.58	2.67	0.13	2.05	0.031**
an easy-going person	1.95	0.07*	2.54	0.17	2.38	0.69
a conflicting person	1.81	0.05**	2.33	0.37	2.38	0.29
a caring person	2.71	0.24	2.42	0.61	2.38	0.51
a nervous person	1.67	0.39	1.21	0.02**	1.76	0.15

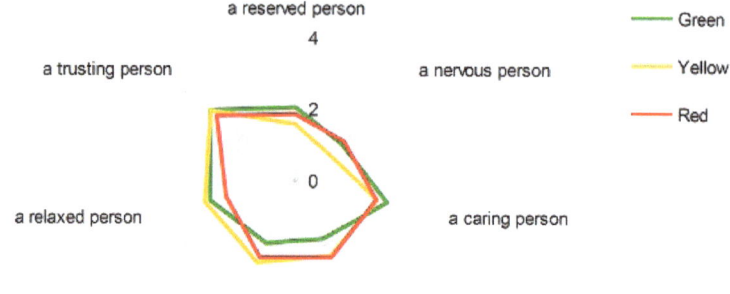

A net-diagram of mean individual characteristics per community

Note: *, ** and *** denote statistical significance at 10%, 5% and 1% confidence intervals.

Figure 1   Individual personality traits

Looking at figure 1, we see that this hypothesis is not only not confirmed, but that yellow community members consider themselves to be even less of "a nervous person" than red and green consider themselves to be. More specifically, the mean is 1.21 in the yellow community versus 1.67 and 1.76 in green and red communities respectively. Apart from the effect of the small sample size, this ambiguous result could be caused by some form of self-reporting bias. We might have had self-reporting bias if the members of the yellow community had been aware of the non-desirability of traits like being a nervous person or being a conflictive person and as a result, had hidden them in the survey. However, we believe this is not the case since we do observe equally negative differences in other traits, suggesting no reason for not observing the same self-reporting bias in these other traits.

However, two other hypotheses could explain the evolution of the yellow community. One could be that particular individuals with extreme values could have had a disproportionate influence in the evolution of the communities, though these do not appear statistically since the rest of the yellow community might have the same mean values in these traits as in the other communities. We cannot reject this hypothesis with the available data.

Concerning other values, the green community scores significantly lower in considering themselves both an easy-going person and a conflictive person. In other words, they judge themselves to be less easy going but also less conflictive than the other communities. The red community is only statistically significant from the rest in considering themselves less relaxed than the others.

Another hypothesis explaining the behavior of each community could be that members of the yellow community were substantially different from the members of other communities. Their political or social views differed in a way that could have affected the dynamics of the game. To test this, we compare the difference of means in the answers of the respondents in the following categories: political activism, social and political engagement, and ecological practices.

Political Activism	Green		Yellow		Red	
	Mean	P-value	Mean	P-value	Mean	P-value
Do you engage in following political activities (2 = always, 1 = sometimes, 0 = never):						
sigining petition	1.95	0.06**	1.78	0.00***	1.95	0.06**
boykott	1.21	0.00***	1.08	0.00***	1.82	0.00***
demonstration	1.72	0.09*	1.64	0.00***	2	0.00***
strike	1.1	0.13	1	0.00***	1.39	0.00***
"political" consumption	1.81	0.59	1.65	0.00***	1.91	0.01**
charity	1.91	0.11	1.83	0.92	1.76	0.14
illegal actions	0.07	0.06**	0.48	0.00***	1.29	0.00***

A net-diagram of political activism per community

Note: *, ** and *** denote statistical significance at 10%, 5% and 1% confidence intervals.

Figure 2   Political activism

Figure 2 shows the reported values in the different components of political activism and its statistical significance. The results are very consistent in all dimensions of political activism. The red community is the most politically engaged community, scoring the highest scores on signing petitions; practicing consumer boycott; taking part in demonstrations; consuming products for political reasons and taking part in illegal actions for political reasons. This is not surprising if you recall that the latter characteristic was the one where we allocated those players with the highest score to the red community. The second place is in general for the green community and the lowest scores correspond to the yellow community. Except for their illegal actions for political reasons (with red at 0.07), where rather surprisingly, the yellow community scores second (0.48) and the green community claims having taken part in virtually no illegal action (1.29), there are no significant differences among communities in their engagement with charitable organizations.

Going back to our hypothesis, if political activism had been the key to success, we would have observed the red community surpassing the green, yet this was not the case. Furthermore, the observed differences in performance between the yellow and green communities were too small to justify. Therefore we cannot conclude that political activism explains the results, although it undoubtedly played a role, as we have seen in the previous section.

Concerning figure 3 which captures social and political engagement, we observe no significant differences among the communities of participation in religious, environmental or humanitarian organizations. We observe significant differences with the red community being more involved in trade unions and green being less involved than the average of the other communities. In addition, the red community is significantly more involved in political parties, while the yellow community is less so. Considering the results of this panel in total, we cannot find any significant variable that explains the performance during the simulation.

Social/Political Engagement	Green		Yellow		Red	
	Mean	P-value	Mean	P-value	Mean	P-value
How often do you participate in following political/social organizations (4 = very often, 3 = often, 2 sometimes, 1 = rarely, 0 = never):						
religious organizations	2.43	0.64	2	0.14	2.6	0.3
trade unions	0.24	0.6**	0.35	0.62	0.57	0.02**
political parties	0.86	0.87	0.65	0.05*	1.14	0.03**
environmental organizations	1.05	0.81	0.83	0.13	0.19	0.19
charitiy/humanitarian organiz	2.72	0.95	2.53	0.14	2.89	0.14

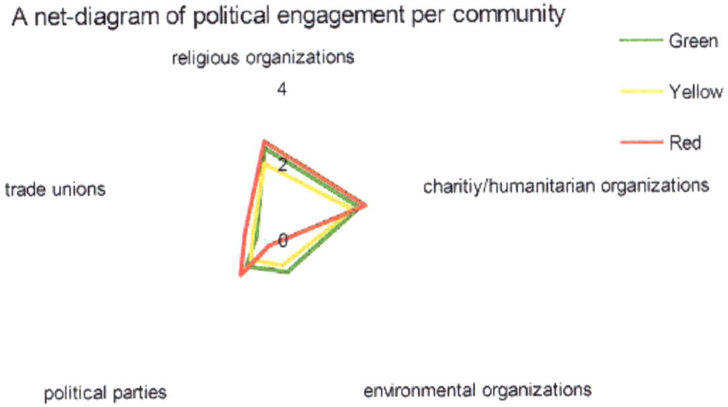

A net-diagram of political engagement per community

Note: *, ** and *** denote statistical significance at 10%, 5% and 1% confidence intervals.

Figure 3   Social/Political Engagement

In figure 4 we can observe that the yellow community is on average less inclined to certain practices related to the protection of the environment such as using ecological energy or buying biological products. However, in the other practices they are indistinguishable from the other communities.

Green practices	Green		Yellow		Red	
	Mean	P-value	Mean	P-value	Mean	P-value
Do you take the following measures to protect nature (3 = yes, 2 = rather yes than no, 1 = rather no than yes, 0 = no):						
save water and electricity	2.58	0.77	2.48	0.57	2.57	0.77
saving energy for the heating	2.58	0.56	2.48	0.11	2.85	0.03**
separate garbage	2.86	0.58	2.74	0.28	2.85	0.58
using ecological energy	2	0.03**	1.17	0.00***	1.85	0.21
buying energy efficient appliances	1.43	0.02**	1.57	0.1*	2.43	0.00***
buying local products	2.43	0.89	2.22	0.04**	2.71	0.03**
buyinig BIO products	2.57	0.17	1.83	0.00***	2.86	0.00***

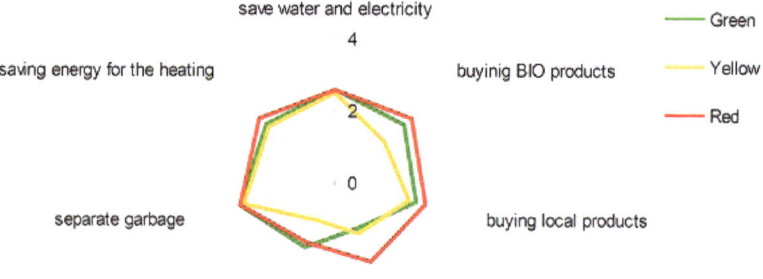

A net-diagram of mean individual characteristics per community

Note: *, ** and *** denote statistical significance at 10%, 5% and 1% confidence intervals.

Figure 4   Ecological practices

Figure 5 tests the differences in the reasons that motivated participants to take part in the simulation, as reported by the participants themselves. We find an interesting difference in the fact less members of the yellow community claimed that understanding political systems was one of their main motivations in comparison with the other two communities. In particular, 86% of the members from the green and red communities expressed this factor as their motivation, whereas in the yellow community only 46% cited this motivation. Fewer members of the yellow community (67%) were motivated to have fun, versus 86% and 76% in the green and red communities respectively. However, more in the yellow community were motivated to make contacts, 42%, versus 24% and 29% in the green and red communities respectively.

Motivation	Green		Yellow		Red	
	Mean	P-value	Mean	P-value	Mean	P-value
1 = yes, 0 = no						
to have fun	0.86	0.03**	0.67	0.03**	0.76	0.92
to develop political system	0.67	0.37	0.58	0.4	0.62	0.96
to establish contacts	0.24	0.1*	0.42	0.03**	0.29	0.51
to understand economic issues	0.24	0.92	0.17	0.06*	0.33	0.04**
to learn more about yourself	0.24	0.67	0.25	0.86	0.29	0.54
to learn the powr relationship	0.57	0.71	0.58	0.87	0.62	0.58
to pursue the development of political system	0.86	0.03**	0.58	0.00***	0.86	0.03**

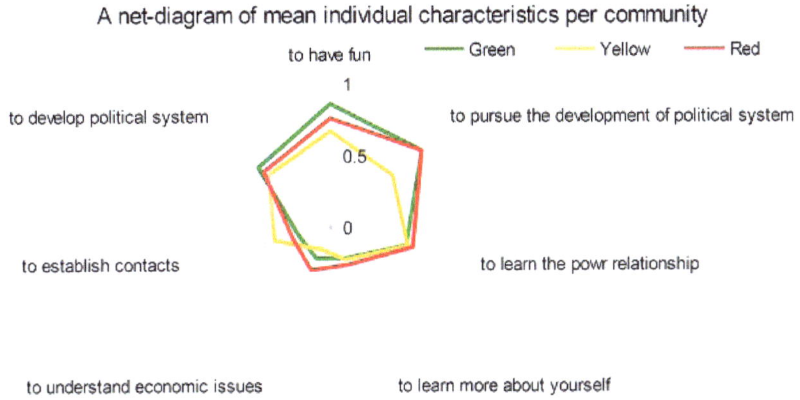

A net-diagram of mean individual characteristics per community

Note: *, ** and *** denote statistical significance at 10%, 5% and 1% confidence intervals.

Figure 5   Motivation to participate in SocialSIM'14

Conclusion

We have identified some statistical significant differences in the average values of several traits, habits and attitudes among the three communities. However, these differences are neither consistent enough nor sufficiently large to explain the performance of each of the communities. It is unclear how these differences might have affected the observed differences in the behavior of the communities. We could not yet test whether the communities had significant differences in their degree of internal heterogeneity, which is our preferred hypothesis so far.

II. Lehren, Lernen und Forschen mit SocialSIM'14

1. Gestaltung interdisziplinärer Lehre für das Projekt

Gregor Dobler

Einleitung

SocialSIM'14 war von Anfang an als Beitrag zur universitären Lehre geplant. Wir wollten ausprobieren, wie gut sich eine komplexe und aufwändige Gesellschaftssimulation eignen würde, um gesellschaftliche Zusammenhänge einerseits, sozialwissenschaftliche Methoden und Theorien andererseits zu vermitteln. Von Anfang an waren dabei einige Rahmenbedingungen klar:

- Die Angemessenheit einer Simulation zur Abbildung sozialer Zusammenhänge sollte nicht vorausgesetzt und behauptet, sondern von Lehrenden und Studierenden gemeinsam erforscht werden. Ein Schwerpunkt des Seminars sollte deshalb auf der Reflektion sozialwissenschaftlicher Methoden und der Notwendigkeit liegen, die Komplexität von Gesellschaft in ihrer Beschreibung zu reduzieren. Dabei mussten die Regeln der Simulation selbst zum Thema werden.
- Diese methodische Reflexion schien uns ein angemessenes Mittel zu sein, die Grundlagen der eigenen Fachdisziplin zu diskutieren. Wir wollten deshalb Raum für die beteiligten Disziplinen selbst und für den interdisziplinären Austausch geben.
- Die Simulation sollte – als Simulationsspiel wie als eigene soziale Situation – auch Raum für studentische Forschungsübungen bieten. Diese mussten mit dem Simulationsdesign auf eine Weise verzahnt werden, dass beide sich inhaltlich ergänzten und organisatorisch nicht gegenseitig störten. Die inhaltliche wie methodische Vorbereitung der Forschungsübungen musste Teil der Lehre sein.
- Die begleitenden Lehrveranstaltungen mussten sich in den Studienplan der beteiligten Fächer und die Semesterstruktur einpassen, was eine Fortsetzung der Lehrveranstaltung über zwei Semester unmöglich machte. Aufgrund des nötigen Vorbereitungsaufwands mussten wir die

Simulation deshalb als Höhepunkt und Abschluss der Lehrveranstaltung organisieren.

Aufgrund dieser Vorüberlegungen entschieden wir uns, in jedem der beteiligten Fächer (Ethnologie, Politikwissenschaften, Soziologie) ein Seminar mit zwei Semesterwochenstunden durchzuführen und diese disziplinären Seminare durch ein gemeinsames, ebenfalls zweistündiges Seminar zu begleiten. Die Entwicklung des Simulationsdesigns und die organisatorische Vorbereitung der Simulation mussten ausgelagert werden. Sie waren viel zu aufwändig, um sie in diesem Seminaren zu leisten. Gleichzeitig korrelierten Seminarinhalte und Simulationsdesign miteinander und mussten abgestimmt werden.

Themenwahl und Seminarschwerpunkte

Aus diesen Vorüberlegungen und dem Simulationsdesign ergab sich ein weites Spektrum von Inhalten, die in den Seminaren behandelt werden sollten. Die Inhalte der disziplinären und interdisziplinären Sitzungen waren dabei auf einander abgestimmt. Im Normalfall behandelten die disziplinären Seminare ein Thema zunächst aus der Perspektive des Faches, das interdisziplinäre Seminar diskutierte diese Perspektiven im Vergleich vertiefend.

Inhaltlicher Schwerpunkt: Common Pool Resources

Entsprechend der thematischen Ausrichtung der Simulation auf Nachhaltigkeit, Ressourcennutzung und politischer Organisation lag ein inhaltlicher Schwerpunkt der Vorbereitung auf theoretischen und empirischen Ansätzen zur Ressourcennutzung. Am intensivsten wurden dabei Gemeingüter behandelt, wobei einerseits zusammenfassende Texte etwa von Elinor Ostrom, andererseits empirische Studien von Ethnolog*innen und Politiwissenschaftler*innen zu Einzelfällen im Mittelpunkt standen. Diese Kombination hat sich insgesamt als sinnvoll erwiesen. Die theoretischen Texte eigneten sich umso besser dazu, Hypothesen und Fragestellungen für die studentischen Forschungen zu entwickeln, als sie bereits das Design einzelner Elemente der Simulation beeinflusst hatten. So kamen Studierende etwa auf die Idee, beim Fischteich-Spiel Ostroms Thesen zu gesellschaftlichen Bedingungen der nachhaltigen Nutzung von Allmendressourcen modellhaft zu überprüfen oder die Simulationsgesellschaften hinsichtlich des Zusammenhangs von politischen Entscheidungsprozessen und Ressourcennutzung zu vergleichen. Hier zeigte sich schnell, dass die Aussicht, Theorien (wie modellhaft beschränkt auch immer) empirisch überprüfen zu müssen, sie für die Studierenden viel plastischer als realitätsbezogen erscheinen ließen. Sie wurden statt zum Lernstoff zu einem kritisch überprüfbaren und praktisch relevanten Wissenselement.

Gerade aufgrund dieses Realitätsbezuges (der sich in erster Linie auf die modellierte Realität der Simulation richtete) bestand aber auch die Gefahr, Theorien als objektive Beschreibungen der Realität zu verstehen. Dem wirkten nicht nur die methodischen Diskussionen im Seminar entgegen, sondern auch die Auseinandersetzungen mit empirischen Forschungen in verschiedenen Fächern zu Allmendressourcen. Im Vergleich unterschiedlicher volkswirtschaftlicher, ethnologischer, soziologischer und politikwissenschaftlicher Ansätze wurde klar, wie die verschiedenen Wissenschaften jeweils eigene Randbedingungen setzten, eigene Grundvoraussetzungen für gegeben hielten und eigene Größen als zu erklärende Variablen oder feststehende Bestimmungsgrößen annahmen. Dieser Blick auf die Empirie außerhalb der Simulation wirkte als entscheidendes Korrektiv sowohl zur theoretischen Geschlossenheit mancher der behandelten Texte als auch zur Idee, die Simulation bilde gesellschaftliche Zusammenhänge einfach ab.

Insgesamt war die Auseinandersetzung mit Ressourcen als einem Hauptthema der Simulation sehr wichtig; Machtbildung und Institutionalisierungsprozesse kristallisierten sich im Laufe des Seminar als weitere Schwerpunkte heraus. Ihre vertiefte Behandlung befähigte die Studierenden dazu, inhaltlich entsprechende eigene Forschungsperspektiven zu entwickeln. Entsprechend der Auswahl eines Themas für die Simulation lässt sich dieser thematische Block leicht durch andere Themen ersetzen – etwa Gerechtigkeit, Migration oder abweichendes Verhalten.

Eine solche Kopplung von Simulationsthema und Seminarthema ist sehr sinnvoll, bringt aber die Gefahr mit sich, dass Studierende das bereits thematisch vorstrukturierte Simulationsdesign mit der Realität verwechseln und bei der Betrachtung von in der Simulation auftretenden Zusammenhängen nur schwer zwischen realgesellschaftlichen und durch das Design vorstrukturierten Prozessen unterscheiden können. Dieser Gefahr sollte

durch eine differenzierte Auswahl an Fallstudien und durch fundierte Me-
thodenreflektion entgegen gesteuert werden.

Natürlich war in den Seminaren nicht genug Zeit für eine wirklich differenzierte und vertiefte Behandlung von Ressourcen- und Verteilungsfragen,
aber die in insgesamt 12 Seminarstunden mögliche Tiefe war den innerhalb
der Simulation möglichen Fragestellungen angemessen.

Methoden und Theorien

Lässt sich Gesellschaft simulieren? Als Ethnologin oder qualitativ arbei-
tender Soziologe ist man zunächst geneigt, diese Frage emphatisch zu ver-
neinen. Gesellschaftliche Zusammenhänge sind so komplex und in ihrem
Zusammenwirken so stark historisch, kulturell und sozial gebunden, dass
jeder Versuch scheitern muss, sie aus diesen Zusammenhängen zu lösen
und nach einfachen Regeln nachzuspielen. Jede Simulation ist einerseits auf
Regeln angewiesen, andererseits als Forschungsmethode nur sinnvoll, wenn
sich mit ihrer Hilfe unter Laborbedingungen Regeln und Gesetze ermitteln
lassen, die nicht nur unter Laborbedingungen gelten. In Windelbands For-
mulierung könnte man sagen, dass Simulationen in nomothetischen Wissenschaften sinnvoll, in ideographischen unmöglich sind.

Stark reduktionistische Simulationen mit Experimentalcharakter sind
vielen qualitativ arbeitenden Sozialwissenschaftlerinnen deshalb suspekt.
Aber dennoch: Wissenschaft kommt nicht umhin, nach Regeln zu suchen,
Zusammenhänge abstrakt zu formulieren und Aussagen damit der Überprüfung zugänglich zu machen. Typiken zu identifizieren heißt auch, von
konkreten kontingenten Bedingungen absehen zu müssen und den Kern eines Phänomens zu identifizieren. Simulationen können hier vielleicht nicht
zu einem Forschungsmittel werden, aber sie können helfen, Gedanken und
Hypothesen zu entwickeln.

Dieses Feld galt es, in der Lehre zu erschließen und theoretisch wie
methodisch zu reflektieren. Was kann eine Simulation leisten? Was können
studentische Forschungen in einer Simulation leisten? Was genau beschreiben sie, und unter welchen Umständen kann man von einem unter den
kontrollierten Bedingungen des Simulationsspiels erreichten Ergebnis auf
die außerspielische Realität schließen? Diese Fragen begleiteten uns vom
Beginn der Vorbereitung bis zur Endredaktion der Forschungsberichte. Sie
gaben Gelegenheit, disziplinübergreifend und disziplinenvergleichend die

Notwendigkeit und die Gefahr der Komplexitätsreduktion zu diskutieren. Für die Studierenden wurden dadurch der Sinn und die Aufgabe von Wissenschaft konkret erfahrbar und diskutierbar.

Konkret erfolgte diese Diskussion in der Auseinandersetzung mit Literatur zu Simulationen und mit vorhandenen Ansätzen in den einzelnen Wissenschaften. In der Ethnologie wurden etwa die Versuche des *Roots of Human Sociality Project*, mit Hilfe von Entscheidungsspielen die Herausbildung sozialer Normen kulturvergleichend zu untersuchen, von den Studierenden äußerst kritisch bewertet. Diese Kritik beeinflusste das Design der eigenen Forschungsprojekte stark.

Während des Seminars kristallisierten sich zwei grundlegend unterschiedliche Arten heraus, die Simulation als Erkenntnisquelle zu nutzen. Die studentischen Forschungsprojekte konnten entweder einzelne Elemente der Simulation als Modell der Realität verstehen, das durch Komplexitätsreduktion wichtige Zusammenhänge leichter erkennbar macht; oder sie konnten das Simulationsspiel als eigenständige soziale Situation betrachten, die nicht ein Modell für etwas anderes darstellt, sondern eine eigene Realität.

Als Modell betrachten ließ sich die Simulation aufgrund der thematischen Anlage am besten in Bezug auf Fragen von Nachhaltigkeit und Ressourcennutzung. Aussagen Ostroms zur Allmendnutzung etwa ließen sich modellhaft an Nutzungsstrategien des Fischteichs überprüfen. Dabei wurde den Studierenden schnell klar, dass Modell und Realität sich unterscheiden – doch gerade die Diskussionen über die Art und den systematischen Stellenwert dieser Unterschiede öffneten den Blick für mögliche Bestimmungsgründe nachhaltigen Handelns. Der Erkenntnisfortschritt ergab sich also oft weniger durch die Beobachtung in der Simulation als in der Reflektion ihrer Beschränkungen: welche Faktoren außer den Beobachteten können noch wichtig sein? Wie stark beeinflusst die Rahmung im Spiel das Handeln?

Auch wenn man das Simulationsspiel hingegen als eigenständige soziale Situation betrachtete, ergab sich natürlich schnell die Frage der Verallgemeinerbarkeit. Im interdisziplinären Seminar gelang die Diskussion dieser Fragen am besten anhand von Ausschnitten aus Heinrich Popitz' *Phänomene der Macht*. In diesem klassischen soziologischen Text stellt Popitz die Entstehung und Verdichtung von Macht dar, indem er fiktive soziale Situationen konstruiert, die soziale Prozesse durch Konzentration auf das Wesentliche besonders gut erkennbar machen. Die begrenzte Vergesellschaftung auf einem Kreuzfahrtschiff oder in einem Kriegsgefangenenlager wird zum Mittel, anthropologische Zusammenhänge darzustellen. Dieser Text erwies sich für viele Studierenden als Schlüsseltext für die Forschungsarbeit unter den begrenzten Bedingungen der Simulation – und tatsächlich wurden gerade Prozesse der Machtbildung in den ‚Gemeinschaften‘ der Simulation zu einem fruchtbaren Forschungsthema. Auch hierbei blieb die Frage der Verallgemeinerbarkeit ständig präsent: welche beobachteten Prozesse waren typisch und unter den Bedingungen der Simulation leichter erkennbar – und welche waren lediglich Artefakte der Versuchsanordnung? Diese Frage ließ sich am besten für sehr abstrakte Beobachtungen (etwa: spontanes Vorabvertrauen schafft Organisationsvorteile) einerseits, für sehr konkrete andererseits beantworten (etwa: die Risikobereitschaft im Spiel ist vermutlich höher als in der Realität). Wichtiger als die jeweilige Antwort war aber auch hier der Erkenntnisprozess, der mit dem Stellen der Frage verbunden war.

Konkretes Forschungsdesign

Nach der inhaltlichen Vorbereitung und parallel zur Reflektion der grundsätzlichen methodischen Fragen stand die Entwicklung und konkrete Vorbereitung der studentischen Forschungsübungen im Mittelpunkt der Seminare. Ideen für solche Forschungsübungen wurden in den disziplinären Seminaren vorbesprochen. Gegen Mitte des Semesters musste jeder und jede Studierende dann ein erstes Exposé verfasst haben, das im interdisziplinären Seminar vorgestellt wurde. Dabei ergaben sich zahlreiche Überschneidungen und Kooperationsmöglichkeiten, auf deren Grundlage dann kleine interdisziplinäre Forschungsteams gebildet wurden. Nach weiteren zwei Wochen mussten die Forschungspläne dann so konkret sein, dass sie sich mit dem Simulationsdesign verknüpfen ließen und dass die Teams sich auf die drei Gemeinschaften und Phasen der Simulation aufteilen konnten.

Eine gewisse methodische Sonderstellung nahm die Entwicklung des Fragebogens ein, mit dessen Hilfe die Teilnehmer und Teilnehmerinnen an der Simulation auf drei möglichst homogene Gemeinschaften aufgeteilt werden sollten. Er musste früher fertig sein als die übrigen Forschungsprojekte, war für das Simulationsdesign selbst bedeutsam und bot gleichzeitig allen Gruppen die Chance, in beschränktem Umfang eigene Fragen unterzubringen. Studierende und die Dozierende der Soziologie erstellten eine erste Version, die ausführlich im Seminar diskutiert wurde, und passten ihn entsprechend an.

Für Seminarteilnehmer*innen wie für die beteiligten Dozentinnen und Dozenten war die Entwicklung der Forschungsaufgaben mit großem Aufwand verbunden. Gleichzeitig liefen in ihnen aber alle Stränge des Seminars zusammen und ließen sich mit der konkreten Vorbereitung der Simulation verbinden. Insgesamt hat sich das Konzept des Simulationsspieles als Raum für Forschungsübungen sehr bewährt. Wie bei allen Methodenübungen lag der Lerneffekt dabei stärker im Prozess als im Ergebnis begründet.

Interdisziplinarität und disziplinäre Unterschiede

Es ist nicht einfach für Studierende, die disziplinären Grenzen und Begrenztheiten des eigenen Faches zu erkennen – und zu merken, dass sich aus ihnen in vielen Fällen tatsächlich eine eigene Perspektive mit eigenen Stärken ergibt. Gerade zu Beginn herrschte bei vielen Studierenden deshalb eine gewisse Ratlosigkeit, wenn Dozent*innen versuchten, disziplinäre Unterschiede zu konturieren oder zu hinterfragen. Im Laufe des Semesters zeigte sich dann aber, wie groß auch in dieser Hinsicht das Potential der praktischen gemeinsamen Arbeit war. Vor allem in der gemeinsamen Vorbereitung von Forschungsübungen zeigten sich trotz der großen Nähe der beteiligten Fächer tatsächlich disziplinäre Unterschiede. Sie zeigten sich – und auch das ist symptomatisch für das Klima der Zusammenarbeit – vor allem in der Neugierde darauf, eigene Wissenslücken zu schließen. Ethnologiestudierende stellten fest, dass sie wenig über das Design standardisierter Fragebögen und die Effekte kleiner Formulierungsunterschiede wussten. Studierende der Politikwissenschaften und Soziologie wünschten sich eine Einführung in die Teilnehmende Beobachtung, die dann von Studierenden der Ethnologie vorbereitet und durchgeführt wurde. So verstanden sich die Studierenden im Laufe des Seminars gegenseitig als Expertinnen und Experten für bestimmte Bereiche und lernten daran auch, die eigene disziplinäre Prägung zu erkennen.

Eine wichtige Rolle für die Interdisziplinarität spielte auch das Gespräch der beteiligten Dozierenden, in dem Nähe und Distanz zwischen den Disziplinen (und unterschiedlichen Standpunkten in ihnen) für die Dozierenden wie für die Studierenden deutlich wurden. Auch hier zeigte sich, dass die gewählte Variante der Interdisziplinarität relativ schwach war. Schon ein

Vortrag aus der VWL führte schnell zur Entstehung einer gemeinsamen methodischen wie theoretischen Front der am Seminar beteiligten Fächer.

Insgesamt funktionierte der interdisziplinäre Dialog dort am besten, wo er von konkreten selbstgewählten Aufgabenstellungen ausging, die eine Operationalisierung in eigenen Forschungsübungen nötig machte. Im Austausch über theoretische Texte oder inhaltliche Perspektiven auf Nachhaltigkeit verschwammen disziplinäre Konturierungen für die Studierenden deutlich schneller.

Praktische Vorbereitung der Simulation

Im Laufe des Semesters nahm in den Seminaren, vor allem aber in zahlreichen Vorbereitungsgruppen außerhalb des Seminare die praktische Vorbereitung des Simulationstages immer mehr Zeit ein. Zusammen mit der Entwicklung der eigenen Forschungsprojekte, der theoretischen Vorbereitung und vier Seminarstunden je Woche stellte die Vorbereitung große Anforderungen an die Teilnehmenden. Ständig wurden Freiwillige gebraucht, die einzelne Phasen der Simulation testeten, Spielmaterial bastelten, Plakate klebten oder mit im Baumarkt einkaufen gingen. Die Simulation selbst beschäftigte alle Seminarteilnehmenden während dreier Tage fast rund um die Uhr.

Diese praktischen Vorbereitungen machten das Seminar sehr aufwändig (weit über den verbuchbaren Ertrag an ECTS-Punkten hinaus), machten es aber gleichzeitig zu einer sehr eigenen und prägenden Erfahrung. Die Begeisterung für das eigene Projekt und nicht zuletzt die außeralltägliche und unakademische Erfahrung der Simulation hoben auch die Seminare aus dem universitären Alltag heraus.

Verknüpfung Lehre und Simulation: Erfahrungen

Das Projekt SocialSIM'14 hatte zum Ziel, eine Gesellschaftssimulation als Mittel und Gelegenheit universitärer sozialwissenschaftlicher Lehre zu entwickeln. Von Anfang an waren deshalb der Simulationstag und die Begleitung durch disziplinäre und interdisziplinäre Seminare inhaltlich und organisatorisch miteinander verknüpft. Schon aus der kurzen Schilderung der Seminarinhalte wurde deutlich, dass das ein anspruchsvolles und aufwändiges Unternehmen war. Hat es sich gelohnt, und hat sich die Form der Verknüpfung bewährt?

Dabei muss man grundsätzlich zwei Fragen unterscheiden. Die erste Frage ist, ob Simulationen ein geeignetes Mittel sozialwissenschaftlicher Lehre sein können; die zweite Frage, ob sich eine dermaßen groß angelegte Simulation sinnvoll in den Studienalltag einbauen lässt.

Die erste Frage können wir ohne Vorbehalte bejahen. Wenn man die Aussagekraft einer Simulation nicht als gegeben annimmt, sondern zum Thema macht, lassen sich mit ihrer Hilfe methodische und theoretische Grundfragen der Sozialwissenschaften plastisch erfahren. Die Simulation selbst ist dabei mehr als ein Experiment. Sie ist Praxisfeld, Spiel, willkommene Durchbrechung gewohnter wortzentrierter Lehrformen und Laborsituation gleichzeitig.

Studierende können in ihr neue Rollen ausprobieren, einander und sich selbst in ungewohnten Situationen kennenlernen und Studieninhalte mit Facetten ihrer Person verbinden, die in normalen Seminarformen kaum angesprochen werden. Als Dozent fand ich es äußerst spannend zu beobachten, wie sich die Rollen der Studierenden in verschiedenen Phasen der Vorbereitung und Durchführung änderten, wie manche Studierende aus der praktischeren Arbeit und der Spielerfahrung Spaß und Selbstvertrauen gewannen, die sich dann auch in inhaltlicher Arbeit niederschlugen. Die Erfahrungsdimension blieb dabei aber immer auf Inhalte bezogen und diente letztlich tatsächlich dem Studienfortschritt.

Die zweite Frage ist, ob und wie gut sich eine so groß angelegte Simulation in den Studienalltag einfügen lässt. Hier fällt die Antwort etwas skeptischer aus. Die Form, die wir gewählt haben, hat sehr gut funktioniert und alle begeistert, aber sie hatte ihren Preis. Auf der Seite der Studierenden erforderte sie wie jedes Projektseminar ein gewaltiges Maß an Engagement und Begeisterung. Sie investierten deutlich mehr Zeit und Anstrengung in die Simulation als in ein gewöhnliches Seminar. Das ist zunächst ihre eigene Entscheidung und hat sich im Rückblick wohl für alle gelohnt. Gleichzeitig aber haben wir damit zumindest während eines Semesters einen großen Anteil studentischen Engagements in einen kleinen und etwas exotischen Teilbereich unserer Fächer gelenkt. Das ist gerade an kleinen Fachbereichen nur zu rechtfertigen, wenn die Verknüpfung zum Kern des Faches gegeben bleibt. Die Simulation sollte sich nicht zum abgeschlossenen Sonderbereich oder zur eigenen Methode entwickeln, sondern thematisch wie methodisch in das Fachcurriculum eingebunden werden.

Das gilt auch für das Engagement der Lehrenden. In unserem Fall konnte durch zusätzliche Mittel für Lehraufträge gesichert werden, dass der fachspezifische Kernbereich des Curriculums nicht unter der Simulation leidet. Diese Ressourcen sind aber nicht selbstverständlich. Nur wenn sich hier Modelle der Verknüpfung mit der Pflichtlehre finden, kann eine so aufwändige Simulationsveranstaltung zu einem regelmäßig wiederkehrenden Modulelement werden.

Auch vor diesem Hintergrund hatten wir uns entschieden, die Simulation nicht über zwei Semester auszudehnen, sondern das Vorbereitungsseminar mit der Simulation enden zu lassen und die Berichte über die eigenen Forschungen als Studienleistungen anzuerkennen. Darunter litt die Nachbereitung der Simulation. Zahlreiche Themen, die in den Forschungsarbeiten angesprochen wurden, hätten sich zu einer Vertiefung in einem anschließenden Auswertungsseminar sehr gut geeignet. Unter den Realitäten des BA- und MA-Studienplans können sich aber nur sehr wenige Studierende für ein intensives Engagement über zwei Semester entscheiden.

Durch die Konzentration auf ein Semester wurden die vorbereitenden Seminare teilweise überlastet. Dabei stellte die größte Herausforderung bei der Seminarplanung nicht die Vielzahl der möglichen und nötigen Inhalte dar, sondern die Planung ihrer Abfolge. Jedes einzelne Element des Seminars schien alle anderen vorauszusetzen. Das galt in besonderem Maße für die Entwicklung eigener Forschungsfragen: Die Studierenden mussten während des Semesters an die ungewohnte Form der Simulation herangeführt werden und ihre Logik verstehen. Sie mussten Themen kennenlernen, die ihnen die Entwicklung eigener Fragestellungen für ihre Forschung ermöglichten; und sie mussten die nötige methodische Kompetenz entwickeln, um zu verstehen, welche Formen der Forschung in einer simulierten Umgebung sinnvoll und umsetzbar sind. All das war eigentlich Voraussetzung, um mit der Entwicklung von Forschungsfragen und ihrer Verarbeitung in Forschungsdesigns beginnen zu können. Gleichzeitig sollte idealerweise aber das ganze Semester für die Vorbereitung der Forschungen zur Verfügung stehen.

Die Verknüpfung von Lehre, Simulation und Methodenübung schafft also eine Menge Probleme, die zu lösen Engagement, Kreativität und gute Planung erfordert. Dennoch sind wir nach der modellhaften Durchführung der Überzeugung, dass sich der Versuch lohnt und der Ertrag den Aufwand völlig rechtfertigt. Das möchte ich im Folgenden zusammenfassend begründen.

Chancen und Probleme der Lehrform im Vergleich zu ‚gewöhnlichen' Seminaren

Es klang schon an: Ich habe als Lehrender an Universitäten selten ein ähnlich großes und ganzheitliches Engagement von Studierenden erlebt wie während der Simulation. Der Eventcharakter, die außergewöhnliche, spielerische Form, die Außenwirkung und die Realitätsnähe haben Begeisterung geweckt und Kreativität freigesetzt. Diese Kreativität war nicht immer planbar und lenkbar, aber sie stand immer im Bezug auf sozialwissenschaftliche Inhalte. Spielerisch erlebte Situationen wurden gleichzeitig als greifbare Beispiele für gesellschaftliche Zusammenhänge erlebt. Sozialwissenschaftliche Theorien wurden zum Material für spielerische Umsetzungen und das Ausprobieren neuer Rollen in der Simulation gab Anlass, die Selbstverständlichkeit außerspielerischer Rollen zu reflektieren.

Dabei wurden am Ende vielleicht weniger Fragen eindeutig beantwortet als in einem inhaltlichen Seminar, das Allmendgüter, Machtprozesse oder Institutionalisierungsprozesse zum Thema hätte. Doch wo Verwirrung zurückblieb, war sie produktiv und realistisch. Die Studierenden merkten, dass selbst in der geordneten Welt der Simulation wissenschaftliche Ordnung schwerer herzustellen ist, als die Lektüre fertiger Texte das oft erscheinen lässt. Doch wo Fragen beantwortbar wurden, waren die Antworten mit eigenen Erfahrungen verknüpft und gleichzeitig konkreter und komplexer, als das bei rein theoretischer Auseinandersetzung oft der Fall ist. All das bringt die Erfahrungsdimension mit sich, die in der Simulation stärker war als in gewöhnlichen Seminaren.

Zweitens – und das habe zumindest ich am Anfang etwas unterschätzt – bietet das Simulationsspiel auch ein Spielfeld der Methodenausbildung, deren Ergebnisse sich keineswegs nur auf die kontrollierte Umgebung einer Simulation anwenden lassen. Der spezifische Charakter der Simulation hat Nachteile (etwa Alltagsferne, Konstruiertheit, Regelhaftigkeit), aber er hat auch große Vorteile. Wo alle Teilnehmenden in eine künstliche Situation gestellt werden und sich gerne darin ausprobieren, lässt sich auch konzentriert beobachten, teilnehmen, zählen und messen und fragen. Das Einüben

von Methoden fügt sich in die Simulationssituation sehr gut ein, stört die
Teilnehmenden kaum und ermöglicht es, dass eine große Menge an Studierenden gleichzeitig in der gleichen Situation forschen. Damit lassen sich die
Erfahrungen und Ergebnisse am Schluss vergleichen und diskutieren. In der
gemeinsamen Auswertung haben gerade aufgrund der gemeinsamen Da-
tenbasis alle von einander mehr gelernt, als das bei konventionellen Methodenübungen möglich wäre. Auch in den Fächern, in denen eine praktische
Methodenausbildung Bestandteil des Studiums ist, blieb das Ausprobieren
in einer betreuten Umgebung, in der jederzeit Fragen in Kenntnis der For-
schungssituation gemeinsam diskutiert werden konnten, eine gelungene
Vorbereitung auf selbstständig organisierte Feldforschungen.

   Der konstruierte Charakter der Simulation lenkt dabei den Blick auf
den notwendigen Konstruktionscharakter wissenschaftlicher Typisierung.
In der Simulation ist die Verallgemeinerbarkeit der Ergebnisse offensicht-
lich ein Problem. Gerade deshalb schafft seine Diskussion Zugang zu der
Frage, auf welche Weise Wissenschaft typisieren, abstrahieren und verall-
gemeinern muss und kann. So hat sich gerade der Ausgangsverdacht gegen
Simulation nicht bestätigt, nach dem die Simulation unzulässig verallgemei-
nere und das Modell für die Realität nehme. Durch die Notwendigkeit der
Zuspitzung macht Simulation den Modellcharakter von wissenschaftlicher
Erkenntnis diskutierbar.

   Insgesamt sind wir so überzeugt, dass sich der Aufwand gelohnt hat.
Dennoch würde ein solch großes Unternehmen wie SocialSIM gerade an
kleineren Fachbereichen zu viele Ressourcen binden, wenn es fest in den
Lehrplan integriert würde. Im dritten Teil dieses Handbuch machen wir
Vorschläge, wie sich einzelne Element produktiv und mit weniger Aufwand
nutzen lassen.

# 2.	Lernerfolge bei SocialSIM

## 2.1	Learning outcomes for participants in the simulation

Antonio Farfán-Vallespín

The use of simulations or games for teaching purposes is based on the principle that it is possible to design a simulation or game that can reproduce some of the essential characteristics of the topic that is to be taught, with such a fidelity that the participants can transfer the lessons learned in the simulation or game to their understanding of the topic in real life. For example, let us assume we want to use a simulation for teaching representative democracy and its strengths and weaknesses. This simulation should capture some of the essential characteristics of this type of democracy, for instance, we could want to show the participants that the quality of representative democracy depends on the size of the group making the decisions, the heterogeneity of the individuals within the group and the level of information that the members of the group have about the actions of the representatives. The simulation would then create different scenarios where these three dimensions would change in intensity and let participants play the different scenarios. Participants should be able to observe in which scenarios are they making fastest and better decisions and in which ones not. They should be then guided by the instructor to draw some general conclusions on the interaction between these dimensions and the quality of democracy. The final step would be to stimulate participants to consider which results of the simulation hold in real life and how well these results can be transferred to other practical situations.

Therefore, the success of a simulation as a teaching instrument will depend, firstly, on the fidelity of the reproduction of the key issues of the topic of interest into the simulation and, secondly, on the ability of participants in the simulation to draw lessons from the simulation that can be applied to the topic of interest and that can be exported outside the simulation. If a didactic simulation is successful, participants would have obtained a more intense understanding of the issues at hand and will have had a much more pleasant time, to say the least, than in standard frontal lecture. The vividness of the lessons learned also facilitates that these lessons will be remembered longer and, if the simulation left puzzles unsolved, it would even encourage further thinking and research on the topic.

After a didactic simulation has taken place, however, it is difficult to accurately evaluate the learning outcomes of participants because the learning outcomes are experiences which are more difficult to measure than pieces of knowledge one can check in a written exam. This problem was particularly significant in our case since the teaching goals were deliberately left open. Here we departed from serious games since we allowed the new creative process that the simulation character generates as one of the attractive points of the simulation, meaning that participants had a large degree of freedom to make decisions in several aspects of the simulation. As a result, all the situations that emerged at the end of the simulation were unique creations that could not have been foreseen with complete accuracy. Therefore, one community could have experienced one set of problems and another community a different set of problems. Further, even within each community, the problems that each participant addressed were potentially different than those problems tackled by another member of the same community.

However, we did have the goal of exposing participants to an intense experience that should induce two types of effects. First, the simulation should pose challenges that force participants to reconsider their beliefs and views about key issues of politics, economics, society, and the environment and thus gain a better understanding of these phenomena. Second, the simulation should also pose challenges to participants calling for the use of their competences with the skills to solve them. By using these competences participants could gain a better understanding of different aspects. They could better assess their proficiency by comparing themselves to the others; they could observe how these competences work in practice; and they could gain a better appreciation of their usefulness by seeing which advantages they offered. These competences used in the simulation will be described in detail in this section, however some core examples include leadership, negotiation skills, organization skills or tolerance to frustration. These competences can be highly valuable in working life or for becoming a politically active citizen yet are not often developed in formal education. Therefore, simulations constitute an excellent training camp for these competences with SocialSIM'14 portraying a good example of this.

Our next challenge in designing the simulation was finding ways to help participants reflect so that their experiences could be distilled into lessons for the game, and so that the lessons from the game could be transformed into lessons about social sciences and personal competences. We also had the challenge of finding instruments for measuring these learning outcomes and documenting them for this research. We devised different ways of solving these two problems. First, during the simulation we surveyed the individual level of happiness and the level of satisfaction of each participant with his or her community at three different points in time: one poll took place approximately one hour after the start of the simulation, another shortly after lunch and the third towards the end of the simulation. Being asked about their happiness and satisfaction required participants to reflect, if shortly, on their feelings and impressions so far. We also offered each community a reward for solving the so-called history quest. In this quest, each community was required to write the history of their community, offering us valuable insights on how the improvised "historians" of that society interpreted and experienced the evolution of their community. We also asked each community to solve a quest in which they had to decide which values should guide their community. The discussion about values gave rise to very interesting reflections about the purpose of society and its direction.

Immediately after the simulation, we presented some quantitative data about the comparative performance of each community during the simulation on issues such as production, quests solved, pollution and happiness. We then invited participants to take part in group discussions on a voluntary basis. We prepared ten tables with around ten seats at each table with one topic assigned to each table. These topics were power, politics, economy, environment, sustainability, roles and identities, happiness, and two others that were not used. Each table had a moderator instructed to ask participants about the three main ideas that would summarize their learning concerning the particular topic at that table. Almost all participants joined the discussions voluntarily, exhibiting a strong need to talk about their experiences and to interpret what they had just lived. These discussions were recorded and have been used for evaluating the learning outcomes of the participants and for writing the section on the evolution of the communities.

Additionally, we invited participants to take part in another group discussion one week after the simulation. There, we asked participants for the main lessons they still remembered and for their feedback on the simulation project as a whole. Around 20 participants took part in this discussion and made evident that they remembered their experiences very well and had been devoting a lot of time to reflection on their role in the simulation. The notes obtained in that session have also been used in this section.

Characteristics of the learning experience in SocialSIM'14

From the analysis of the different materials we can summarize the characteristics of the learning experience induced by SocialSIM'14 in the following areas:

Intensity of the experience

In general, all participants highlighted the intensity of their experiences; some of them said that they were so immersed in the simulation that even after two days they felt as if they were still in the simulation. They also claimed having thought very often about the events that had happened during the simulation and tried to interpret them, explaining what went wrong and why or what could have been done differently. They also enjoyed the memories of the good moments they experienced. Some even stated having attended self-organized meetings with other participants in order to discuss the simulation. Not surprisingly, we thoroughly regretted not having been informed of these in advance. The contrast of this aspect of learning to a standard classroom lecture seems obvious.

Source of analogies for understanding reality

Discussants commented that SocialSIM'14 offered them a repertoire of analogies with which they could compare real political, social or economic situations. Participants drew analogies between SocialSIM'14 and topics as disparate as the European Central Bank, the German Parliament, and the rescue of Greece, among others. Discussants considered these analogies very helpful in understanding real-life social issues. If such an analogy arose during the discussion, the moderators would then ask discussants about their opinion on the validity of these analogies in real life, forcing reflection on the characteristics of the real-life object and of the experience in the simulation. This created a deeper understanding than the mere lecture-style presentation of knowledge. The formulation of these analogies by participants and their reflection on the validity of the application of these analogies to real life constitute, in our opinion, one of the strongest achievements of SocialSIM'14 and its main potential for future developments.

Participation and alienation

One of the experiences most commented upon was the positive feeling of being partially in control of the evolution of their communities, which is something that many participants longed for in real political life. But at the same time, the differences in opinions with other players and the inability in many cases to have their views accepted by the rest of the community, alienated and frustrated them. This alienation was a particularly interesting phenomenon given that groups were very small and homogenous compared to modern democracies and it came as a surprise that one could feel alienated in such small and participative groups.

Understanding

In the discussion sessions, when asked about the main lessons they had learned, participants highlighted the following topics:

The surprise and frustration of experiencing "otherness"

In every collective endeavor, different individuals with different preferences and ways of thinking must coordinate and act together. Every individual with an interest in politics has typical goals he or she considers good for their community with projects they are convinced could improve the well-being of the collective. In SocialSIM'14 an initial shock strikes each player – the shock of the "otherness". All of sudden it turns out that "the other" does not agree with their projects, has different goals, or wants to do things in a different way. By design, there was little room for retreat into an individual sphere, so players were bound to seek consensus. Failure to reach consensus meant failure to advance the game and for instance, as in the case of the yellow community, failure to obtain lunch by its own means. As a result, players experienced firsthand the bitter experience of the opposition of the other, who was against what seemed obvious in the intimacy of the individual realm. With some guidance, this frustration could be transformed into acceptance of this otherness, helping people to better understand each other and strengthening conflict management skills. One could even argue that this could provide an important lesson against fanaticism and radicalism in political life.

Democratic and economic processes

One of the most commonly reported surprises was that players, having been confronted with the possibility of applying deliberative democracy, soon discovered that this might have some crucial limitations. The initial surveys showed that many participants were convinced that deliberative democracy was highly desirable and were therefore happy to have the opportunity to exercise it. However, deliberations during the simulation often turned out to be ineffective due to the differences in the views of discussants, as well as the lack of trust or the inability to reach consensus due to the inefficient discussion style of some members of the communities. Other players had the impression that their opinions were not sufficiently taken into account within the discussions and that other players had an undeserved and disproportionate influence on the decisions of the community. At some point, many participants agreed that the benefit of consensus was not worth the time spent on long periods of discussion. They remarked that having a competent leader they could trust was more efficient for solving quests and managing the community than discussing every single decision together. These negative aspects of deliberative democracy challenged the beliefs of many participants and caused substantial amounts of comments in the discussion sessions. After some reflection many participants were able to assess more accurately than before thecircumstances in which deliberative democracy can be useful and those in which it cannot.

In the final discussion, participants often tried to classify the political and economic system that they had collectively created. Some claimed they had a communist system since they had collective property, while others disagreed because they had freedom to work where they pleased. They also tried to decide which type of democracy they followed: participative, direct, deliberative, representative and so on. This forced participants to reflect on the main characteristics of each system and to identify the elements of their own system that were similar or different to the others. This represented a very valuable source of understanding on what characterizes different political and economic systems.

Further, the experimentation with different systems also challenged some of the convictions that players had before the simulation. Many participants were sympathetic to collectivistic economic systems yet after seeing the difficulties experienced in the collectivistic societies of the simulation, were forced to reconsider some of their beliefs. In the same way, players that were not supportive of collectivized economies came to the realization that under some circumstances this type of organization form could be feasible and even desirable.

Environmental costs and trade-offs

One of the goals of SocialSIM'14 was to illustrate the trade-offs faced in many environment problems. Some players mentioned that an important insight they gained was being confronted with the environmental dilemmas that also occur in real life. For instance communities sometimes had to pollute the environment or adopt unsustainable strategies in order to foster economic development if no other way was possible or if the ecological solution had a very high cost. Or the green community, which had lower levels of pollution, had to buy polluting energy from the yellow community, who carried a stigma among the other communities for polluting the planet. Some members of the green community acknowledged that they had benefited from this pollution as well even if they enjoyed the higher moral ground for not polluting. Another environmental issue dealt with in the simulation was the management of common-pool resources as described in the students' report about the fishery.

Dissonance between stated and practiced values

Other players were deeply concerned about the gap they experienced between their stated values and their revealed actions. They had voted to have values such as sustainability, but then voluntarily opted for the "productivistic" path thereby depleting resources and causing pollution, which was in absolute disagreement with their values, though they were not aware of this until later discussions.

Competences

Many participants in the discussions mentioned having realized the importance that being proficient in some social competences could have had an influence on the achievement of their goals during the simulation. The simulation offered participants a view to how some competences work in action and what the benefits of being proficient in them were. For instance, many participants expressed that they wished they had stronger discussion competences so that they could get their ideas accepted by the rest of the players in group discussions. They noted that those among them with experience in organizations such as student associations where debates are frequent were more suited to leading discussions and convincing the community of adopting their views. Those who were not as proficient in group debates expressed their frustration when they saw that their own ideas were rejected in the discussions while other ideas, with which they disagreed, were accepted.

Given that some communities gave up their basic democratic ideals in favor of having an effective leader (which in fact turned out to be the most efficient and satisfactory solution) we were able to obtain many insights about the nature of leadership. Those participants that emerged as leaders were described in general as trustful and caring. At the same time, leaders were followed by others if they exhibited the competence necessary to know what had to be done in each moment and what was better for the development of the community. In the green community, this trust in the benevolence and the competence of the leader enabled them to coordinate and solve quests without losing excessive time or energy in discussions. A similar case occurred in the red community with the leadership of the "bank" although here it was contested by the "plenum" with the ultimate reason for the lack of support of the "plenum" being their alleged lower level of competence in managing the economic aspects concerning quests and production.

Another highly praised leadership competence was the skill of improving group dynamics by solving conflicts or raising the mood of the group when decaying. This skill facilitated the building of consensus that compiled the views of all involved in the decision. This satisfied most of the participants and increased the legitimacy of the leader. Absence of the ability to reach real consensus led to aggressive discussions, difficulties in making decisions and dissatisfaction with the decisions made, as was shown in the yellow community.

Also mentioned was the importance of the ability to operate in a complex environment with unclear goals and rules. Some players mentioned being overwhelmed by the complexity and admired the ability that some of their leaders or fellow players exhibited in cutting through the uncertainty sort out the most relevant topics and make decisions.

Future editions of SocialSIM'14 could have a stronger focus on the development of competences, such as leadership, moderation, organization, coordination and decision skills.

Conclusion

SocialSIM'14 brought important benefits for the participants. First, the entertainment value was extraordinary, participants considered their experience as extremely intense and memorable. Further, beyond the amusement aspect of the simulation, participants gained important lessons on how economic and political systems worked in the game and, most importantly, these lessons were transferred to their understanding of the real-life social phenomena being simulated. Their previous beliefs about society, politics and economics were challenged in many ways – regardless of which prior beliefs they held – and they were forced to reformulate their views on these issues in light of new understanding gained in the simulation. Participants also acquired new insights about the importance of certain competences related to interacting more productively with others, especially when the others disagree or have other views. These competences are very important for their professional lives and for being better citizens of a well-functioning democracy. SocialSIM proved to be an excellent tool for developing competences and for teaching social sciences with special emphasis on social, political, business and economic topics, but it could also be expanded to any other areas such as psychology or philosophy.

2.2 Lernerfahrungen Studierender: Chancen für studienbegleitende Professionalisierung

Friedrich Arndt

Universitäre Lehre steht derzeit in einem Spannungsfeld zwischen forschungsorientierter „Nachwuchsförderung" einerseits und der Aufgabe der „Qualifizierung" Studierender für eine sich rasch wandelnde außeruniversitäre Berufswelt andererseits. Die hier in Anführungszeichen gesetzten Schlagworte rufen bei kritischen Praktiker*innen und Beobachter*innen von Hochschulpolitik nicht zufällig ein Schaudern hervor, werden doch mit den Begriffen reiche Hintergrundverständnisse evoziert, die die erheblichen Unterschiede im Selbstverständnis der Vertreter*innen entsprechender Positionen zeigen. Diese oft als widersprüchlich wahrgenommenen Anforderungen an die Ziele universitärer Lehre werden in den letzten Jahren verschärft: Die wissenschaftlich Beschäftigten stehen unter dem Druck, „exzellente" Forschungsergebnisse zu liefern und den begabten Nachwuchs auf dieselben Bedingungen vorzubereiten. Dieser Druck treibt die fachliche Fragmentierung und Spezialisierung weiter voran, die nicht nur in den Forschungs- und Lehrinhalten, sondern ebenso in der Verschulung sowohl der grundständigen Studien als auch der Graduierten- und Postgraduiertenprogramme Ausdruck findet. Zugleich stellen besonders Vertreter*innen aus Politik und Wirtschaft (aber auch Studienanfänger selbst) den Anspruch an Hochschulen, einen hohen Prozentsatz der kleinen Geburtenjahrgänge erfolgreich zum Hochschulabschluss zu führen und dem Arbeitsmarkt dadurch gut ausgebildete, flexible und leistungsbereite Absolvent*innen zur Verfügung zu stellen.

Wollen sich die Universitäten diesem Prozess nicht einfach ergeben und durch Profilierung auf eine spezialisierte Version nur einem der beiden Entwicklungspfade entsprechen, stellt sich die Frage, welche Formen universitäre Lehre annehmen kann, die auf beide Herausforderungen gute Antworten geben kann, dabei jedoch zugleich in der Lage ist, die Probleme von Forschungsförderungs- und Qualifizierungsorientierung in einem vernünftigen Rahmen aufzufangen.

Die These, die ich im Folgenden in diesem kurzen Beitrag entwickeln möchte, lautet, dass projektbasierte Lehrformen wie SocialSIM die Chance

bieten, Studierenden zugleich eine erfahrungsorientierte fachliche Forschungsorientierung wie eine persönlichkeitsorientierte Professionalisierung zu ermöglichen und dass dies mit dem spezifischen Rollenlernen, das
die Simulation erfordert, zusammenhängt. Am Beispiel der verschiedenen
Ebenen von erfahrungsbasiertem Rollenlernen im Rahmen von SocialSIM
erläutere und diskutiere ich daher Vorteile und Probleme dieses Lernens.
Daran anschließend stelle ich Überlegungen an, wie dieser Lernprozess
künftig noch besser unterstützt werden könnte und inwiefern vergleichbare
Simulationsprojekte auch curricular verankert einen wertvollen Beitrag zu
zeitgemäßer universitärer Lehre leisten können.

Allgemeine Vorteile von SocialSIM angesichts der Probleme aktueller Hochschullehre

Zunächst nenne ich hier drei Charakteristika der aktuellen Hochschullehre,
die teilweise miteinander zusammen hängen, teilweise aber auch unabhängig von einander bestehen. Die Vorteile, die SocialSIM als Lehr- und
Lerninstrument unter diesen Bedingungen bietet, werden deutlich. Selbstverständlich finden vergleichbare Lernprozesse auch in anderen Typen
universitärer Lehre bereits ähnlich statt. Bei SocialSIM treten Sie allerdings
konzentriert auf. Dies soll verdeutlichen helfen, inwiefern ein Lehrinstru-
ment wie SocialSIM einen wichtigen Mehrwert für die Lehre bietet.

Zeitaufwand/zeitliche Vorgaben

Die aktuell verbreiteten Formen der universitären Lehre sind geprägt von
ihren strukturellen Bedingungen. Die Umstellung auf Bachelor- und Mas-
terstudiengänge hat traditionelle Formen von Seminaren verändert. Vie-
lerorts ist die Stundenzahl, die pro Semester zu absolvieren ist, gestiegen,
fast überall haben die zentrale Kontrolle und die Zahl der zu erbringenden
Studien- und Prüfungsleistungen zugenommen. Es wird kleinteiliger vorgegeben und dokumentiert, welche Arten von Leistungen Studierende erbringen müssen, um Kreditpunkte zu sammeln, und die damit verbundene
Notwendigkeit zur Studienverwaltung hat den organisatorischen Aufwand
erhöht. Für die einzelnen Studierenden bedeutet dies in vielen Fällen einen
charakteristischen Zeitmangel: Dadurch, dass die Anforderungen des Studi-

ums recht eng getaktet sind, besteht eine Tendenz zum kurzfristigen Erwerb von Prüfungswissen, während tiefergehende Beschäftigung mit einzelnen Themen oftmals vermisst wird.

Da das Studienprojekt SocialSIM von Beginn an über mehrere Veranstaltungen hinweg vorbereitet wurde und der zeitliche Rahmen durch die vielfältigen gleichzeitigen Kontexte umfänglicher als gewöhnlich war (s. u.), wurde dieses Problem gegenüber anderen Lehrformen abgemildert. Dies kann indes auf Kosten weiteren Zeitdrucks gegenüber anderen, zeitgleich besuchten Veranstaltungen geschehen. Die Möglichkeit, für SocialSIM deutlich höhere Anzahl von Leistungspunkten zu vergeben, wäre zukünftig hilfreich.

Größere Praxisnähe und Umsetzungsorientierung

Seminararbeiten in sozialwissenschaftlichen Fächern setzen sich oftmals mit erprobten Ansätzen, Begriffen und Theorien auseinander, doch wird oft bemängelt, dass die Umsetzung in die Forschungspraxis oder in die Anwendung nicht ausreichend gewährleistet ist. Dies stellte sich im Rahmen von SocialSIM ganz anders dar, war doch der Forschungsrahmen durch die auf einen Tag konzentrierte Simulation bereits gegeben, so dass unmittelbar klar wurde, worauf sich die theoretischen und methodischen Überlegungen richten würden. Dies eröffnet für die Lehre die Chance, die Nutzbarkeit von theoretischen Ansätzen und methodischen Zugängen direkt erfahrbar zu machen statt sie abstrakt zu diskutieren oder wechselnde Beispiele heranzuziehen. So ermöglicht die Herangehensweise eine bessere Verankerung der Lernprozesse bei den Teilnehmenden, die sich das benötigte Instrumentarium für ihre Forschungsfrage direkt erschließen.

Raum für Persönlichkeitsentwicklung

Über die Rückmeldung von Studierenden bekommen Lehrende immer wieder die Erfahrung mitgeteilt, dass das Studium als eng gepackt und auf die engmaschig geplant zu erbringenden Studien- und Prüfungsleistungen orientiert empfunden wird. Diese mit der deutschen Umsetzung der Bologna-Reform einhergehende Erfahrung wird sowohl von Studierenden auch als Dozierenden in Teilen als hilfreich erfahren, da sie Orientierung liefert, zum anderen aber immer wieder als Belastung, weil die Zeit für tiefergehende Auseinandersetzung mit einzelnen Themen knapper geworden ist, und zugleich die studentischen Aufmerksamkeitsressourcen für selbständige Entwicklung in der Hochschule abnehmen.

Eine Folge ist, dass weniger Zeit bleibt für Prozesse der Persönlichkeitsentwicklung. Solche Prozesse benötigen typischerweise Zeit, aber auch Räume, die für das Ausprobieren der eigenen Fähigkeiten geeignet sind, die nicht schon direkt unter Verwertungs-(Praktika) oder reproduktivem Prüfungsdruck stehen. Persönlichkeitsentwicklung ist umso wichtiger, wenn man annimmt, dass berufliche Entwicklungswege heute typischerweise weniger linear verlaufen und Absolvent*innen flexibel auf Anforderungen reagieren müssen.

Gerade diese Arten von Persönlichkeitsentwicklung bieten umfangreichere projektbasierte Lehrformen wie SocialSIM. Neben den bereits genannten Faktoren spielt hier besonders die Tatsache eine wichtige Rolle, dass es sich um intensive persönliche und gruppenbezogene Prozesse des Erfahrungslernens handelt.

Erfahrung Studierender

Nach dieser knappen Benennung aktueller Probleme der universitären Lehre und den allgemeinen Vorteilen von Projekten wie SocialSIM in Hinsicht auf diese Probleme wende ich mich jetzt der konkreten Lernerfahrung der Studierenden im Rahmen von SocialSIM 2014 zu.

Am Projekt nahmen insgesamt 20 Studierende in den vorbereitenden disziplinären Veranstaltungen und dem interdisziplinären Seminar teil: 5 in der Politikwissenschaft, 8 in der Soziologie, 7 in der Ethnologie. Angesichts dieser Zahlen ist die Verallgemeinerbarkeit der Rückmeldungen selbstverständlich nicht ausreichend, um weit reichende und belastbare Schlussfolgerungen zu ziehen. Sie deuten allerdings auf die später angesprochenen Potentiale ebenso hin wie auf die oben bereits genannten Schwierigkeiten der Rahmenbedingungen.

Eine erste, grundlegende Erfahrung der teilnehmenden Studierenden war jene der Irritation. Diese resultierte zunächst aus dem Zusammentreffen unterschiedlicher Disziplinen und Dozent*innen. Diese Erfahrung der Interdisziplinarität ist üblicherweise bei fortgeschrittenen Wissenschaftler*innen noch stärker ausgeprägt, da ihre disziplinäre Identität sich weiter ausbilden und verfestigen konnte, doch auch die Studierenden erlebten bereits prak-

tisch die unterschiedlichen Sozialisationen in den Fächern. Dies machte sich
zum einen im Habitus, im Diskussions-, Beteiligungs- und Seminarstil, aber
auch in den gestellten Fragen und Hintergrundüberzeugungen bemerkbar.

Eine weitere Beobachtung der Studierenden hing mit den wechselnden
Anforderungen der Projektbeteiligung zusammen. Das Projekt fand über-
lappend und zeitgleich auf verschiedenen Ebenen statt: Es fanden disziplinäre und ein interdisziplinäres Seminar statt, die eigenen Forschungen
mussten teils allein und teils in Gruppen vorbereitet werden, darüber hinaus waren aber auch etliche Studierende an der Organisation des Projekts
beteiligt. Es galt, den Simulationstag vorzubereiten, Teilnehmer*innen zu
werben, die Gruppe des Spieldesigns zu befragen und zu unterstützen. Die
Studierenden nahmen das Gesamtprojekt als komplex war. Mehrere Ebenen
spielten abwechselnd und gleichzeitig eine Rolle, wobei sich die Gewichtung
im Laufe des Projekts veränderte. Die wechselnden Anforderungen, den
sich die Studierenden daher gegenübersahen, wurden als anregend, aber
auch als herausfordernd empfunden. Es entwickelte sich dadurch allerdings
auch eine Eigendynamik der verschiedenen Gruppen, so dass mehrere Studierende selbständig Verantwortung für Teilbereiche des Projekts übernahmen und mit eigener Initiative vorantrieben. Diese Beteiligungsmotivation
ergab sich nicht zuletzt durch eine hohe Identifikation mit dem Projekt: die
Studierenden machten SocialSIM mit zunehmender Nähe des Simulationstages zu ihrem eigenen Anliegen.

Aufgrund dieser Erfahrungen überrascht es nicht, dass die Studierenden ebenfalls die Verbesserung praktischer Forschungsfähigkeiten positiv
hervorhoben. Durch die oben genannten Faktoren hatten die Studierenden
in ihren Projekten ein komplexes und direkt verfügbares Übungsfeld für
die Umsetzung der methodischen und theoretischen Zugänge zu ihren Themen. Dies hatte Seminar-/Forschungsarbeiten von hoher Qualität zufolge.
Es ist daher kein Zufall, dass die studentischen Beiträge interessante Forschungsergebnisse zu Teilaspekten der Interaktionen während SocialSIM
ergaben, die sich neben den Beiträgen erfahrener Forscher*innen sehen
lassen können (siehe die Präsentation der Forschungsprojekte im nach-
folgenden Teilkapitel). Aufgrund der Komplexität des Spielverlaufs war es
möglich, so unterschiedliche thematische Felder wie die Empirie sozialwissenschaftlicher Grundbegriffe wie Struktur/Handlungsfreiheit oder Macht-
mechanismen, oder zwischen Experiment und Feld stehende Explorationen
zu Allmendegütern oder Deliberation zu verfolgen. Die Beiträge zeigen

damit die Potentiale entsprechender Settings für eine forschungsnahe und forschungspraktische Lehre.

Ebenen des Rollenlernens

Die beschriebenen Lernerfahrungen lassen sich anhand von vier Ebenen des Rollenlernens analysieren, die gemeinsam zu mehrdimensionalen Entwicklungsprozessen beitragen.

Der Begriff „Rolle" bezieht sich hier allgemein auf seine Verwendungsweise in der Soziologie und Sozialpsychologie in der Folge des symbolischen Interaktionismus' Meads (vgl. Mead 1988, dazu Joas 2000). Rollen ermöglichen als Bündel von wechselseitigen Verhaltenserwartungen die soziale Interaktion. Die soziologischen Debatten über Vor- und Nachteile des Rollenbegriffs, insbesondere die Dynamik zwischen der externen normativen Erwartung und der internen Normentsprechung bzw. Normabweichung und Fragen nach möglicher Integration (etwa Berger/Luckmann 1969) oder Konflikten mit Makro-Theorien der Gesellschaft müssen hier nicht weiter verfolgt werden. Eine pragmatische Verwendung des Rollenbegriffs findet sich der systemischen Beratung. Entsprechend seinem Persönlichkeitsmodell nimmt Schmid (1994) für jeden Menschen verschiedene Rollen an, die Sets von Einstellungen, Weltsichten, Verhaltensweisen etc. beinhalten. Entscheidend für die Zwecke des hier gemeinten Erfahrungslernens ist die durch Verwendung des Rollenbegriffs gut verständlich werdende Möglichkeit, die eigene Perspektive reflexiv zu wenden, d. h. die Rolle als eine solche wahrzunehmen, und sich somit selbst aus den Augen der anderen und den Erfordernissen und Möglichkeiten der Gruppe betrachten zu können. Dies ermöglicht sowohl ein vertieftes Verständnis des sozialen Kontextes und seiner Funktionsweise als auch die Wahrnehmung der eigenen praktischen Interpretation der verschiedenen Rollen.

Interdisziplinarität

Die bereits genannte Erfahrung der produktiven Irritation durch Interdisziplinarität stellt eine erste Ebene des Rollenlernens dar. Durch den Spiegel der Selbst- und Fremdwahrnehmung erfolgt nicht nur ein Erkenntnisprozess über die eigene Fachdisziplin, sondern auch über die Effekte unterschiedli-

cher Sozialisation in den Fächern, und sei sie auch noch kurz. Dadurch wird
eine höhere Reflexivität der eigenen Rolle als Studierende eines bestimmten
Faches erreicht. Dies erleichtert zugleich das Erlernen einer ausdifferenzier-
ten fachlichen Sprache als auch kommunikative Fähigkeiten der wechselseitigen Erläuterung des jeweiligen Hintergrundes. Nicht zuletzt unterstützt es
die Bereitschaft zu methodischer Vielfalt.

Intradisziplinäre Entwicklung

Auf intradisziplinärer Ebene findet eine weitere Art von Rollenlernen statt.
Aufgrund der Vorbereitung der Forschungsarbeiten im Rahmen der Simulation ergibt sich die Möglichkeit und Notwendigkeit die eigene Rolle als
Forschende zu reflektieren. Wegen der unmittelbaren Umsetzung geschieht
dies nicht nur auf einer theoretischen und abstrakten Ebene, sondern auch
ganz praktisch während der Vorbereitung und Umsetzung der Forschung
im Feld. Der direkte Kontakt zu den Simulationsteilnehmer*innen stellt den
Studierenden eine Reihe von konzeptionellen, technischen und ethischen
Fragen empirischer Forschung, die sie in eigener Erfahrung beantworten
bzw. bewältigen müssen: Z.B. Welche Methode ist für meine Frage geeignet? Wie erhebe ich meine Daten, wie zeichne ich sie auf, was mache
ich, wenn ich nicht alles selbst beobachten kann? Inwiefern kläre ich die
Simulationsteilnehmer*innen über meine Forschungstätigkeit auf?

Auch in dieser Hinsicht bietet die Lernerfahrung bei SocialSIM die Möglichkeit, die eigene Praxis zu reflektieren und die verschiedenen Ebenen des
Forschungsprozesses in den Blick zu bekommen, wodurch das Bewusstsein
für die Perspektivität steigt.

Persönliche Entwicklung

Die dritte Ebene des Rollenlernens betrifft die Wahrnehmung der eigenen
Rolle in der Gruppe und die Wahrnehmung der Gruppendynamik. Durch
die verschiedenen Seminarkontexte, Arbeitsgruppen und Vorbereitungsak-
tivitäten bestehen etliche Anlässe, über die verschiedenen Verhaltensweisen
in Gruppen zu lernen. Auch hier kommt das Zusammenspiel von Eigen-
und Fremdwahrnehmung zum Tragen. Wer übernimmt Verantwortung?
Wann kommt die gemeinsame Arbeit ins Stocken? Wann ziehe ich mich

selbst aus der Gruppe heraus? Unter welchen Bedingungen arbeite ich am effektivsten mit anderen zusammen? Durch die Auseinandersetzung mit diesen Fragen können Studierende höhere Sensibilität für die eigenen Stärken und Schwächen, diejenigen anderer und die Moderation dieser Stärken und Schwächen in der gemeinsamen Arbeit entwickeln.

Professionelle Entwicklung

In Integration der drei vorgenannten Erfahrungen des Rollenlernens eröffnet sich eine allgemeinere vierte Ebene. Gelingt es, die genannten Prozesserfahrungen zu verallgemeinern, so ermöglicht dies erfahrungsbasierte Einsichten in die Kontextdefinition und Kontextabhängigkeit sozialen Handelns und der daraus resultierenden Rollen. Gelingen die Lernprozesse auf den drei vorgenannten Ebenen, eröffnet dies daher die Lernerfahrung einer Professionalisierung, die sich die Chancen der systematischen Bewusstmachung und Reflexion der Selbst- und Fremdwahrnehmung zunutze macht.

Was sind die Charakteristika und Kompetenzen, die mit dieser Art von Rollenlernen zusammenhängen? Zunächst ermöglichen diese Typen des Rollenlernens die Entwicklung von kontextübergreifend nutzbaren Wahrnehmungsqualitäten. Die Beobachtungsgabe in sozialen Situationen wird ebenso geschult wie die Fähigkeit, die eigenen Verhaltensweisen und die eigene Position in einem sozialen Kontext mitreflektieren und einordnen zu können. Gerade diese Fähigkeit aber stellt ein zentrales Element der Persönlichkeitsentwicklung und der Professionalisierung dar, die im Rahmen des Hochschulstudiums sonst nicht in dieser Breite zum Tragen kommt.

Möglichkeiten der Weiterentwicklung für die genannten Ziele

Abschließend möchte ich skizzieren, wie die genannten Lernprozesse noch erfolgreicher in die Hochschullehre eingebettet werden können. In jeder der vier Ebenen des Rollenlernens, die ich unterschieden habe, ließe sich die Lernerfahrung noch verstärken, abhängig davon, mit welchem Ziel und welcher Ausrichtung die Simulation in der Lehre eingesetzt wird.

Zur Unterstützung der Lernprozesse ist es sinnvoll sie durch Methoden der Reflektion zu flankieren, sowohl individuell als auch in Kleingruppen. Eine bereits in dieser Pilotdurchführung von SocialSIM genutzte Form auf individueller Ebene war das Führen von Forschungstagebüchern, durch das besonders das innerdisziplinäre Rollenlernen verstärkt wurde. Durch weitergehende Anleitung eignet sich diese Methode aber auch für die mitlaufende regelmäßige Reflektion der anderen Ebenen des Rollenlernens.

Auf Gruppenebene bieten sich inner- und interdisziplinäre studentische Peer-Gruppen an, in denen eine wechselseitige Spiegelung der Lernerfahrung insbesondere, aber nicht nur, in Bezug auf das Rollenlernen stattfinden kann. Hierfür ließen sich den Gruppen Materialien zur Verfügung stellen, die sie mit Vorgehensweisen, Fragen und Techniken anleiten und unterstützen können.

Eine weitere Vertiefungsmöglichkeit, für die auf bestehende Angebote zurückgegriffen werden kann, wäre die Begleitung durch an der Universität angebotene Kurse in Themen wie Projektmanagement, Kommunikation, und ähnliches.

Wünschenswert für die Fortführung bzw. Neuauflage von SocialSIM wäre allerdings auch eine gute curriculare Einbindung. Zwar ist ein über die formalen Anforderungen hinausgehendes Engagement der Studierenden eine der positiven Erfahrungen der ersten Durchführung von SocialSIM, doch besteht aufgrund der unterschiedlichen fachlichen Curricula der beteiligten Disziplinen keine einheitliche Regelung bezüglich Anrechnung und Kreditpunktevergabe. Eine wohlwollende Flexibilität der Studiengangskoordinationen der einzelnen Fächer ist eine Mindestvoraussetzung.

Ich habe versucht in aller Kürze zu zeigen, wie die Lernerfahrungen der Studierenden bei SocialSIM 2014 auf verschiedene Ebenen Rollenlernens bezogen werden können. Dies bietet die Möglichkeit, Studierenden zugleich eine erfahrungsorientierte fachliche Forschungsorientierung als auch eine persönlichkeitsorientierte Professionalisierung zu ermöglichen.

Literatur

Berger, Peter L.; Luckmann, Thomas (1969): Die gesellschaftliche Konstruktion der Wirklichkeit. Eine Theorie der Wissenssoziologie. Frankfurt/M.: Fischer.

Joas, Hans (2000): Praktische Intersubjektivität. Die Entwicklung des Werkes von G.H. Mead. Frankfurt/M.: Suhrkamp.

Mead, George Herbert (1988): Geist, Identität und Gesellschaft. Frankfurt/M.: Suhrkamp.

Schmid, Bernd (1994): Wo ist der Wind, wenn er nicht weht? Professionalität und Transaktionsanalyse aus systemischer Sicht. Paderborn: Junfermann.

3. Das Simulationsspiel SocialSIM als Forschungsfeld

3.1 Ausführliche Projektbeschreibungen

3.1.1 Das Problem mit den Allmendegütern am Fischteich. Ein studentischer Beitrag im Rahmen des Lehrprojekts SocialSIM'14

Benjamin Hennchen

Die Fischteiche in SocialSIM'14 sind konzipiert worden, um die Nutzung von Allmendegütern zu simulieren. Dabei ist die nachhaltige Nutzung von Allmendegütern bereits seit vielen Jahren ein Thema sozialwissenschaftlicher Forschung. Häufig stehen auf wissenschaftlicher Seite Handlungsmodelle im Vordergrund, deren Überlegungen das Verhalten von Akteur*innen durch Theorien rationaler Entscheidung zu erklären versuchen. Anders als Rational-Choice-Ansätze, die Handlungsentscheidungen auf individuelle Kosten-Nutzen-Abwägungen reduzieren, arbeitet dieser Beitrag mit den Traditionen von Praxistheorien. Das Rüstzeug eines praxistheoretischen Zugangs fördert einige interessante Ergebnisse zu Tage. Die Wahl des Zugangs bietet daneben weitere Vorteile: Zum einen ermöglicht es der deskriptive Charakter, den Verlauf am Fischteich angemessen zu rekonstruieren. Andererseits ist der Begriff der Praxis als „basic unit of analysis" (Brand 2009; 220) für die Interpretation von Sinngehalten geeignet. Im Anschluss ist es dann möglich, über die Gründe einer erfolgreichen und damit nachhaltigen Nutzung von Allmendegütern zu reflektieren.

Ich beginne damit, den Gegenstand dieser Arbeit vorzustellen und in das Problem der Allmendegüter einzuleiten (1). Darauf bezogen, erkläre ich die Produktionsstätte der Fischerei in SocialSIM'14, die zur Simulation dieser Allmendeproblematik diente (2). Es folgt ein kurzer Einblick in die methodische Herangehensweise und die mir zur Verfügung gestellte Datengrundlage (3), bevor ich das Geschehen an den Gewässern während der Simulation beschreiben werde (4). Im fünften Abschnitt wird das empirische Material durch den praxistheoretischen Zugang interpretiert (5). Zum Schluss folgt eine kurze Zusammenfassung der Ergebnisse (6).

Das Problem von Allmendegütern und ein theoretischer Ausweg

Dieser Abschnitt soll zu Beginn das Problem von Allmendegütern aufgreifen. Dabei ziehe ich eine idealtypische Definition von Allmendegütern
heran. Die Eigenschaften sollen zum Verständnis für die weiter unten beschriebene Problemsituation beitragen.

Zwei Merkmale sind nach der Ökonomin Elinor Ostrom für ein All-
mendegut entscheidend: Erstens „Rivalität" und zweitens „Exklusion"
(Ostrom 1994; 6). Die Exklusion ist ein Indikator, inwiefern Akteur*innen
von einem Gut ausgeschlossen werden können. Die Rivalität beschreibt
dagegen, inwiefern der Güterkonsum von Akteur*innen die Konsumchan-
cen Dritter schmälert (Ostrom 1994; 6). Allmendegüter zeichnen sich auf
dieser Grundlage durch eine geringe Ausschließbarkeit (Exklusion) und
gleichzeitig durch einen hohen Grad an Rivalität aus (Ostrom 1994; 7). Der
Fischbestand in einem öffentlich zugänglichen Weiher soll als Beispiel diese
Eigenschaften verdeutlichen.

Die Fische sind nicht vor dem Zugriff durch Dritte geschützt. Jede*r
Angler*in, vorausgesetzt er oder sie besitzt einen gültigen Angelschein,
kann prinzipiell an diesem Teich fischen. Somit ist der Fischbestand durch
ein geringes Maß an Exklusion zu charakterisieren. Zugleich hängt die Entwicklung der Fischbestände direkt von den Fangzahlen der Fischer*innen
am Teich ab. Dabei verringert eine hohe Ausbeute der einen Gruppe von
Fischer*innen die Erfolgsaussichten einer anderen. Die Fischer*innen
konkurrieren um die höchsten Fangzahlen. Dieser Kampf egoistischer Kon-
summuster leitet im Folgenden direkt über zum Problem der Allmende.

In Garrett Hardin's Aufsatz zur Tragik der Allmende „The Tragedy of the
Commons" führt eine gemeinschaftlich genutzte Weide durch die ansässigen
Schäfer*innen zu folgendem Ergebnis: Alle Besitzer*innen der Schafherden
werden so viele Schafe wie möglich zu ihrer Herde hinzufügen, um sie auf
der Weide grasen zu lassen. Dieses Verhalten verspricht den Schäfer*innen,
so Hardin, aus dem Blickwinkel ihrer individuellen Rationalität den höchsten Gewinn. Jedes neue Schaf steigert die Menge an Wolle, die der/die
Schäfer*in verkaufen kann. Was innerhalb des individuellen Kalküls noch
einen Gewinn versprach, hat auf der kollektiven Ebene dagegen tragische
Folgen. Das durch die Überweidung auftretende Ergebnis führt am Ende
dazu, dass sich die Weide verbraucht und von keine*m/r Besitzer*in der
Schafherden mehr genutzt werden kann (Hardin 1968; 1244). Die Überwei-

dung der Grasflächen ist dabei stellvertretend für das Schicksal aller Allmendegüter, die kollektiv genutzt werden.

Elinor Ostrom präsentierte in ihrem Werk „Governing the Commons" (1990) einen theoretischen Ausweg aus der oben geschilderten Problemsituation der Allmendegüter. Sie vertritt in ihren Ausführungen das Argument, für den Schutz von Allmendegütern, die Verantwortung in den Händen der Parteien zu belassen, die unmittelbar vom Ertrag dieser Güter abhängig sind. Nutzungsregeln oder Vereinbarungen sollen so in Selbstverwaltung erfolgen und werden direkt zwischen den betroffenen Parteien ausgehandelt.

Somit wird auch die Übernutzung eines Allmendeguts, im Vergleich zu Garret Hardin, nicht mehr als Schicksal einer Dilemmasituation begriffen, sondern als ein konkretes Versagen, welches in den von den Parteien geschaffenen Regeln und Vereinbarungen begründet liegt. Eine nachhaltige Nutzung von Allmendegütern wird dagegen durch robuste und dauerhafte Institutionen garantiert. Empirisch untersuchte Ostrom erfolgreiche Institutionen von Allmendegütern, wie beispielsweise die Weideflächen für Nutztiere in Törbel in der Schweiz oder die Wasserverteilung für den Gemüseanbau in Spanien (vgl. Ostrom 1990; 61–82). In der empirischen Vielfalt von Regeln macht sie zugleich etliche Gemeinsamkeiten aus. Diese Punkte sind, so schlägt Elinor Ostrom vor, der erste systematische Versuch die Voraussetzungen und Bauprinzipien erfolgreicher Institutionen zur Nutzung von Allmendegütern zu beschreiben (Ostrom 1990; 90).

Im Rahmen von SocialSIM'14 wurde an der Produktionsstätte „Fischerei" diese Problematik bei der Nutzung von Allmendegütern simuliert. Im Folgenden erläutere ich Bauprinzipien und Regeln. Darunter fallen auch Designentscheidungen, die die Probleme, wie beispielsweise den Rückgang der Fischbestände, im Verlauf der Simulation herbeiführen sollten. Gleichzeitig ist darauf geachtet worden, Bedingungen zu schaffen, die eine Lösung der Probleme im Sinne Ostroms zwischen den Gemeinschaftsmitgliedern ermöglichen. Die Ausgestaltung der Lösungsstrategien blieb aber offen und zu einem großen Teil den Teilnehmenden selbst überlassen.

Die Produktionsstätte der Fischerei

Im Wesentlichen war die Fischerei in SocialSIM'14 ein aufgepumptes Planschbecken, welches mit 5-Cent-Münzen, Bierdeckeln und Büroklam-

Abbildung 1   „Globale Gewässer"

mern gefüllt war. Die 5-Cent-Münzen symbolisierten im Spiel mit Hilfe von Fischsymbolen, die auf den Münzen beidseitig angebracht waren, die Ressource „Fisch". Die Münzen konnten im Verlauf bei den Organisationszentren der Gemeinschaften in Nahrungseinheiten (SIM) eingetauscht werden. Bierdeckel und Büroklammern waren dagegen wertlos. In der ersten Phase von SocialSIM'14 stand dabei jeder der drei Gemeinschaften ein Planschbecken zur Verfügung. Lediglich die Mitglieder der jeweiligen Gemeinschaft waren berechtigt an diesem Ort zu fischen. Für die zweite Phase ersetzte ein globales Gewässer die lokalen Fischteiche (vgl. Abb. 1).

   Da ab diesem Zeitpunkt alle Mitglieder der Gemeinschaften einen Zugang zu diesem Gewässer hatten, war es auch allen Spielteilnehmer*innen prinzipiell gestattet an diesem Teich zu fischen. Somit ist die geringe Ausschließbarkeit (Exklusion) durch die globalen und für alle Mitglieder zugänglichen Gewässer simuliert. Zugangsbeschränkungen oder Verfügungsrechte waren von Seiten der Spielleitung her ausgeschlossen (Die Ausnahme bildete dabei die Phase der Fischregeneration. Siehe dazu weiter unten). Eine begrenzte Anzahl von Fischen war auf der anderen Seite die Voraussetzung, um Knappheit zu erzeugen. Ein großer Fang auf Seiten der einen Gemeinschaftsmitglieder musste spürbare Konsequenzen auf die zukünftigen Erfolgsaussichten der Anderen haben. Fisch wird somit zu einem begehrten und begrenzt verfügbaren Gut mit einem hohen Grad an Rivalität.

Fisch, als ein nachwachsender Rohstoff, vermehrte sich in den Gewässern. Dazu war es aus organisatorischen Gründen notwendig, das Angeln nur in einen festgelegten Zeitraum zu erlauben. Diese von der Spielleitung vorgegebene Fischsaison war zehn Minuten lang. Am Ende dieser Zeit wurden die Teiche der Gemeinschaften mit Hilfe von Decken „geschlossen" und die Phase zur Fischregeneration begann, worauf wiederum eine neue Fischsaison folgte. Dieser Ablauf wiederholte sich nun fortlaufend.

Die Regeneration der Fische war an den jeweiligen Restbestand gekoppelt. Das bedeutet, dass je mehr Fische während der Fischsaison geangelt wurden, desto weniger konnte sich der Fischbestand innerhalb der Regenerationsphase vermehren. Zur Berechnung der genauen Mengen erfolgte zunächst eine Bestandsaufnahme der Restbestände nach jeder Angelsaison. Im zweiten Schritt wurde eine mathematische Formel verwendet, um mit Hilfe der Restbestände, die Anzahl der regenerierten Fische für die nächste Saison zu ermitteln. Die Formel für das globale Gewässer lautete folgendermaßen: $X = R^{*}1,2 + 30$. R bezeichnet den Restbestand in den Teichen, aus dem sich mit der Regenerationsrate von 1,2 multipliziert und mit der Zahl 30 addiert, die zu regenerierende Fischanzahl ergibt. Diese Anzahl wurde dann dem Restbestand im Teich während der Phase der Regeneration hinzugefügt.

Zusätzlich waren an die Produktionsstätten der globalen Fischerei zwei Quests gekoppelt: Der Wissenschafts-Quest „Fischbestand" und der politische Quest „Regeln der Fischerei" (Zur allgemeinen Funktionsweise von Quests. vgl. Bausteine von SocialSIM'14). Zur Lösung des Wissenschafts-Quests „Fischbestand" mussten die Spielteilnehmer*innen eine Formel finden, mit der sie ihn der Lage waren, den Fischbestand im Gewässer konstant auf einem Niveau zu halten. Diese Formel lautete: $X = (R - R/r) + 30$, wonach X die zu bestimmende Fischmenge, R der Restbestand im Pool und r die Regenerationsrate war. Als Belohnung sollte den Mitgliedern in jeder Runde die Fischmenge und Regenerationsrate anschließend auf einem Schild mitgeteilt werden.

Der politische Quest „Fischbestand" diente dazu, Impulse für eine Ausarbeitung gemeinsamer Fangregeln zu setzen. Die Denkanstöße illustrierten mögliche Formen der Ausgestaltung dieser Regeln. Der Quest war mit der Befürchtung verbunden, dass die Mitglieder von sich aus keine Fangregeln implementieren würden. Eine vorgegebene Möglichkeit waren feste Fangraten, welche mit verbindlichen Sanktionen, ein nachhaltiges Fischen ermöglichen sollten.

Bevor ich nun mit der Beschreibung der Geschehnisse an den Fischteichen fortfahre, folgt ein kurzer Abschnitt über meine Erhebungsmethode und den Daten, die mir zur Verfügung standen.

Methode und Datenmaterial

Während der Simulation führte ich zunächst eine teilnehmende Beobachtung an den Fischteichen durch. Die Teilnahme beschränkte sich dabei auf meine Funktion als Mitglied im Organisationsteam und als offizieller Betreuer der Fischerei. So stand ich den Spielteilnehmer*innen bei vereinzelten Rückfragen zur Seite und achtete zugleich darauf, dass sie die Spielregeln einhielten. Meine Rolle als Beobachter war zudem verdeckt, da die Mitglieder der Gemeinschaften vom Vorhaben der Beobachtung nicht in Kenntnis gesetzt wurden. Generell war allen Teilnehmden bekannt, dass während SocialSIM'14 geforscht werden würde.

In regelmäßigen Abständen fertigte ich freie Notizen über den Ablauf an den Teichen an. Zusätzlich eröffnete sich mir ein genaueres Bild, indem ich aktiv an die Mitglieder der Gemeinschaften herantrat und Fragen stellte. Neben dem eher unstrukturierten Vorgehen verwendete ich auch einen Beobachtungsleitfaden, der durch mein Forschungsinteresse geleitet, Schwerpunkte der Beobachtung vorgab. Alle Notizen, Ergebnisse der Beobachtungsbögen und persönlichen Erfahrungen habe ich im Anschluss an SocialSIM'14 in einem kompakten Beobachtungsprotokoll zusammengetragen.

Auch quantitative Daten spielten bei der Auswertung eine Rolle. So habe ich sowohl die Fangzahlen der Angler*innen, als auch die Entwicklung der Fischbestände in den Gewässern berücksichtigt. Diese Daten sind während der Simulation nach jeder Angelsaison aufgezeichnet worden. Um zu gewährleisten, dass die Zahlen später mit den Beobachtungen in Verbindung gesetzt werden konnten, waren Zeitangaben sowohl bei den Fangzahlen und der Bestandsentwicklung, als auch im Beobachtungsprotokoll notwendig.

Ergebnisse – Der Verlauf am globalen Gewässer

Der Ergebnisteil beschränkt sich in der Kürze des Beitrags auf das Geschehen am globalen Gewässer. Die Entwicklung der Fischbestände ist in Tabelle 1 veranschaulicht.

Tabelle 1: „Entwicklung der Fischbestände"

Zeit	Gefischt	Anzahl der Fische vor der Regeneration	Anzahl der Fische nach der Regeneration
14:30	0	600	600
14:32 - 14:42	306	294	383
15:05 - 15:15	215	168	232
15:26 - 15:36	123	109	161
15:46 - 15:56	87	74	119
16:06 - 16:16	0	119	173
16:38 - 16:48	59	113	167
17:00 - 17:10	0	167	230
17:20 - 17:30	67	163	226
18:15 - 18:25	65	161	223
18:40 - 18:50	61	153	214

Um dem/der Leser*in einen guten Überblick zu vermitteln, teile ich den gesamten Verlauf in drei Zeitabschnitte ein: 1. 14:30–15:56, 2. 16:06–16:48, 3.17:00–18:50.

14:30–15:56

Zu Beginn waren lediglich Vertreter*innen der roten und der gelben Gemeinschaft daran interessiert, in den globalen Gewässern zu fischen. Mitglieder der roten Gemeinschaft äußerten bereits zu diesem Zeitpunkt Bedenken, dass bei einer zu hohen Fangquote die Fischbestände bald bedroht sein würden. Erst ein Zugeständnis meinerseits, dass eine Abnahme der Bestände vorerst nicht zu befürchten sei, veranlasste diese Gemeinschaft das Angeln aufzunehmen.

Mitglieder der roten und gelben Gemeinschaft vereinbarten gemeinsam im Anschluss eine Reglementierung des Fischfangs. Aus beiden Gemeinschaften waren maximal zwei Angler*innen berechtigt, Münzen aus dem Fischteich zu holen. Diesen war es dabei aber nur gestattet, in einer Hälfte des Teiches Fische zu fangen. Die andere Seite war davon ausgenommen und stand nach Angaben der Mitglieder unter Artenschutz: „[…] *diese Hälfte müssen wir zur Regeneration in Ruhe lassen*" (Protokoll; 40).

Trotzdem ist über den Zeitraum von 14:30 bis 15:46 ein Rückgang der Fischbestände zu erkennen (vgl. Tab. 1). Die ausgehandelten Regeln hatten somit nicht zu einer nachhaltigen Bewirtschaftung der Fischgewässer geführt.

Um 15:26 thematisierten zum ersten Mal zwei männlichen Angler den für sie sichtbaren Rückgang der Fischzahlen im Gewässer: *„Ey, irgendwie werden es weniger"* (Protokoll; 39). Dennoch wurde in Folge an den Regeln weiter festgehalten.

Um 15:46 kam schließlich auch eine Vertreterin der grünen Gemeinschaft hinzu. Ihr wurden die Regeln von einem Angler der roten Gemeinschaft zuvor erklärt. Sie zeigte sich damit schnell einverstanden und begann mit den vier Angler*innen der anderen Gemeinschaften, Fische aus dem Wasser zu holen. Erneut bemerkte in dieser Angelphase ein Mitglied der roten Gemeinschaft, dass der Fischbestand immer weiter sinken würde. Er teilte den anderen Teilnehmenden mit, dass er in dieser Periode lediglich 16 Fische fangen wolle. Seinen Verzicht erklärte er dadurch, dass es wegen der „Wachstumskurve" immer wichtig sei, auf geringe Fangquoten zu achten (Protokoll; 40).

16:06–16:48

Von 16:06 bis 16:16 war kein Fischfang zu beobachten, sodass in dieser Runde die Zahl der Fische erstmals von 119 auf 173 anwuchs (vgl. Tab. 1). Zwischen 16:16 und 16:38 gab es eine offizielle Pause für alle Spielteilnehmer*innen in SocialSIM'14. In dieser Zeit ist sowohl die Angel-, als auch die Regenerationsphase ausgefallen. Nach der Pause löste ein Mitglied der gelben Gemeinschaft erfolgreich den Wissenschafts-Quest „Fischbestand". Als Belohnung sah das Spiel vor, dass der gelben Gemeinschaft von nun an die Regenerationsrate und die aktuellen Fischzahlen im globalen Gewässer mitgeteilt werden sollten. Dazu veröffentlichte die Spielleitung die entsprechenden Informationen nach jeder Angelphase auf einem Schild im Territorium der gelben Gemeinschaft.

Vor der nächsten Angelphase beschlossen die Mitglieder aller Gemeinschaften neue Regeln. Das Mitglied der gelben Gemeinschaft errechnete mit Hilfe der von ihm aufgestellten Formel und den zugänglichen Informationen, die exakte Anzahl von Fischen, die innerhalb der nächsten Phase geangelt werden durfte. Die Mitglieder zählten daraufhin laut beim Angeln die Zahl ihrer gefangenen Fische mit. Die am Ende auf den Boden ausgelegte Beute aller Angler*innen war mit der festgelegten Fangmenge identisch.

Jedem/r Vertreter*in einer Gemeinschaft wurde dann genau ein Drittel dieser Menge zugeteilt. In Tabelle 1 ist zu erkennen, dass nach 16:48 mit diesen neuen Regeln der Fischbestand nur noch geringfügig abnahm.

17:00–18:15

Um 17:00 Uhr setzten alle drei Gemeinschaften beim Fischteich aus und verzichteten eine Runde auf Beute. Dadurch konnte der Bestand von 167 auf 230 Münzen wachsen (vgl. Tab. 1). Zwischen 17:20 und 18:50 folgten insgesamt noch drei weitere Angelphasen. In diesen drei Phasen hielt sich die Fischmenge auf einem gleichbleibenden Niveau. Dabei änderten sie ihr Vorgehen im Vergleich zu den ausgehandelten Regeln von 16:48 nur geringfügig. Gleich blieb, dass die maximale Fangmenge mit Hilfe der zugänglichen Informationen durch den Wissenschafts-Quest „Fischbestand" errechnet wurde. Auch erhielt jede/r Vertreter*in genau ein Drittel dieser Menge. Verändert hatte sich nur die Art und Weise wie die Fische geangelt wurden. Die genaue Anzahl wurde nicht mehr während dem Angeln laut mitgezählt, sondern jedes Mitglied fing so viel er oder sie es konnte. Der daraus entstandene Überschuss wiederum ist kurz vor dem Ende jeder Angelphase zurück in den Teich geworfen worden.

Im nächsten Abschnitt versuche ich die Ergebnisse mit Hilfe praxistheoretischer Überlegungen zu vertiefen. Dabei nutze ich die theoretische Stärke für die Interpretation der Beobachtungen. Dieser Ansatz greift weder auf reine Handlungsmodelle zurück, noch begnügt er sich mit strukturellen Erklärungsversuchen. Vielmehr erhalten „beide Problemdimensionen, die Verknüpfung der Handlungs- und Strukturebene […] eine zentrale Bedeutung" (Brand 2011; 175), wenn Praktiken und ihre Bestandteile rekonstruiert werden sollen. Einzelne Handlungen sind dann „in eine umfassendere, sozial geteilte und durch ein implizites, methodisches und interpretatives Wissen zusammengehaltene Praktik als ein typisiertes, routinisiertes und sozial ‚verstehbares' Bündel von Aktivitäten" (Reckwitz 2003; 289) eingebettet.

Da das Feld der Praxistheorien in der Soziologie äußerst heterogen ist und von unterschiedlichen Einflüssen geprägt und modifiziert wurde, sind klar abgrenzbare Gemeinsamkeiten schwer zu finden. Einen guten Überblick über die Dimensionen des Praxiskonzepts für eine Umweltsoziologie bietet hierzu Karl-Werner Brand (Brand 2014; 173–180, Brand 2011; 178–185, Brand 2009; 217–237).

Im Mittelpunkt des abschließenden Kapitels steht die Frage, wie es den Mitgliedern der Gemeinschaften gelungen ist, das Kollektivgut „Fisch" zwischen 17:20 und 18:50 nachhaltig zu nutzen.

Die Praxis des kooperativen Angeln zwischen 17:20 und 18:50 – zwischen Bekanntschaft, Wettbewerb und Nachhaltigkeit

Für eine nachhaltige Angelpraxis war es notwendig, dass zunächst Regeln vereinbart wurden, die geeignet waren, die Erhaltung der Fischbestände zu gewährleisten. So setzten die Mitglieder beispielsweise zwischen 14:30–15:46 Regeln ein, an die sie sich zwar ohne Ausnahme hielten, ohne jedoch dabei den Rückgang der Fischbestände zu verhindern.

Neue Regeln, die sich ab 17:20 Uhr durchsetzen konnten, zeigten ein anderes Bild. Nachhaltiges Angeln wurde möglich. Hierfür trugen vor allem die Informationen der Fischzahlen bei, die als Belohnung für das Lösen des Wissenschafts-Quests „Fischbestände", in jeder Runde auf einem Schild in der gelben Gemeinschaft öffentlich erschienen (vgl. Abb.2).

Die mit diesen Informationen errechnete Fangmenge war ein verbindlicher Wert für alle Mitglieder am globalen Gewässer. Jede Angelsaison verlief dabei ähnlich: Das Ablesen des aktuellen Fischbestands, die Errechnung der maximalen Fangmenge, das Angeln und das Zurückwerfen der Fische, um am Ende unterhalb der errechneten Fangmenge zu bleiben. *„Am Ende wird nur die errechnete ‚offizielle' Zahl an Fischen behalten und vom gelben Mitglied gleichmäßig an alle anderen Gemeinschaften aufgeteilt"* (Protokoll; 5). Die Informationen bildeten in diesem Zeitraum den Ausgangspunkt für die Angelpraxis. Die damit errechnete Fangmenge galt als legitime Obergrenze.

Eine wichtige Aufgabe einer praxistheoretischen Analyse bleibt die Rekonstruktion praktischer Sinngehalte (Brand 2011; 191). Die Beobachtungen am Fischteich helfen Bedeutungen anhand einer körperlichen Praxis des „Könnens" zu rekonstruieren (Reckwitz 2003; 289). Das Können, beziehungsweise das Wissen, wie etwas geht, bedeutet in diesem Fall für die Teilnehmenden, etwas tun zu können ohne es bewusst auszusprechen. Das Forschungsinteresse zielt auf ein implizites Wissen ab, das in einer bestimmten Praxis „zum Einsatz kommt" (Reckwitz 2003; 292). Diesen rekonstruiert dann der Beobachter zu einem „[…] ‚praktischen Sinn' […], der die in den verschiedenen Handlungsfeldern miteinander verknüpften Praktiken integriert und der im Normalfall zur Reproduktion bestehender, strukturell

Abbildung 2   „Informationsschild für den aktuellen Fischstand"

verfestigter Muster der Umwelt- und Naturnutzung führt [...]" (Brand 2011;
191).

Für die Angler*innen war das Münzen Fischen mehr als nur einfache
Nahrungsbeschaffung. Es war ein Treffpunkt alter Bekannter, eine Arena
in der Wettkämpfe stattfanden und es war ein Ort an dem 5-Cent-Münzen
als bedroht und zugleich wertvoll galten. Zum Schluss wurde das kollektive
Fischen für die Teilnehmenden zunehmend zur Routinehandlung (Brand
2011; 191). *„Diese Art der Kooperation funktioniert jetzt bereits über die letzten
drei Runden auf die mehr und weniger gleiche Art und Weise"* (Protokoll; 6).

Am Fischteich traten die Spielteilnehmer*innen gegenseitig in Kontakt.
Hier erzählten sie sich Geschichten und tauschten Erfahrungen aus. Mit der
Zeit lernten sie sich näher kennen und begannen vertraut miteinander umzugehen. Spieler*innen an den globalen Gewässern grüßten sich nunmehr
freundschaftlich. Häufiger lachten sie laut los, erzählten witzige Anekdoten
oder klopfen sich gegenseitig auf die Schultern. Die Aktivität des Angelns
wurde, so ein Mitglied der gelben Gemeinschaft, zur entspannten Neben-
sache: *„Ist einfach sehr entspannend im Gegensatz zum Rest [...]"* (Protokoll;
5). Das gemeinsame Angeln verbindet durch persönliche Beziehungen und
wird zum Konstitutiv einer sozialen Gruppe von Fischer*innen. Traten dagegen neue Mitglieder an die Gewässer heran, mussten diese zunächst an-
gelernt werden (vgl. Protokoll; 5). Dazu gingen Neuankömmlinge neugierig

vor, sahen zu und ließen sich die Fangregeln von den Anwesenden erklären. Die Gruppe der Fischer*innen behielt die Kontrolle über das Geschehen am Gewässer, womit sie wiederum ein unbeobachtetes und unkontrolliertes Fischen von Dritten verhinderte.

Schnell konnte das Fischen am Teich aber auch selbst in den Mittelpunkt geraten. Schließlich wurde die Produktionsstätte auch häufig als ein Spiel angesehen. Dabei traten die Angler*innen gegenseitig in einer Art von Wettbewerb gegeneinander an. Geangelt wurde dabei schnell und hektisch. Die Spieler*innen beschimpften häufig ihr eigenes Missgeschick oder versuchten die Konkurrenz mit eigenen Kommentaren zu diskreditieren. Die Augen wanderten häufig von der eigenen Angel zum Gegenüber. So wurde das eigene Fangtalent mit dem der anderen verglichen. Nicht selten musste ein/e Spieler*in aber seine/ihre eigene Niederlage mit hängenden Schultern eingestehen: „[...] Hä, irgendwie klappt es nicht!!" (Protokoll; 2). Auch wenn das Ziel im Spiel darin bestand, die Mitspieler*innen darin zu übertreffen am Ende mehr Fische in den Händen zu halten, stand der Spaß in dieser Angelpraxis immer im Vordergrund (vgl. Protokoll; 5).

Doch Fische waren beim Angeln nicht nur Spielpunkte, sondern auch eine wertvolle Ressource, die es galt, auf Dauer zu erhalten. So war beispielsweise bereits in der frühe Phase der Simulation, als die lokalen Fischteiche noch offen waren, ein Zettel in der grünen Gemeinschaft am Teich mit der Aufschrift angebracht: „Nicht mehr Fischen! (Nachhaltigkeit und so)" (Protokoll; 2). Die Fischer*innen beschlossen aber auch im späteren Verlauf noch Angelpausen einzulegen, um den Bestand zu erhöhen und so für die Zukunft zu sichern (vgl. Protokoll; 4). Während dem Angeln zählten die Mitglieder manchmal laut mit. Falls sie dies nicht taten, so legten sie doch zumindest ihre gesamte Beute offen auf den Boden aus, um sie unter den Augen der anderen zu zählen (vgl. Protokoll; 4). Jede einzelne Münze wanderte dabei durch die Hände und Finger der Angler*innen. Sie achteten darauf, die selbst auferlegte Fangquote einzuhalten, welche auf die Zahl genau, errechnet wurde.

Überschüssige Fische sind vor dem Ende der Angelsaison oftmals wieder zurück in den Teich geworfen worden (Protokoll; 5). Diese ‚kreative' Maßnahme erlaubte es so zum einen, im Wettbewerb gegeneinander zu spielen, ohne dabei aber andererseits die auferlegten Fangquoten zu verletzen. Der Erfolg einer nachhaltigen Angelpraxis ist somit auch darauf zurückzuführen, dass zwei in ihrer Konsequenz im Widerspruch stehende

Sinnzuschreibungen, in der Praxis des Angelns und Zurückwerfens vereinbar wurden. Die Angler*innen konnten ihre Geschicklichkeit im Wettkampf miteinander messen ohne den Bestand der Fische für die Zukunft zu gefährden. Gleichzeitig ist diese Form der Angelpraxis nicht ohne weiteres auf die Realität übertragbar, sondern gehört ausschließlich zur Spielwelt von SocialSIM'14.

Schluss

Die nachhaltige Nutzung von Fisch in SocialSIM'14 zwischen 17:20 und 18:50 basierte zunächst auf funktionierenden Regeln. Fangmengen sind mit den Informationen über Fischbestände und Regenerationsquoten festgelegt worden. Diese Methode zur Berechnung einer Obergrenze für den Fischfang ist von den Angler*innen aller Gemeinschaften anerkannt worden.

Weiter habe ich versucht deutlich zu machen, dass die Bildung einer Gruppe aus Fischer*innen den Zugang zum Teich kontrollierte. Die Bedingung für das Angeln der Neuankömmlinge war die Unterweisung und Akzeptanz der etablierten Fangregeln.

Fische waren an diesem Ort ein wertvoller Rohstoff. Die Fangmenge wurde akribisch gezählt, um sie anschließend mit der errechneten Fangquote zu vergleichen. Assoziationen zwischen Fisch und Nachhaltigkeit sind bereits zu Beginn gezogen worden. Kollektive Angelpausen sollten eine drastische Abnahme der Bestände verhindern.

Die Gewässer waren aber auch ein Ort von Spiel und Wettkampf. Mitglieder testeten ihre Geschicklichkeit bei dem Versuch, möglichst viele Fische in kurzer Zeit zu fangen. Das Zurückwerfen der überschüssigen Fangmenge vor dem Ende der Angelphase ermöglichte es, dass sich die Fischanzahl dennoch nicht reduzierte. Das Geschicklichkeitsspiel stand somit dem Gedanken der Nachhaltigkeit nicht gegenüber, sondern schien aufzugehen.

Die in den vorherigen Absätzen dargestellten Erkenntnisgewinne sollen zuletzt keine absoluten Erklärungen für das beobachtete Verhalten der Akteur*innen liefern. Der Schwerpunkt lag viel mehr in der Verknüpfung von Praxistheorie und dem Gegenstand der Allmendeproblematik. Dieser Beitrag wirbt dafür, Handlungsentscheidungen als ein Teil von Praktiken zu verstehen und damit auch außerhalb von SocialSIM nach praxistheoretischen Antworten für das Problem der Allmende zu suchen. Am Ende bleibt festzuhalten, dass das von Garret Hardin formulierte Allmendeproblem im

Sinne von Elinor Ostrom durch Regeln, die die beteiligten Gemeinschaften gemeinsam aufgestellt hatten, gelöst worden ist.

Literatur

Brand, Karl-Werner (2014): Umweltsoziologie. Entwicklungslinien, Basiskonzepte und Erklärungsmodelle. Beltz Juventa, Weinheim und Basel.

Brand, Karl-Werner (2011): Umweltsoziologie und der praxistheoretische Zugang. In: Matthias Groß (Hg.): Handbuch. Umweltsoziologie. VS Verlag für Sozialwissenschaften, Wiesbaden, S. 173–199.

Brand, Karl-Werner (2009): Social Practices and Sustainable Consumption: Benefits and Limitations of a New Theoretical Approach. In: Matthias Gros und Harald Heinrichs. Springer Verlag, Heidelberg, London, New York, 217–237.

Hardin, Garret (1968): Tragedy of the Commons. In: Science, New Series, 162/3859, S. 1243–1248.

Ostrom, Elinor et al. (1994): Rules, Games, and Common-Pool Ressources. University of Michigan Press, Ann Arbor.

Ostrom, Elinor (1990): The Evolution of Institutions for Collective Action. Political Economy of Institutions and Decisions. Cambridge University Press.

Reckwitz, Andreas (2003): Grundelemente einer Theorie sozialer Praktiken: Eine sozialtheoretische Perspektive. In: Zeitschrift für Soziologie, Jg. 32/4, S. 282–301.

3.1.2 Struktur und Handlungsfreiheit in der Gesellschaftssimulation SocialSIM'14

Felix Metzger

Einleitung

„Wir in der gelben Gemeinschaft hatten ein Problem mit der Freiheit, weil jeder gemacht hat, was er wollte."[1] Diese Feststellung eines Teilnehmers von SocialSIM'14 spricht das an, was mich als forschender Student am meisten an der Simulation interessierte: die Dialektik zwischen der vorgegebenen Struktur und der Handlungsfreiheit der Spielenden. Um dieser Frage auf den Grund zu gehen, habe ich mich in meiner Forschung auf die politischen Quests konzentriert, die die Gemeinschaften lösen sollten. Darin zeigte sich einerseits das Interesse der Teilnehmenden an politischer Auseinandersetzung und andererseits die Funktionalität des Settings, also die Strukturierung des Aufbaus der Simulation, welches von der Spielleitung gestaltet worden war. Mein Fokus war dahingehend, inwieweit die Spielenden das gegebene Setting annehmen oder sich darüber hinwegzusetzen versuchen bzw. eigene Ideen entwickeln und sich entsprechend über die politischen Quests hinaus organisieren.

In diesem Artikel werde ich zuerst mein Forschungsdesign vorstellen, bevor ich auf die politischen Quests als Teil des Settings der Simulation eingehe. Darauf folgt die Beschreibung meiner Beobachtungen bei Social-SIM'14 und die Analyse dieser im Fazit.

Methode und Forschungsdesign

Eine Gesellschaftssimulation, wie SocialSIM'14 sie darstellt, eignet sich aus Forschungsperspektive besonders für Beobachtung. Das kann teilnehmende oder nichtteilnehmende Beobachtung sein. Für die Simulation wählte ich eine Art Zwischenlösung – zwar offensichtlich anwesend zu sein, aber nicht zu intervenieren. Problematisch war in meinem Fall jedoch die Tatsache, parallel zu meinen Forscheraktivitäten als Hauptkoordinator der Gemein-

---

1 Originalzitat eines Teilnehmers an der Reflexionsrunde vom 08.08.14 in den Räumen des Instituts der Ethnologie.

schaft zu agieren und entsprechend in der Rolle angesprochen zu werden. Der enorme Aufwand in dieser Doppelrolle machte die Beobachtung schwierig. Die politischen Belange wurden jedoch zumeist im Gesamtplenum behandelt, so war es mir möglich, relevante Beobachtungsergebnisse zu generieren, da zu den Zeitpunkten kein großer Organisationsbestand war. Ein Beobachtungsleitfaden half mir bei der Durchführung der Beobachtungen. Dieser war eher vage gehalten, um flexibel bleiben und der Kontingenz der simulierten Situation Rechnung tragen zu können. Der Zugang sollte – im Sinne Manfred Luegers – so offen und frei bleiben, wie möglich, ohne den Fokus aus den Augen zu verlieren:

> „Da jedoch im Sinne einer *Theoriegenerierung* insbesondere am Forschungsbeginn keine definitiven Verhaltensindikatoren verfügbar sind, kann eine Planmäßigkeit erst im Beobachtungsverlauf entwickelt werden. Interpretative Beobachtungen finden daher sinnvollerweise ihren Auftakt in allgemeinen Beschreibungen und der Identifikation von Kontextbedingungen, um im späteren Forschungsfortschritt relevante Einzelheiten herauszugreifen und eine Analyse der mitunter widersprüchlichen Beziehungen und Bedeutungen durchführen zu können."[2]

Die Kontextbedingungen in der Simulation stellen Forscher*innen vor eine besondere Herausforderung: Das vorgegebene Setting lässt einen planbaren Spielverlauf prognostizieren, das Handeln der Teilnehmenden ist hingegen kontingent. Vor diesem Hintergrund war in der Entwicklung meines Forschungsdesigns die Frage ausschlaggebend, inwiefern die Spielenden das vorgegebene Setting annehmen oder sich darüber hinwegsetzen. Zur Eingrenzung dieser Fragestellung habe ich mich auf die politischen Quests fokussiert. Während der Plena und teilweise auch bei den Kleingruppensitzungen in der ‚roten' Gemeinschaft setzte ich mich in oder hinter den Diskussionskreis, notierte bemerkenswerte Vorkommnisse bzw. Dynamiken der Diskussionen und analysierte den Umgang in der Runde mit den Anleitungen der politischen Quests. Meine Anwesenheit wurde anfangs registriert, später aber kaum noch merklich wahrgenommen. Ich wollte nicht den Eindruck vermitteln, das Verhalten der Spielenden zu beurteilen und gleichzeitig so nah wie möglich am Geschehen sein. Im ethnographischen

---

2 Lueger, Manfred: Grundlagen qualitativer Feldforschung. WWUV Universitätsverlag, Wien 2000. S. 102 f. Hervorhebung durch den Autor.

Sinne betrieb ich also keine Immersion[3] – auch wenn ich das gerne getan hätte. Meine Doppelrolle und die Gesamtsituation der Simulation machten das nahezu unmöglich. Erschwerend kam hinzu, dass die Gemeinschaft, der ich zugeteilt war, ein basisdemokratisches Modell der Organisation entwickelte, in dem Kleingruppen eine wichtige und regelmäßige Instanz bildeten. So konnte ich selten den gesamten politischen Prozess überblicken. Im Vorfeld hatte ich mit zwei Forscherinnen aus der Politikwissenschaft abgesprochen, uns auf die drei Gemeinschaften aufzuteilen und anhand der Beobachtungsleitfaden die jeweiligen Schwerpunkte der Anderen mitzuberücksichtigen und entsprechend Notizen zu machen. Die Schwerpunkte waren insoweit überschneidend, dass bei uns allen die politischen Prozesse im Vordergrund standen und die Involviertheit der Spielenden in diesen fokussiert werden konnte. In den Pausen der Simulation kamen wir jeweils kurz zusammen, um uns auszutauschen und gegebenenfalls auf wichtige Personen oder Ereignisse aufmerksam zu machen. In dem Ergebnis- und Analyseteil werden also nicht nur meine Beobachtungen, sondern auch jene von Nicoletta Flora und Marilena Müller einfließen. Für uns drei war die Methode der Beobachtung ein neues Feld und die Einführung beschränkt auf etwas Literatur und eine Lehrstunde, die von teilnehmenden Forscherinnen aus der Ethnologie im Zuge des interdisziplinären Seminars geleitet wurde.

Die politischen Quests

In der Arbeitsgruppe, die sich mit der ‚Feinmechanik' der Simulation beschäftigte, ging es unter anderem um die politischen Quests. Diese sollten den Teilnehmer*innen ermöglichen, sich eine Organisationsform zu geben, um auf dieser Basis den Herausforderungen von SocialSIM'14 besser begegnen zu können. Außerdem können die politischen Quests als ein gutes Instrument angesehen werden, die Teilnehmer*innen zum gemeinsamen Bereden und Planen des weiteren Vorgehens zu bewegen. Erstritten wurde im Entwicklungsprozess die Möglichkeit für die Spielenden, die politischen

---

3   „(…) Immersion, also durch Eintauchen in die Lebenswirklichkeit anderer Gruppen, Intersubjektivität mit dem Feld herstellen, um in deren Definitionen der Situation, deren Aushandlungen und Fixierungen eingebunden zu werden." Dellwing, Michael und Robert Prus: Einführung in die interaktionistische Ethnographie. Soziologie im Außendienst. Verlag für Sozialwissenschaften, Wiesbaden 2012. S. 53.

Quests beliebig oft wiederholen zu können. Der identitätsstiftende Aspekt dieser Zusammenkünfte wurde in Folge der Reflexion des Simulationsablaufs von einem Spieler auch besonders hervorgehoben.

Die ersten beiden zu absolvierenden politischen Quests *P.1 Politische Selbstorganisation und P.2 Eigentums- und Nutzungsrechte* sollten von den Spielenden zu Beginn der Simulation, aber nach den ersten sogenannten Gemeinschafts-Quests behandelt werden. In der Arbeitsgruppe wurde kontrovers diskutiert, ob diese beiden grundlegenden und folgeträchtigen Quests bereits zu einem so frühen Zeitpunkt der Simulation angebracht seien. Sie wurden letztendlich als Voraussetzung der folgenden Quests angesehen – und eben als wichtiges Element für die Zusammenkunft möglichst aller Spielenden einer Gemeinschaft – so dass die Struktur der Questabfolge sich stark an den Quests *P.1* und *P.2* orientiert. Die Questanleitung von *P.1* gibt den Spielenden drei Optionen im Umgang mit ihrer Selbstorganisation. Sie können sich für eine repräsentative Demokratie entscheiden, für eine direkte Demokratie oder für eine allein herrschende Person, also eine Art Diktatur. Je nach Beschluss soll dann noch entschieden werden, für welches zeitliche Intervall (2, 4 oder 6 Stunden) die Repräsentant*innen gewählt werden und auf Grund welchen Quorums (1/3, ¼, 1/5 der Gemeinschaft).

Mit dem Quest *P.2* soll die Frage nach der Verteilung der Ressourcen geklärt werden. Wählen können die Spielenden hier zwischen der Kollektivierung des Besitzes in der Gemeinschaft oder der Einführung von Privatbesitz.

Der dritte politische Quest *P.3 Grundprinzipien* stellt die Spielenden vor die Aufgabe, ihrer Gemeinschaft fünf Werte oder Grundprinzipien zuzuschreiben, die sie aus den sieben vorgeschlagenen (gleich, reich, nachhaltig, demokratisch, liberal, zufrieden, offen) oder frei erfundenen wählen können. Die Aufforderung, über die Einhaltung dieser Prinzipien zu wachen, wird als ein ‚Denkanstoß' hinzugefügt, somit kann *P.3* als ein sehr offener Quest betrachtet werden, der als Stimulation für das Gruppengefüge und eine Art Zwischenbilanz der Gemeinschaftsentwicklung von Bedeutung sein kann, aber keine bindende Wirkung hat.

P.4 und *P.5* sind beides Quests, die zwischen den Gemeinschaften bearbeitet werden sollten. Mit *P.4 Vereinbarungen zur globalen Fischerei* wird das Allmendeproblem beim Fischen behandelt; die Gemeinschaften sollen untereinander zu einer Lösung kommen, wie sie mit dem – ab der zweiten Phase – für alle Gemeinschaften zugänglichen und auf der zentralen Insel gelegenen Gewässer umzugehen gedenken. Eine feste Fangrate der Fische sowie Sanktionsmechanismen bei Nichtbefolgung sollen beschlossen werden.

P.5 Globale Umwelt- und Klimakonferenz ist schließlich das letzte Mittel für die Spielenden, den sich bis dahin ausweitenden Umweltproblemen zu begegnen. In den Gemeinschaften sollen Argumente und Vorschläge für eine nachhaltigere Entwicklung gesammelt werden, die im zweiten Schritt in der globalen Klimakonferenz besprochen und konsensuell entschieden werden müssen.

Die politischen Quests lassen sich auf Grund der Offenheit ihrer Vorgaben bzw. Anleitungen differenzieren. Die ersten beiden *P-Quests* lassen nur die Wahl zwischen zwei oder drei Optionen zu. Die anderen sind deutlich offener gestaltet; *P.3* bietet noch Möglichkeiten an, die gewählt werden können, aber nicht obligatorisch sind. *P.4* und *P.5* sind völlig frei zu behandeln, zumindest was die Anleitung anbelangt. Die Absolvierung von *P.1* und *P.2* ist Voraussetzung für jegliche weitere Quests, *P.3*, *P.4* und *P.5* sind im Spielverlauf auch unumgänglich, aber erst zu bearbeiten, wenn die grundlegende Infrastruktur und gemeinschaftliche Organisation bereits etabliert ist.

Beobachtung der politischen Prozesse

Die Spieler*innen der roten Gemeinschaft, für die ich als Organisator und Koordinator hauptverantwortlich war, hatten im der Simulation vorgeschalteten Fragebogen angegeben, politisch aktiv zu sein bzw. illegale Aktionen bereits begangen zu haben oder als nicht besonders gravierend einzustufen. Im Laufe der Simulation habe ich die politischen Prozesse in der roten Gemeinschaft beobachtet. Auffällig war gleich zu Beginn die enorme Bereitschaft für die Auseinandersetzung mit politischen Belangen; anstatt sich damit zu begnügen, Ressourcen zu sammeln und einen Überblick über die Umgebung und mögliche Aufgaben zu bekommen, wurden die ersten eineinhalb Stunden von fast allen Mitgliedern der Gemeinschaft vollkommen damit verbracht, der Gemeinschaft eine politische Struktur zu geben. Parallel hatten zwei Spieler eine Bank eingerichtet, in der sämtliche Ressourcen der Gemeinschaft kollektiviert werden sollten. Der Beschluss zur Institutionalisierung der Bank fiel im Plenum kurz darauf, sie war aber bereits genutzt worden und übernahm im Laufe der Simulation eine wichti-

ge Machtposition in Bezug auf die Kalkulation und Entscheidungen zu den
Quests.

In der Diskussion wurde deutlich, dass eine hierarchische Struktur von
der Mehrheit abgelehnt wurde und sich deswegen ein basisdemokratisches
System durchsetzen konnte. Nach Bau der Brücke und damit kurz vor Ende
der ersten Phase der Simulation wurde ein weiteres Plenum einberufen, in
dem das Vorgehen bis dahin reflektiert und die relevanten Entscheidungen
bestätigt wurden.

Die politischen Quests *P.1 Politische Selbstorganisation und P.2 Eigen-
tums- und Nutzungsrechte* wurden implizit in den Plena und Kleingruppen
behandelt, auf die Anleitung und die Vorgaben wurde aber wenig bis gar
kein Bezug genommen, die jeweils angegebenen 15 Minuten Bearbeitungs-
zeit wurden kollektiv ignoriert. Der dritte politische Quest *P.3 Grundprinzipien* wurde zu Beginn der zweiten Phase besprochen, in den Kleingruppen jeweils drei Prinzipien bestimmt und im Rat der Mandatierten nach
eingegangener Information, über fünf Prinzipien beschließen zu müssen,
zwei weitere hinzugefügt (die Prinzipien: Nachhaltigkeit, Markt für die Gemeinschaft, konsensorientierte Demokratie, Wissenschaft und persönliche
Entfaltung). In dem Ranking der Prinzipien per TED-Verfahren[4] wurde der
Markt für die Gemeinschaft vor Nachhaltigkeit und konsensorientierter
Demokratie priorisiert. Im folgenden Plenum um 15 Uhr wurde ein Infor-
mationssystem in Form eines Journalisten beschlossen, der halbstündig bis
jede Stunde über relevante Ereignisse informieren und mit dem über das
weitere Vorgehen bei Sammlung und Produktion beraten werden sollte. Das
nächste Plenum um 16:15 Uhr war geprägt von einer längeren Diskussion, in
der eine Themenliste erstellt wurde (Themen: Uni-Tätigkeiten, Nutzung des
Marktes/Handel, Forschungskoordination, Kooperation mit den anderen
Inseln, Konsum und Plena-Organisation). Um 18:20 Uhr wurde eine Klein-
gruppenbesprechung eingeleitet, um über die anstehende Klimakonferenz
(*P.5 Globale Umwelt- und Klimakonferenz*) mit den anderen Gemeinschaften
zu beraten. Danach kam ein Gesamtplenum zustande, bei dem die Kleingruppen ihre Ergebnisse präsentierten und teilweise aufgefordert wurden,
sie argumentativ zu begründen. Am besten durchsetzen konnten sich die
Plädoyers für den Ausbau erneuerbarer Energien und den Stopp der Ölförderung. Mehrere meldeten sich bereit, als Vertreter*innen in die Klimakon-

---

4   TED steht für „Tele-Dialog" und ist eine Darstellung von Umfrage- oder Ab-
    stimmungsergebnissen.

ferenz zu gehen, per ‚Schere-Stein-Papier‘ wurde der Vertreter ermittelt. Die restlichen Plenumsteilnehmenden tagten weiter zu den Themen Produktion und Questbearbeitung. In der globalen Klimakonferenz bat der von der roten Gemeinschaft Entsandte, nachdem das Leitbild bestimmt wurde, um Rückkopplung in den Gemeinschaften. Um 19:15 Uhr tagte ein Plenum mit 17 Spieler*innen in der roten Gemeinschaft. Darin stellte der Entsandte die Vereinbarungen der Klimakonferenz vor, von den Teilnehmenden wurde alles positiv aufgegriffen, es gab kein Veto. Nach der Pause mit Konzert und Verkündung des Untergangsszenarios bildete sich gegen 20:30 Uhr eine ‚Bürger*innenwehr‘, die zu verhindern suchte, dass Spieler*innen Angebote abgeben, um mit dem Raumschiff zu fahren, das den 20 Meistbietenden einen privilegierten Ausstieg aus dem Spiel versprach. Zwei als Aliens ver-kleidete Spielleitungsmitglieder traten vor dem versammelten Publikum auf und verkündeten diese Exit-Möglichkeit. Trotz starker Gegenmobilisierung und mit Holzlatten bewaffneten Spieler*innen als Drohgebärde gegen willi-ge Spielflüchtlinge schlossen sich acht Teilnehmende über die Gemeinschaf-ten hinweg den Aliens an.

In den anderen beiden Gemeinschaften (gelb und grün) wurde eben-falls viel über die politische Organisation (*P.1*) diskutiert, aber auf weniger basisdemokratischer Ebene und nicht so intensiv wie in der roten Gemein-schaft. Sie entscheiden sich jeweils für ein repräsentatives Modell, das sich früh im Spiel etablierte und auch personell die meiste Zeit bestand hatte. Das Eigentum (*P.2*) wurde in allen drei Gemeinschaften kollektiviert, hier gab es in der gelben Gemeinschaft größere Schwierigkeit, eine Einigung zu finden. Die Grundprinzipien (*P.3*) stellten vor allem die Spielenden der grünen Gemeinschaft vor Probleme. Unter anderem zu sehen an dem deutlich sinkenden Glücksindex nach der Diskussion zum entsprechenden politischen Quest, gab es bei ihnen im Zuge dessen eine Art politische Krise. Letztendlich entschieden sie sich für die Prinzipien Umwelt/Nachhaltigkeit, solidarische/gleichwertige Gesellschaft, Nutzungsgesellschaft und Glück/ Zufriedenheit. In der gelben Gemeinschaft hingegen zeigte sich das schon vorher erkennbare Muster von einigen wenigen diskussionsbestimmenden Teilnehmenden und der Nichtbeachtung der Argumente von anderen. Vor der globalen Klimakonferenz (*P.5*) gestalteten sich die Diskussionen in den Gemeinschaften ähnlich wie daraufhin die Konferenz – ohne große Kon-troversen kamen die Teilnehmenden zu gemeinsamen Vorschlägen und Beschlüssen zur Bewältigung der Umweltprobleme.

Abseits der politischen Quests wurden in den Gemeinschaften noch andere Strukturen und Rollen implementiert; die grüne Gemeinschaft erkor ähnlich der Rolle des/der Journalist*in in der roten Gemeinschaft Kommunikations- sowie Diplomatiebeauftragte. Die gewählte Regierung bekam einen Regierungstisch, an den sich Spielende mit Fragen wenden konnten. In der gelben Gemeinschaft wurde eine ‚Krankenversicherung' eingeführt, so dass diejenigen, die etwa durch vergiftete Pilze ihr Herz und damit die Spielberechtigung verloren hatten, sich mit Hilfe der Bank wieder gesund kaufen konnten.

Analyse

In der folgenden Analyse wird die rote Gemeinschaft eine Art Fallfunktion einnehmen, da mein Wissen über die Prozesse in den anderen beiden Gemeinschaften marginal ist. Es werden aber auch vergleichende Erkenntnisse herangezogen, um eine höhere Validität der Ergebnisse zu ermöglichen. Diese werden neben den Beobachtungen von Marilena Müller und Nicoletta Flora auf den Reflexionen nach der Simulation und den gewonnen Daten aufbauen.

Bezüglich der politischen Quests und meines Fokus auf den Umgang der Spielenden mit diesen, ist grundlegend festzuhalten: die Vorgaben der P-Quests wurden in keiner der drei Gemeinschaften eingehalten. Das Zeitlimit wurde flächendeckend ignoriert und zumindest in der roten Gemeinschaft sich über die zu wählenden Optionen von *P.1* hinweggesetzt. Die Spielleitung – also auch ich selbst – ließ sie gewähren, es erschien mir wichtiger, den Prozess weiterlaufen zu lassen, als repressiv zu intervenieren. Dennoch war der Beginn der ersten Phase der Simulation in allen Gemeinschaften bestimmt von der Auseinandersetzung mit einem einzurichtenden politischen System. Die rote Gemeinschaft hat sich dafür und generell für politische Belange die meiste Zeit genommen, vermutlich aber auch die besten Bedingungen gehabt – das Spielfeld war im Rund angelegt, wodurch sie schnell und einfach einen Diskussionskreis herstellen konnten.

Diese besondere Stellung der roten Gemeinschaft spricht für den Fragebogen, den alle Teilnehmenden vor der Simulation ausfüllen sollten. Menschen, die auf Demonstrationen gehen, haben im Normalfall auch ein Interesse an diskursiver Auseinandersetzung mit Politik. Die Spieler*innen aus der umweltfreundlichen grünen Gemeinschaft setzten sich – auch

‚globalpolitisch' – in der Simulation am meisten für ein umweltschonendes Wirtschaften ein und die gelbe Gemeinschaft, deren Spieler*innen zumindest relativ wirtschaftsaffine Wertevorstellungen im Fragebogen aufzeigten, implementierte ein klar hierarchisch organisiertes politisches System und zeigte am wenigsten Skrupel gegenüber etwa der Ölförderung. Diese Beobachtungen sind hier in der Hinsicht interessant, als dass mit dem Fragebogen realitätsbezogene Werte abgefragt wurden und somit die Angaben der Spieler*innen eine Blaupause dafür darstellen können, ob die zu lösenden Quests nach dem dadurch zu erwartendem Verhalten bearbeitet wurden oder nicht. Andererseits darf diese Voreinstellung nicht die konkrete Beobachtung zu sehr beeinflussen, die individuellen Handlungsmuster und daraus zu entwickelnde Kategorien sollten im Forschungsprozess generiert werden.

> „Die Spielgruppen orientieren sich bei ihrem Vorgehen hauptsächlich an vier Richtgrößen: erstens, an den formalen Spielregeln; zweitens, an den gesetzlichen Rahmenbedingungen und sozialen Normen der simulierten gesellschaftlichen Umwelt; drittens, an den eigenen Interessen, Zielsetzungen und Handlungsprinzipien; schließlich, viertens, an den vermuteten Positionen der Gegenspieler."[5]

Manfred Geuting, einer der wenigen deutschen Sozialwissenschaftler*innen, die sich mit sozialen Simulationen beschäftigen, zeigt hier ein Analyseraster auf, mit dem untersucht werden kann, wie und warum Spielende einer Simulation das Setting annehmen oder nicht. Verbunden mit den Daten, die generiert wurden, um Rückschlüsse auf die Realität ziehen zu können und mit den vorgestellten Beobachtungen soll auf dieser Basis im Folgenden der Fragestellung auf den Grund gegangen werden, ob die strukturellen Vorgaben in Form der politischen Quests von SocialSIM'14 ein geeignetes Setting für eine Gesellschaftssimulation abgeben.

Allein die Tatsache, dass die Spielenden sich den Regeln unterworfen haben, zeugt von einer gelungenen Inszenierung. Wenn knapp 90 Teilnehmende nicht auf die Idee kommen, das abgesteckte Spielfeld zu übertreten, Quests und Infrastrukturen zu missachten oder einfach aus dem Spiel auszusteigen, kann bereits von einem erfolgreichen Ansatz in Bezug auf die Annahme des Settings gesprochen werden. Warum dies der Fall war, ließe

---

5   Geuting, Manfred: Soziale Simulation und Planspiel in pädagogischer Perspektive. In: Dietmar Herz, Andreas Blätte: Simulation und Planspiel in den Sozialwissenschaften. LIT Verlag, Münster – Hamburg – London 2000. S. 2.

sich anhand verschiedener Faktoren untersuchen. Ein wesentlicher ist sicherlich das identitätsstiftende Moment im Spielerischen bzw. die Normen (siehe Geuting), die sich im Laufe der Simulation in den Gemeinschaften herausbilden. Ein Spieler der roten Gemeinschaft betonte in der Reflexionsrunde mit dem Thema ‚Politik', direkt im Anschluss an die Simulation, die Relevanz der Plena in Hinblick auf die Gruppendynamik. Die wichtigen Entscheidungen, so seine These, seien gar nicht in den Diskussionsrunden, sondern in der Praxis gefallen – wie etwa die Einrichtung der Bank und damit die Kollektivierung des Eigentums. Parallel zu den Plena gab es also Handlungen, die sich der demokratischen Ordnung entzogen. Dennoch waren die Diskussionsrunden in allen Gemeinschaften und fast allen Phasen der Simulation gut besucht. Insofern stellt sich die Frage: waren die politischen Quests überhaupt nötig oder nur die Antizipation eines Prozesses, der sowieso von statten gegangen wäre?

Für die zwischen den Gemeinschaften zu lösenden Quests *P.4* und *P.5* lässt sich die Frage klar beantworten; die Umweltprobleme als stringentes Narrativ bei SocialSIM'14 machen es den Akteur*innen schwer, sich nicht dem Handlungsdruck zu beugen und entsprechende Maßnahmen zu ergreifen. Die Offenheit der beiden Questanleitungen, wie zuerst angenommen, ändert daran nicht viel. Die Tatsache, dass die Regelung der globalen Fischerei schon geklärt wurde, bevor die Questanleitung von *P.4* aushing, zeigt, dass die Allmendeproblematik bereits im Bewusstsein der Spielenden angekommen war.[6] Hinsichtlich der globalen Klimakonferenz (*P.5*) wurde deutlich gemacht, dass kaum eine Alternative dazu besteht, das Spiel den Bedingungen anzupassen und die konfliktfreie Konsensentscheidung in der Konferenz bestätigt diese Beobachtung. Dadurch, dass die Produktion und die Akkumulation von Ressourcen unter den Umweltbedingungen bzw. den daraus resultierenden Naturkatastrophen immer stärker litten, wurde selbst für die besonders auf Spaß bedachten Spielenden die Notwendigkeit zu Handeln offensichtlich. Eben auch, weil sie sich dem Setting unterwarfen und keinen Ausstieg inszenierten. Hier kommt die Dialektik zwischen Struktur und Handlungsfreiheit wieder ins Spiel; „Für die Teilnehmenden müssen ausreichend Handlungsoptionen vorhanden sein, damit das Ergeb-

---

6   Selbstverständlich kann davon ausgegangen werden, dass bei einer anders gearteten Beteiligung, etwa von weniger Studierenden, solch eine Thematik mehr Input gebraucht hätte. Mein Kommilitone Benjamin Hennchen hat sich mit der Fischerei und der Allmendeproblematik näher auseinandergesetzt – siehe den Artikel in diesem Band.

nis nicht a priori durch das Systemmodell festgelegt ist. Der Ausgang des Planspiels hängt vor allem von den Handlungen und Entscheidungen der Teilnehmenden ab."[7] Thomas S. Regnet und Marianne Böhme heben den Wert des Handlungsfreiraums hervor, der Spielenden einerseits freiere Entfaltung und andererseits die Möglichkeit bietet, den Spielverlauf stärker zu beeinflussen. Anhand der politischen Quests ist deutlich zu sehen, dass die freie Handhabung der politischen Organisation ein wichtiger Bestandteil der Simulation für die Spielenden war. Die stärker vorgegebenen *P-Quests* (*P.1* und *P.2*) wurden in der Lösungsfindung weitestgehend frei interpretiert und die anderen zwar unter Handlungsdruck, aber dank der Suggestion einer freien Entscheidung im Sinne einer nicht bindenden Anleitung gewissenhaft bearbeitet. Der ebenfalls offen gestaltete Quest zu den Grundprinzipien (*P.3*) wurde von den Gemeinschaften zu unterschiedlichen Zeiten, innerhalb der ersten zwei Stunden der zweiten Phase der Simulation behandelt, alle nahmen sich jedoch mindestens eine halbe Stunde Zeit dafür. Der Zeitpunkt nach der Mittagspause war gut gewählt, es bestand eindeutig Bedarf an der provozierten Grundsatzdiskussion. Dass in allen Gemeinschaften das Prinzip der Nachhaltigkeit und eine solidarische/konsensuelle Gemeinschaft verankert wurde, zeigt die bereits gestiegene Relevanz des Umwelthandelns und den Prozess der Identitätsstiftung in den Gemeinschaften. In einer Reflexionsrunde nach der Simulation behauptete ein Teilnehmer, die grüne Gemeinschaft hätte im Zuge der sich verschlimmernden Umweltprobleme und Naturkatastrophen versucht, keine zu starke Bindung an die eigene Gemeinschaft zu festigen, um mit den anderen Gemeinschaften besser zu Lösungen kommen zu können. Dies zeigt den Einfluss des Narrativs der Umweltzerstörung und des politischen Quests der Klimakonferenz (*P.5*) auf das Simulationshandeln der Spielenden. Erving Goffman beschreibt dieses Phänomen wie folgt:

> „Schließlich stellen wir fest, dass der Einzelne sich selbst stark in seine Identifikation mit einer bestimmten Rolle, Institution oder Gruppe und in sein Selbstbild als jemand einzieht, der keine soziale Interaktion stört und die Sozialeinheiten nicht im Stich lässt, die von der Interaktion abhängig sind."[8]

---

7   Böhme, Marianne und Thomas S. Regnet: Planspiele – komplexe Zusammenhänge spielerisch erfahren. In: Newsletter Wegweiser Bürgergesellschaft 25/2009 vom 18.12.2009. S. 2.
8   Goffman, Erving: Wir alle spielen Theater. Piper Verlag, München 1969. S. 222.

Die eigenen Interessen der Spielenden (Geuting) zeigen sich bezüglich
meines Fokus letztlich vor allem an der Umsetzung der politischen Quests
und an der Implementierung nicht geforderter Strukturen. Die breite und
beständige Beteiligung an Plena in der roten Gemeinschaft ist zweifelsohne
als fundamentales Interesse an politischer Auseinandersetzung zu werten
und als Anerkennung der Bedeutung der Quests. Da viele Studierende der
Geisteswissenschaften und im realen Leben politisch Engagierte dort vertreten waren, kann hier auch von einer Komplementarität im Sinne einer
Realitätsübertragung in die Simulation gesprochen werden. Interessant ist
hierbei, dass die rote Gemeinschaft auch die meisten SIM (Währung in der
Simulation) produziert hat. In der gelben und grünen Gemeinschaft wurden
einige wenige bestimmt, die sich um die politischen Belange – sozusagen
hauptamtlich – zu kümmern hatten. Diese Aufgabe wurde von den meisten
Repräsentant*innen sehr gewissenhaft betrieben, vor den einberufenen Plena wurden beispielsweise Vorbereitungen wie eine Auflistung von Pro- und
Contraargumenten zum aktuellen Thema getroffen. Das Lokaljournal (eine
Pinnwand mit Papier und Stift), das vom Organisationsteam erdacht worden war, um den Spielenden Material zur Visualisierung und Dokumentation zur Hand zur geben, wurde von diesen auch intensiv genutzt. Speziell
in der grünen Gemeinschaft war diese Arbeitsteilung von Erfolg gekrönt;
hier wurden mit Abstand die meisten Quests gelöst und dazu eine klare um-
weltfreundliche Linie etabliert. Sie akkumulierten am wenigsten Holz, pro-
duzierten als einzige Gemeinschaft saubere Energie durch ein Windkraft-
werk und hatten die geringste lokale Umweltverschmutzungsrate. Wenig
hingegen ist außerhalb der gegebenen Aufgaben und Strukturen passiert.
Am ‚innovativsten‘ waren noch der/die Journalist*in in der roten und die
Kommunikations-/Diplomatiebeauftragten in der grünen Gemeinschaft.
Diese Rollen wurden jedoch nicht durchgehend oder besonders engagiert
ausgefüllt. Eine Art von Bank wurde in allen Gemeinschaften installiert,
sie kann entsprechend als logische Konsequenz der Entscheidung für die
Kollektivierung der Ressourcen gesehen werden. Den Quests und darüber
hinaus gehenden strukturellen Vorgaben wurde also entsprechend Relevanz
zugeschrieben und weitestgehend Folge geleistet.

   In der letzten Phase der Simulation, als die Aliens die beschränkten
Plätze ihres Raumschiffs anboten und sich die Bürger*innenwehr bildete,
um die Teilnehmenden davon abzuhalten, mit dem Raumschiff das Spiel
zu verlassen, waren vor allem die Spieler*innen der roten Gemeinschaft

beteiligt. Ausschlaggebend waren dafür sicherlich der Spaß an einer kontrollierten Eskalation – es wurde mit Holzlatten bewaffnet und mit Hilfe eines Absperrbands eine Art rote Linie gezogen, die bei Übertreten Sanktionen nach sich zog –, aber auch der Wille, das Spiel zum Ende zu bringen, ohne die einfache Ausstiegsoption zu wählen. Der danach anstehende letzte Quest, einen Baum aus Leitern zu bauen, um die symbolisch für die Luftverpestung stehenden Luftballons zerstechen zu können, wurde mit großem Eifer absolviert. Daran und während der Auktion für die Fahrt mit dem Raumschiff wurde deutlich, wie stark das gruppendynamische Element der Identitätsstiftung Überhand genommen hatte. Damit eingeschlossen ist die von Geuting angesprochene Position der Gegenspieler*innen, die sich relativiert, sobald von einem festeren Gruppengefüge gesprochen werden kann. Diese Dimension verliert aber nicht an Bedeutung, da die anderen Spielenden den eigenen Aktionsradius wesentlich bestimmen und individuelle Interessen – wie von vielen Spielenden nach der Simulation reflektiert – kaum verfolgt wurden. Der Anreiz für egoistisches Handeln habe gefehlt. Oder: die Identifikation mit den anderen Teilnehmenden und dem Gesamtarrangement bei SocialSIM'14 war derart intensiv, dass politischen Prozessen eine höhere Bedeutung zu Teil wurde, als der Akkumulation von Ressourcen oder sonstig primär auf das eigene Wohl bedachtem Handeln. Damit ist die Komplementarität zwischen dem Handeln in der realen Welt und dem Simulationshandeln allerdings stark in Frage gestellt.

Fazit

Das Element der politischen Quests hat bei SocialSIM'14 nur insoweit funktioniert, als dass sie zwar alle intensiv behandelt, die Vorgaben jedoch meist nicht eingehalten wurden. Da mit dem Setting jedoch genau dieser Umgang mit strukturellen Vorgaben als ein Forschungsthema ermöglicht werden sollte, ist dieses Spielelement als gewinnbringend anzusehen. Dieses Resumé bezieht sich vor allem auf die Anleitungen, die von den Spielenden entweder ignoriert oder bereits antizipiert wurden. Interessant wäre es gewesen, eine Gemeinschaft nicht mit den *P-Quests* zu konfrontieren, sondern zu beobachten, wie die politischen Prozesse in dieser Gemeinschaft ohne jegliche Vorgaben von statten gegangen wären. Wesentlicher Bestandteil des Settings von SocialSIM'14 sind jedoch die Quests und damit eine Struktur, die sich wie ein Leitfaden durch das Simulationsspiel zieht. Gepaart mit dem Narrativ der Umweltzerstörung ist die Handlungsfreiheit der Spielenden stark eingeschränkt gewesen. Das entstandene Gemeinschaftsgefühl ist für die Spielentwicklung gewiss förderlich und zur Beobachtung kooperativen Verhaltens bzw. politischer Einigungsprozesse hilfreich. Hierin zeigt sich aber besonders die fehlende Motivation der Spieler*innen, egoistisch zu handeln und die geringe Bereitschaft, aus dem Setting herauszutreten. Die Spielregeln bzw. das Setting der Simulation und die Normen, die sich in und zwischen den Gemeinschaften herausgebildet haben, stellen die Grundlage für eine motivierte Teilnahme der Spielenden. Die Kriterien von Geuting sind insofern hilfreich, um herauszuarbeiten, wie sich das Setting der Spielleitung und die im Spielverlauf entstehende Gemeinschaftsbildung gegenseitig bedingen. Das Setting von SocialSIM'14 ist vor allem auf Grund der politischen Quests einer Identitätsbildung zuträglich. Bei einem anders gearteten Setting *und* einer anderen Zusammensetzung der Teilnehmenden hätte sich aber beispielsweise ein Pluralismus zwischen den Gemeinschaften besser herausstellen oder zu mehr Bildung von rivalisierenden Kleingruppen in den Gemeinschaften führen können. Für eine Wiederaufnahme von SocialSIM'14 wären sicherlich Anreize für weniger am Kollektiv orientiertes Handeln und die Erstellung von Questanleitungen, die mehr Optionen lassen bzw. weniger vom sonstigen Narrativstrang beeinflusst sind, nützlich für einen realitätsnäheren Simulationsablauf. Es bleibt aber unvermeidlich, dass die Simulation abhängig von den Teilnehmenden und ihren kontingenten Strategien und Interpretationen ist.

3.1.3 Aktivismus und Engagement der Teilnehmenden der Simulation. Fragebogenanalyse

Hannah Köpper und Dominique Schirmer

In diesem Beitrag möchten wir einen genaueren Blick auf den *Aktivismus* sowie das *Engagement* der Befragungsteilnehmer*innen des SocialSIM-Projektes werfen. An anderer Stelle dieses Handbuchs haben wir schon über den hier zugrundeliegenden Teilnehmer*innen-Fragebogen berichtet, seine Konstruktion und Funktionen beschrieben und einige allgemeine Informationen zu den Teilnehmer*innen gegeben. Wir hatten mit dem Fragebogen vor der Simulation Daten erhoben, die für die Gruppeneinteilung, also für die Organisation des Spiels, und für die Analyse konkreter inhaltlicher Fragen relevant waren. Der Fragebogen enthielt insgesamt 18 Fragebatterien, darunter vier offene Fragen und sieben Einzelfragen. Die Fragen sind im Anhang des Beitrags Schirmer/Köpper aufgelistet. Für die *Aktivismus-Analyse* haben wir nun zwei unterschiedliche Aktivismus-Scores konstruiert, die wir hier vorstellen. Außerdem betrachten wir Zusammenhänge dieser Scores mit weiteren Variablen.

Grundlage beider Aktivismus-Scores ist eine Fragebatterie zur Teilnahme an bestimmten politischen Aktionen (Petition, Boykott, Demonstration, Streik, bewusster Konsum, gemeinnützige Geldspenden und illegale Aktionen). Die Antwortvorgaben umfassen drei Statements, erstens „Ja, ich habe mich schon einmal an einer solchen Aktion beteiligt", zweitens „Nein, ich habe das noch nicht getan, könnte mir aber vorstellen es zu tun" und schließlich drittens „Nein, ich würde mich unter keinen Umständen an einer solchen Aktion beteiligen". Verwendet haben wir für die Scores lediglich die erste Antwort, „Ja, ich habe mich schon einmal an einer solchen Aktion beteiligt" und dabei die Anzahl dieser Antworten aufsummiert. Ein einfacher Score, der *Aktivismus-Score*, wertet alle Formen des Aktivismus gleich und vergibt für eine positive Antwort jeweils einen Punkt. Der zweite Score, der *strenge Aktivismus-Score*, gewichtet die Aktivitäten und berücksichtigt die „extremen" Formen stärker: Die Teilnahme an den Aktionen Petition, bewusster Konsum und gemeinnützige Geldspende zählt mit jeweils einem Punkt, die Teilnahme an Boykott, Demonstration und Streik mit zwei Punkten und die Teilnahme an einer illegale Aktion mit drei Punkten.

Ein Thema, das uns im Rahmen der Simulation insgesamt beschäftigt hat, ist die Umwelt bzw. die Haltung der Teilnehmer*innen zu Umweltfragen. Deshalb betrachten wir hier Fragen zu *Umwelteinstellungen*, zum *Umweltschutz* und zum *Umwelthandeln* genauer. Und wir blicken im weiteren Verlauf der Analyse auf Zusammenhänge zwischen dem Aktivismus einerseit und Umweltschutz und Umwelthandeln andererseits. Wir vermuten, dass ein Zusammenhang zwischen dem Aktivismus einer Person und ihren Einschätzungen zu politischen, wirtschaftlichen und ökologischen Themen besteht. Zudem gehen wir davon aus, dass auch die Einschätzung der Möglichkeit politischer Einflusnahme davon abhängig ist.

Aktivismus allgemein

Aus den Fragen nach einer Teilnahme an konkreten politischen Aktionen (genannt waren Petition, Boykott, Demonstration, Streik, bewusster Konsum, gemeinnützige Geldspenden und illegale Aktionen, Abbildung 1) haben wir den *Aktivismus-Score* gebildet (Abbildung 2). Dieser berücksichtigt jeweils die erste Antwort der Variablen („Ja, ich habe mich schon einmal an einer solchen Aktion beteiligt") und addiert diese Nennung für alle Aktionen. Der Score kann demnach einen Wert zwischen 0 und 7 annehmen (an keiner Aktion beteiligt bis an allen genannten Aktionen beteiligt). Im Durchschnitt haben die Befragten an etwa vier der genannten Aktionen teilgenommen (aM = 4,28, Median = 4). Die Standardabweichung liegt bei 1,61.

Der zweite, *strenge Aktivismus-Score* betrachtet, wie oben ausgeführt, die „Extremität" bzw. den Grad der Aktivität einer Aktion (Abbildung 3). Die Teilnahme an den Aktionen *Petition, bewusster Konsum* und *gemeinnützige Geldspende* wurd mit jeweils einem Punkt gezählt, die Teilnahme an *Boykott, Demonstration* und *Streik* mit zwei Punkten und die Teilnahme an einer *illegalen Aktion* mit drei Punkten. Der *strenge Aktivismus-Score* besitzt demnach 13 mögliche Werte mit dem Minimum 0 und dem Maximum 12. Im Mittel erreichen die Teilnehmer*innen eine Punktzahl von etwa 7 (aM = 6,88, Median = 7). Die Standardabweichung liegt bei 2,41.

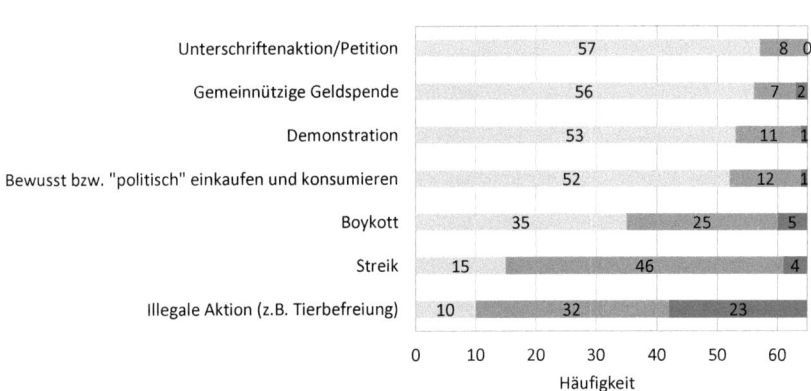

Abbildung 1:   Beteiligung an unterschiedlichen Aktionen

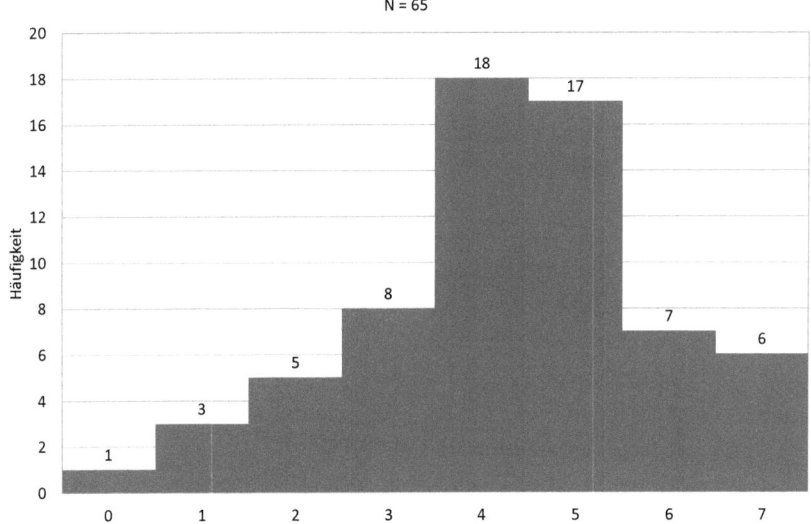

Abbildung 2:   Aktivismus-Score

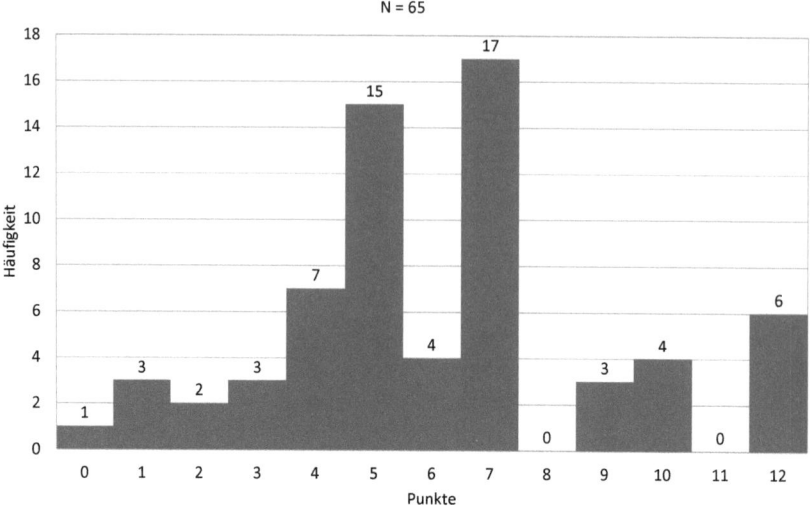

Abbildung 3:   Strenger Aktivismus-Score

Im Folgenden betrachten wir einige Variablen, bei denen wir Zusammenhänge mit dem Aktivismus bzw. Aktivismusgrad der Befragten vermuten.

Einflussnahme und Verantwortung bei wichtigen gesellschaftlichen Themen

Ein Item fragte danach, wer Einfluss bei wichtigen gesellschaftlichen Themen hat. Welchen Zusammenhang gab es zwischen dem Aktivismus der Befragten und ihrer Auffassung, wer hier welchen Einfluss ausübt? Die Itembatterie zur „Einflussnahme" bestand aus drei Items mit den Ausprägungen „stimme voll und ganz zu" (1) bis „stimme nicht zu" (4). Die Items lauteten: a) Auch als einzelne Person kann ich eine Rolle bei wichtigen gesellschaftlichen Themen in Deutschland spielen. b) In einer Gruppe kann man sich gezielt bei wichtigen gesellschaftlichen Themen engagieren. c) Für wichtige gesellschaftliche Themen sollten vor allem die Regierung und Organisationen verantwortlich sein.

Wir gingen davon aus, dass eine hohe Aktivität mit einer größeren Zustimmung beim ersten Item und einer geringeren Zustimmung oder sogar Ablehnung des dritten Items korreliert, dass also Befragte mit einem hohen *Aktivismus-Score* Einzelpersonen einen wichtigen politischen Einfluss zu-sprechen und nicht der Meinung sind, dass vor allem Regierungen und Organisationen politisch verantwortlich sind. Diese Annahme hat sich bestätigt. Der Zusammenhang zwischen dem *Aktivismus-Score* und dem ersten Item beträgt rho = -0.242, der Wert für das dritte Item rho = 0.349. Für das zweite Item zur Einflussnahme in einer Gruppe haben wir einen Wert von -0.1222 berechnet, können also nicht von einem Zusammenhang sprechen. Die Teilnehmer*innen, die in mehreren Bereichen (politisch) aktiv sind oder waren, bewerten den Einfluss einzelner Personen hoch, denken nicht, dass das Egagement in einer Gruppe zielführend ist und sind auch nicht der Meinung, dass die Verantwortung für wichtige gesellschaftliche Themen vor allem bei Regierungen und Organisationen liegt. Die Zusammenhänge zwischen den Items zur Einflussnahme und Verantwortung bei wichtigen gesellschaftlichen Themen und dem *strengen Aktivismus-Score* entsprechen der gleichen Richtung und sind gleich stark. Auch hier besteht zwischen dem zweiten Item und dem gewichteten Aktivismus-Sore kein Zusammenhang.

Aktivismus und Vertrauen

Ein anderer Aspekt, der uns interessiert hat, ist der Zusammenhang zwischen politischer Aktivität und Vertrauen in andere Menschen. Hierfür haben wir die Itembatterie „Vertrauen in verschiedene Gruppen von Menschen" mit den Aktivismus-Scores verglichen. Die Frage der Itembatterie zum Vertrauen lautete: „Wir würden gerne wissen, wie viel Vertrauen Du verschiedenen Gruppen von Menschen entgegenbringst. Bitte beurteile für die Menschen jeder der folgenden Gruppen, wie sehr Du ihnen vertraust. Vertraust Du ihnen völlig, ziemlich, kaum oder gar nicht?", die sechs Items behandelten Vertrauen gegenüber „Mitgliedern Deiner Familie", „Menschen in Deiner Nachbarschaft", „Menschen, die Du kennst", „Menschen, denen Du zum ersten Mal begegnest", „Menschen anderer Religion" sowie „Menschen anderer Nationalität". Die Skala reichte von „völliges Vertrauen" (1) über „ziemliches Vertrauen" und „kaum Vertrauen" hin zu „gar kein Vertrauen" (4). Die Items begannen mit in der Regel nahestehenden Personen und endeten mit Menschen, zu denen häufiger eine große Distanz der persönlichen Beziehung besteht. In die Analyse selbst gehen nur die ersten vier der sechs Items ein, da für uns die Nähe/Distanz der Beziehung interessant

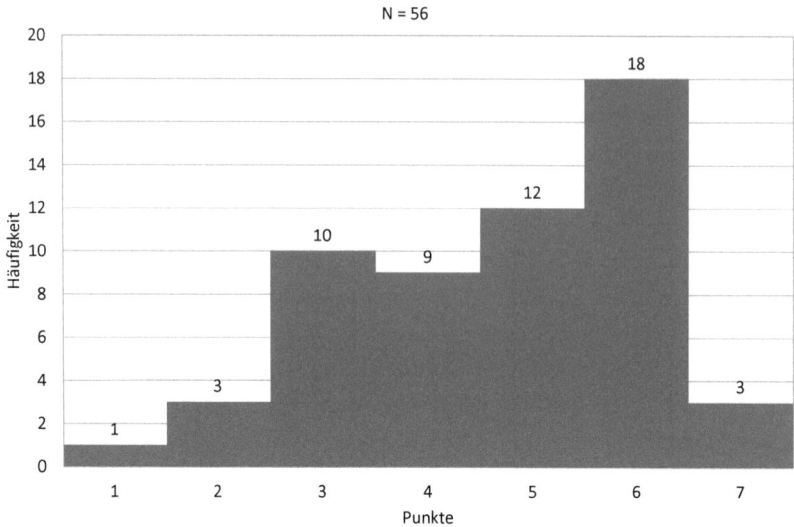

Abbildung 4:   Vertrauens-Score

ist und eine andere Religion oder Nationalität nicht von einer Beziehungs-
nähe bzw. – Distanz getrennt werden kann.

Für eine genauere Analyse haben wir – wiederum – einen *Vertrauens-
Score* berechnet, der die Höhe des Vertrauens bei wachsender persönlicher
Distanz zeigt (Abbildung 4). In die Berechnung gingen die Angaben „völliges Vertrauen" und „ziemliches Vertrauen" ein. Der Score kann zwischen
0 und 9 Punkten erreichen. Das Maximum lag für unsere Daten bei sieben
Punkten, das Minimum bei einem Punkt. Im Schnitt wurden 4,68 Punkte
errreicht, die Standardabweichung liegt bei 1,45.

Zur deskriptiven Überprüfung des Zusammenhangs zwischen Vertrau-
en und Aktivismus haben wir zwei Regressionsberechnungen durchgeführt.
In der ersten haben wir den Einfluss des Aktivismus auf das Vertrauen
überprüft (Annahme 1). In der zweiten haben wir dagegen den Einfluss des
Vertrauens auf den Aktivismus geprüft (Annahme 2). Beide Zusammenhänge sind positiv ($R^2 = 0.1533$, $r = 0.39$). Die Untersuchung des Vertrauens
in Personen zeigt auch beim gewichteten Score für beide Annahmen einen
positiven Zusammenhang ($R^2 = 0.124$, $r = 0.35$).

Welchen Einfluss gibt es zwischen dem Aktivismus der Personen und
ihrem Vertrauen in öffentliche Einrichtungen und Organisationen? Vertrauen sie ihnen weniger und sind daher aktiver? Senkt ihr Aktivismus das

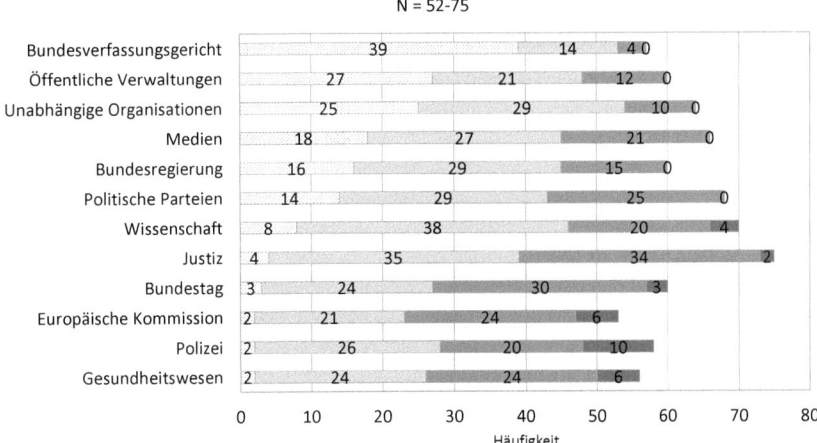

N = 52-75

Bundesverfassungsgericht	39	14	4 0
Öffentliche Verwaltungen	27	21	12 0
Unabhängige Organisationen	25	29	10 0
Medien	18	27	21 0
Bundesregierung	16	29	15 0
Politische Parteien	14	29	25 0
Wissenschaft	8	38	20 4
Justiz	4	35	34 2
Bundestag	3	24	30 3
Europäische Kommission	2	21	24 6
Polizei	2	26	20 10
Gesundheitswesen	2	24	24 6

Häufigkeit

Schubild 5   Vertrauen in öffentliche Einrichtungen und Organisationen (gruppierte Darstellung)

Vertrauen in die Organisationen und Einrichtungen? Im Fragebogen waren zwölf Institutionen genannt, für die die Befragten die Höhe ihres Vertrauens auf einer endpunktbenannten Skala von 1 „sehr großes Vertrauen" bis 7 „überhaupt kein Vertrauen" angeben sollten. Das folgende Diagramm zeigt eine (aus Gründen der Übersichtlichkeit) gruppierte Darstellung (Abbildung 5). Das größte Vertrauen wird dem Bundesverfassungsgericht entgegengebracht (insgesamt 39 Befragte), gefolgt von öffentlichen Verwaltungen (27 Befragte) und unabhängigen Organisationen (25 Befragte). Die letzten Ränge nehmen die europäische Kommission, die Polizei und das Gesundheitswesen ein: Hier sind es jeweils nur zwei Befragte, die diesen Einrichtungen und Organisationen großes bis sehr großes Vertrauen entgegenbringen. Bei der Angabe „überhaupt kein Vertrauen" steht die Polizei mit 10 Nennungen an erster Stelle; jeweils sechs Befragte haben „überhaupt kein Vertrauen" in die europäische Kommision und in das Gesundheitswesen. Bei vier Befragten trifft dies für die Wissenschaft zu, bei drei Befragten für den Bundestag und bei zwei Befragten für die Justiz.

Die genauere Betrachtung des durchschnittlich entgegengebrachten Vertrauens, also die Berücksichtigung des Grades des Vertrauens zeigt, dass die Befragungsteilnehmer*innen dem Bundesverfassungsgericht, öffentlichen Verwaltungen und unabhängigen bzw. humanitären Organisationen das größte Vertrauen entgegenbringen. Dies entspricht der Rangfolge, die

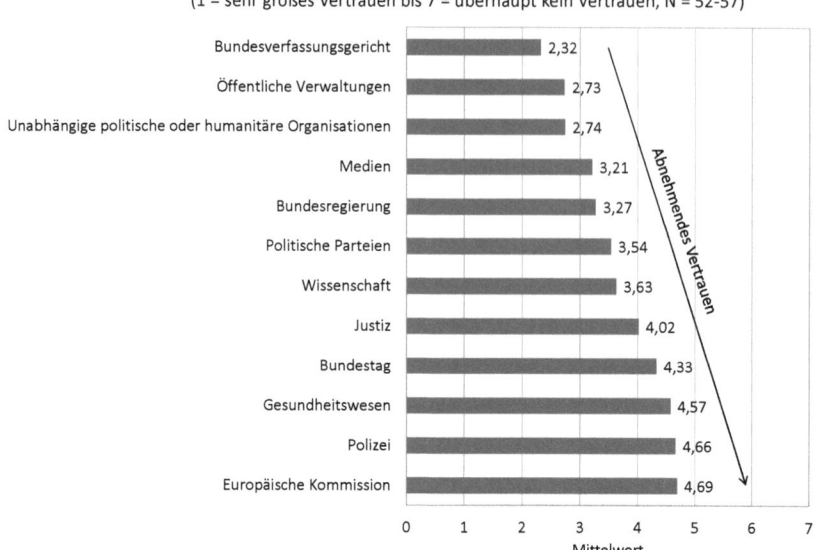

Abbildung 6:   Durchschnittliches Vertrauen in die Einrichtungen und
Organisationen

wir oben nach der Häufigkeit der Nennungen gebildet haben. Je kleiner der
Mittelwert, desto größer das Vertrauen (Abbildung 6).

Welchen Zusammenhang gibt es nun zwischen der Höhe des Aktivismus
und dem Vertrauen in die einzelnen Einrichtungen und Organisationen?
Die bivariate Analyse der Zusammenhänge ergibt nur für die Bundesregierung (r = 0.328) und die Wissenschaft (r = 0.384) einen Zusammenhang
mit dem *Aktivismus-Score*. Demnach ist ein größeres Vertrauen in die
Bundesregierung oder in die Wissenschaft mit einem geringeren Aktivismus verbunden. Wer einen hohen Aktivismus-Score aufweist, gibt auch an,
ein geringeres Vertrauen in Wissenschaft bzw. Bundestag zu haben. Auch
für den *strengen Aktivismus-Score* ergibt die bivariate Analyse nur für die
Bundesregierung (r = 0.335) und die Wissenschaft (r = 0.399) einen Zusammenhang. Demnach gilt auch für den gewichteten Aktivismus-Score, dass
ein größeres Vertrauen in die Bundesregierung oder in die Wissenschaft
mit einem geringeren Aktivismus verbunden ist. Wer einen hohen *strengen
Aktivismus-Score* aufweist, hat ein geringeres Vertrauen in Wissenschaft
bzw. Bundestag.

Einstellungen zur Umwelt

Der Fragebogen enthielt eine Reihe von Fragen zu Umwelteinstellungen und Umwelthandeln. Einige dieser Fragen haben wir für die Zusammenstellung der Umwelt-Gruppe verwendet, das waren beim Gesamtfragebogen (N = 65) eine Frage zum Engagement in einer Umweltorganisation und die Bewertung des Fortschritts auf der Grundlage ökologischer Kriterien sowie in beiden Fragebögen (N = 82) drei Aussagen zum Verhältnis Umwelt – Lebensstandard, zu Grenzen des Wachstums und zur Einschätzung des allgemeinen Umweltbewusstseins.

Gibt es nun einen Zusammenhang zwischen der Einstellung zur Umwelt und dem Aktivismus der einzelnen Befragten? Die Items zur *Umwelteinstellung* betrafen Einschränkung von Lebensstandards zugunsten der Umwelt („Zugunsten der Umwelt sollten wir alle bereit sein, unseren derzeitigen Lebensstandard einzuschränken"), Wachstumsgrenzen der industrialisierten Welt („Es gibt Grenzen des Wachstums, die unsere industrialisierte Welt schon überschritten hat oder sehr bald erreichen wird") und umweltbewusstes Verhalten der Bevölkerung („Derzeit ist es immer noch so, dass sich der größte Teil der Bevölkerung wenig umweltbewusst verhält"). Die Befragten sollten auf einer Vierer-Skala den Grad ihrer Zustimmung zu den einzelnen Aussagen angeben. In der Analyse zeigt sich ein negativer Zusammenhang zwischen dem *Aktivismus-Score* und dem zweiten sowie dem dritten Item (rho = -0.288 und rho = -0.207). Sinkt also die Zustimmung zu den einzelnen der beiden Aussage, sinkt auch der Aktivismus-Grad der Befragten. Oder umgekehrt: Je aktiver die Befragten, desto mehr sind sie der Meinung, dass wir die Grenzen des Wachstums (bald) erreicht haben und dass sich die meisten Menschen nicht umweltbewusst verhalten. Zur ersten Aussage haben wir keinen Zusammenhang gefunden. Das gleiche gilt für den gewichteten Aktivismus-Score: Während jeweils zwischen dem zweiten und dritten Item und dem *strengen Aktivismus-Score* ein negativer Zusammenhang bestand (rho = -0.266 und rho = -0.203), haben wir keinen Zusammenhang zwischen dem ersten Item und dem Score gefunden. Der Aktivismusgrad hat demnach keinen Einfluss auf die Auffassung, dass wir zugunsten der Umwelt bereit sein sollten, unseren derzeitigen Lebensstandard einzuschränken (oder umgekehrt).

Eine weitere Frage des Fragebogens behandelt die Einstellung zum Umweltschutz. Die Befragten wurden gebeten, sich einer von zwei Aus-

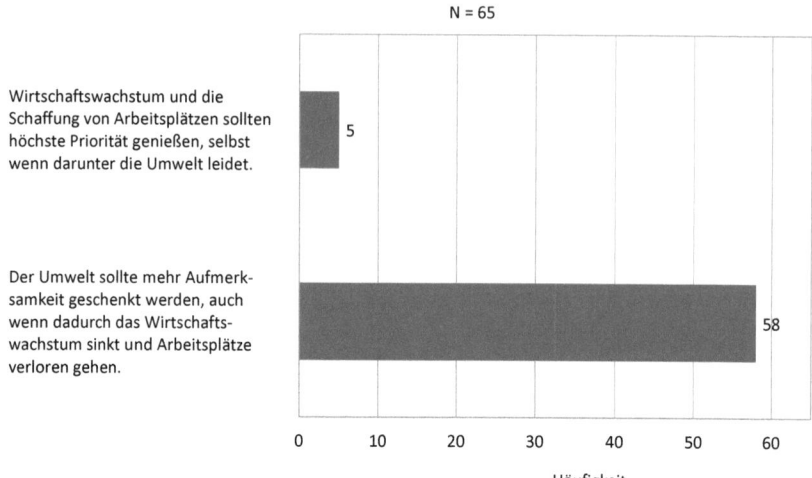

Abbildung 7: Einstellung zum Verhältnis zwischen Umweltschutz und Wirtschaftswachstum

sagen zuzuordnen. Die erste sieht den Umweltschutz vorrangig gegenüber Wirtschaftswachstum und der Schaffung von Arbeitsplätzen, während die zweite dem Wirtschaftswachstum eine höhere Priorität zuweist. Von den 65 Befragten haben sich 63 Personen einer der beiden Aussagen zugeordnet, wobei mit 58 Personen die klare Mehrheit der Aussage „Dem Umweltschutz sollte mehr Aufmerksamkeit geschenkt werden, auch wenn dadurch das Wirtschaftswachstum sinkt und Arbeitsplätze verloren gehen" zustimmt (Abbildung 7).

Die oben analysierten Items „Zugunsten der Umwelt sollten wir alle bereit sein, unseren derzeitigen Lebensstandard einzuschränken" und die Einstellung zum Verhältnis zwischen Umweltschutz und Wirtschaftswachstum untersuchen die Forderung umweltbewussten Handelns Dritten gegenüber. Ergänzt werden sie durch zwei weitere Items im Fragebogen: „Es sollte gesetzlich geregelt werden, dass der Umweltschutz über privatwirtschaftlichen Interessen steht" und „Man sollte Getränke wie Bier, Sprudel und Fruchtsäfte in Pfandflaschen kaufen". Insgesamt haben 58 Befragte eine Angabe auf der 4er-Skala von „Stimme voll und ganz zu" bis „Stimme nicht zu" gemacht. Es zeigt sich, dass der Großteil den Aussagen zustimmt (jeweils 53 Personen) und so von anderen Privatpersonen und der Regierung ein

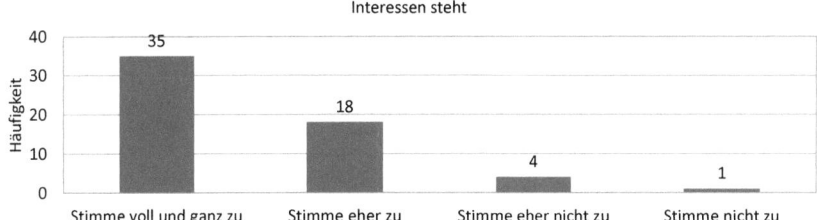

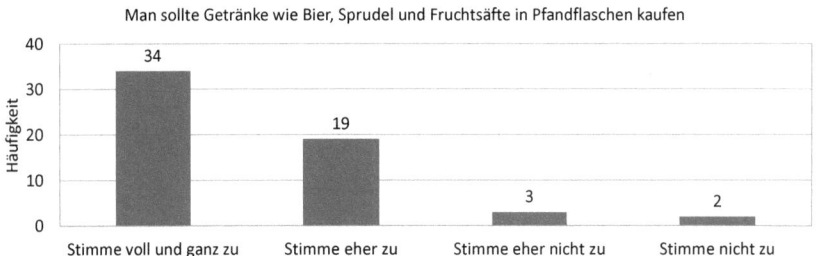

Abbildung 8:   Gefordertes Umwelthandeln

umweltbewussteres Handeln und eine entsprechende gesetzliche Regelung fordert (Abbildung 8).

Ein Zusammenhang mit dem *Aktivismus* der Befragten zeigt sich nur für die erste Aussage: Personen mit einem höheren Aktivismus (sowohl in Form des einfachen wie auch der gewichteten Scores) stimmen der Forderung einer gesetzlichen Regelung zum Umweltschutz eher zu, als Personen mit einem geringeren Score (rho = -0.26 für den einfachen Score und rho = -0.25 für den gewichteten Score).

Neben dieser Forderung gegenüber Dritten steht das eigene individuelle *Umwelthandeln* im Alltag. Dieses individuelle, private Umwelthandeln ist im Fragebogen mit neun Items erfasst. Sieben davon umfasst die Itembatterie „Praktizierte Maßnahmen im eigenen Haushalt". Die Befragten wurden gebeten, anzugeben, welche der genannten Maßnahmen zum Umweltschutz sie in Ihrem Haushalt praktizieren. Die Abfalltrennung wird von den meisten Befragten genannt (60 Personen). Auch Maßnahmen zum Energiesparen und der bewusste Einkauf von regionalen oder Bio-Lebensmitteln werden von mehr als drei Vierteln der Befragten genannt. Wesentlich weniger gaben an, darauf zu achten, energieeffiziente Geräte zu kaufen oder Öko-

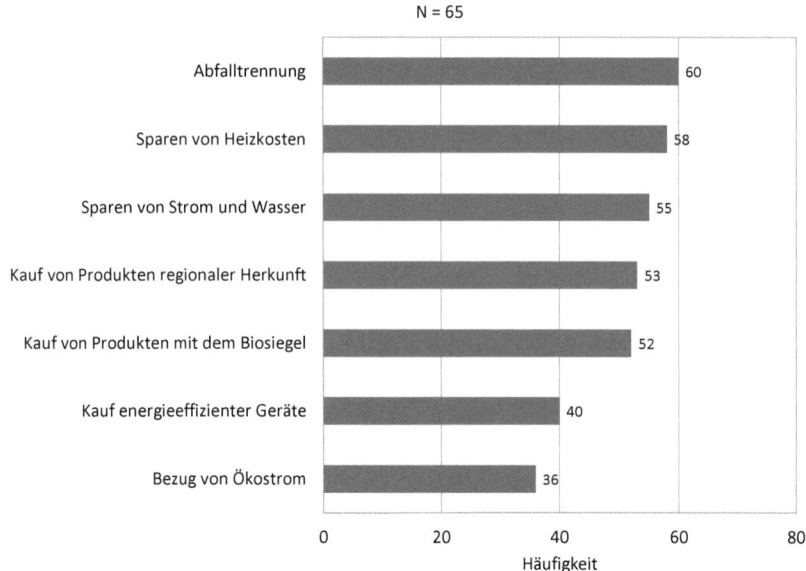

Abbildung 9:   Praktizierte Maßnahmen im eigenen Haushalt, Mehrfachantwort
                möglich

strom zu beziehen (ein Ergebnis, das für studentische Haushalte naheliegt)
(Abbildung 9).

Aus den Angaben zu den „praktizierten Maßnahmen" haben wir wiederum einen Score des *privaten Umwelthandelns* gebildet. Die Bestätigung
einer der obigen Maßnahmen im Haushalt erhält jeweils einen Punkt. Der
Score kann somit minimal 0 Punkte für Personen, die keine der genannten
Maßnahmen praktizieren, und maximal 7 Punkte für diejenigen, die alle
der genannten Maßnahmen praktizieren, annehmen. Alle 65 Befragten
haben diese Items beantwortet. Im Mittel erreichte der Score einen Wert
von 5.45. Demnach praktiziert ein Befragte*r im Schnitt fünf bis sechs der
genannten Maßnahmen im Alltag. Der Median liegt bei 6 Punkten, die
Schiefe nimmt einen Wert von -0.91 an, die Kurtosis einen Wert von 1.0. Der
Schwerpunkt der Verteilung liegt damit rechts vom arithmetischen Mittel
(Abbildung 10). Die Einzelanalyse der Items und auch der Score zeigen, dass
die Befragungsteilnehmer*innen ihren Haushalt überwiegend sehr umweltbewusst organisieren und auf ein umweltschonendes Verhalten achten.

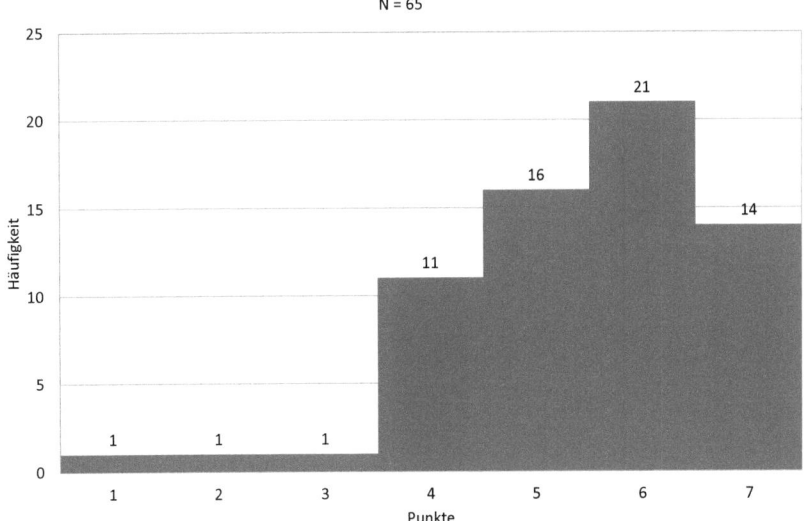

Abbildung 10: Score: Privates Umwelthandeln, N = 65

Zwei weitere Items bestätigen dieses Ergebnis. Die Befragten wurden gebeten, zwei Aussagen zu ihrem Umwelthandeln auf einer Vierer-Skala von
„Stimme voll und ganz zu" bis „Stimme nicht zu" zu bewerten: „Ich verwende möglichst oft gebrauchte Plastiktüten, Schachteln und leere Schraubglä-
ser im Haushalt" und „In meiner Freizeit verwende ich das Auto …". Auch
hier gibt der Großteil der Befragten an, sich umweltbewusst im Alltag zu
verhalten. Von 60 Befragten stimmen 54 Personen der Aussage zu, Plastiktüten u. Ä. wiederzuverwenden. Die Aussage, das Auto in der Freizeit zu
benutzen, lehnen 43 von 59 Personen ab (Abbildung 11).

Gibt es einen Zusammenhang zwischen dem privaten Umwelthandeln
und dem Aktivismus der Befragten? Die Analyse zeigt einen starken Zusammenhang zwischen dem berechneten Score zum *privaten Umwelthandeln* und beiden *Aktivismus-Scores*. Der Einfluss zwischen dem einfachen
Aktivismus-Score und dem Umwelthandeln beträgt r = 0.56. Für den Einfluss zwischen *strengem Aktivismus-Score* und dem Score zum Umwelthandeln nimmt r einen Wert von 0.55 an. Einen Einfluss gibt es auch zwischen
den Angaben zur Wiederverwendung von Plastiktüten etc. und der Höhe
des Aktivismus. Dieser ist mit rho = -0.29 für den einfachen *Aktivismus-
Score* und rho = -0.3 für den strengeren allerdings weniger stark. Zwischen

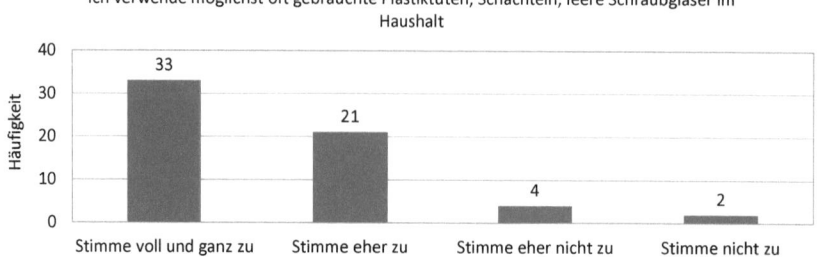

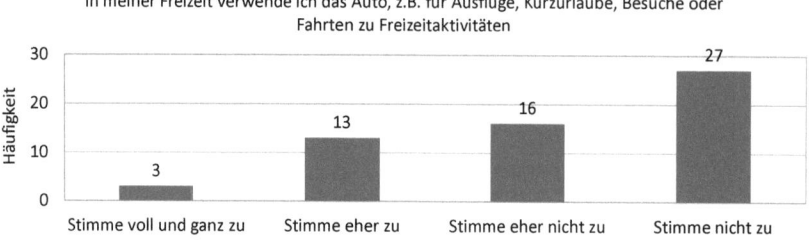

Abbildung 11: Aussagen zum eigenen Umweltverhalten

den Angaben zur Verwendung des Autos in der Freizeit und der Höhe des Aktivismus haben wir keinen Zusammenhang gefunden.

Es zeigt sich also, dass die Teilnehmer*innen der Online-Befragung im Allgemeinen angeben, sehr umweltbewusst zu handeln. Weiterhin ist umweltbewusstes Handeln mit einem höheren Aktivismus verknüpft. Befragte mit einem höheren *Aktivismus-Score* handeln demnach bewusster im Sinne des Umweltschutzes.

Engagementfelder

Viele der befragten Teilnehmer*innen sind in irgendeiner Weise sozial oder politisch engagiert. Von den Befragten gaben 22 an, sich sehr häufig oder häufig in wohltätigen, politischen oder humanitären Organisationen zu engagieren, 21 Befragte in Sport- und Freizeitvereinen. Jeweils elf Teilnehmer*innen engagieren sich ihrer Angabe nach sehr häufig oder häufig in Umweltorganisationen oder bei Kunst- und Musikveranstaltungen. Nur zwei der Befragten gaben ein sehr häufiges oder häufiges Engagement in Gewerkschaften, sechs in religiösen Organisationen oder der Kirche und

Abbildung 12: Engagementfelder (hier werden nur die Ausprägungen sehr häufiges oder häufiges Engagement abgebildet), N = 65, Mehrfachantwort möglich

sieben in politischen Parteien an. Drei der Befragungsteilnehmer*innen gaben in jeweils drei Bereichen an, sich dort sehr häufig zu engagieren und drei Personen engagieren sich in keinem der genannten Felder (Abbildung 12).

Aus den Angaben zur Häufigkeit des Engagements (sehr häufiges und häufiges Engagement) haben wir ein *Engagement-Score* berechnet. Mit ihm möchten wir die Bereiche häufigen bis sehr häufigen Engagements genauer untersuchen. Die meisten der Teilnehmer*innen des Online-Fragebogens geben an, sich in keinem der genannten Bereiche sehr häufig oder häufig zu engagieren (insgesamt 27 Befragte), 22 Personen engagieren sich zumindest in einem der Felder häufig bis sehr häufig, dreizehn Personen in zwei Feldern und nur drei Personen in drei der Bereiche in der entsprechenden Häufigkeit. Keine*r gab an, sich in mehr als drei Bereichen häufiger einzubringen.

Da Engagement und Aktivismus in enger Verwandschaft zueinander stehen, betrachten wir den Zusammenhang zwischen den einzelnen Engagementfeldern und dem *Aktivismus-Score* sowie zwischen dem *Engagement-Score* und dem *Aktivismus-Score*. Bei der Analyse möglicher Zusammenhänge zwischen einzelnen Engagementfeldern und dem Grad des Aktivismus der Befragten ergeben sich Korrelationen zum Engagement in Gewerkschaften, humanitären/politischen/wohltätigen Organisationen und in Sport-/Freizeitvereinen. Befragte, die sich häufiger in Gewerkschaften engagieren, weisen einen höheren Aktivismus auf (rho = -0.353); das gleiche gilt für das Engagementfeld wohltätiger, humanitärer bzw. politischer Organisationen (rho = -0.244). Zwischen der Häufigkeit des Engagements in Sport- bzw. Freizeitvereinen und dem *Aktivismus-Score* besteht ein positiver Zusammenhang von rho = 0.299, woraus sich schließen lässt, dass mit einem steigenden Engagement in diesem Bereich ein geringerer Aktivismus verbunden ist.

Der aus den Angaben zur Häufigkeit des Engagements berechnete *Engagement-Score* dient, wie oben beschrieben, dazu, die Anzahl der Bereiche häufigen bis sehr häufigen Engagements zu untersuchen. Der Score besitzt ein metrisches Skalenniveau und neun Ausprägungen, wobei das Maximum bei drei, das Minimum bei null Engagementbereichen liegt. Im Durchschnitt engagieren sich die Befragten in etwa einem der genannten Felder (Mittelwert = 0.88). Die Untersuchung des Zusammenhangs beider Scores ergibt keine Korrelation. Die Untersuchung des Einflusses des *strengen Aktivismus-Scores* auf das Engagement der Befragten ergibt einen negativen Zusammenhang für die Felder Gewerkschaften (rho = -0.376) und wohltätige, humanitäre bzw. politische Organisationen (rho = -0.267). Zwischen dem gewichteten Score und der Engagementhäufigkeit in Vereinen besteht eine positive Korrelation (rho = 0.28). Demnach steigt mit dem Aktivismus der Befragten die Häufigkeit des Engagements in Gewerkschaften und in den genannten Organisationen, sinkt aber in Sport- und Freizeitvereinen. Weiterhin ist zu sagen, dass diejenigen Befragten, die sich häufiger in Gewerkschaften oder den genannten Organisationen engagierten, einen höheren *strengen Aktivismus-Score* aufweisen. Mit steigender Häufigkeit des Engagements in Sport- und Freizeitvereinen ist ein sinkender Aktivismus verbunden. Die Untersuchung des Zusammenhangs zwischen dem *Engagement-Score* und dem *strengen Aktivismus-Score* zeigt keine Korrelation.

Fazit

In der vorliegenden Analyse haben wir nur einige der vielen interessanten Fragestellungen behandelt. Vor allem der Aspekt des Aktivismus war für uns schon in der Vorbereitung der Simulation wesentlich und wir haben uns gefragt, ob die Höhe des Aktivismus für die Teilnahme an der Simulation allgemein, aber im Besonderen bei der Einstellung zu bestimmten Themen einen Einfluss hat. Die Analyse von Aktivismus und Engagement hilft zudem, die Zusammensetzung der Simulationsteilnehmer*innen zu verstehen, ihre Motivationen und Einstellungen, warum sie an der Simulation teilgenommen haben oder wie sich ihre Einstellungen im Handeln in der Simulation zeigen. Bei den Aktivismus-Analysen ist auffällig, dass es keinen bzw. kaum einen Unterschied im Ergebnis der Analysen zwischen dem einfachen und dem strengen Aktivismus-Score gibt. Die Art des Aktivismus bzw. deren „Extremität" macht bei den behandelten Fragen anscheinend keinen Unterschied.

Auch das Thema Vertrauen ist, wie unsere Analysen hier andeuten, ein spannendes Thema. Die Untersuchung des Vertrauens und auch die Itembatterie zum Vertrauen in Personen hatten sich im gesamten Prozess als schwierig erwiesen. Bereits bei der Fragebogenerstellung waren die einzelnen Items Gegenstand der Diskussion; bei einigen Items wurde die Frage gestellt, ob sie so überhaupt noch angebracht seien und übernommen werden könnten. Als Kompromiss gingen die Fragen in den zweiten, freiwilligen Teil des Fragebogens ein. Die Schwierigkeiten setzten sich während der Analyse fort, beispielsweise in der Frage, ob und wie die einzelnen Items als zusammengehörig betrachtet werden könnten.

Unsere Analysen zeigen weiterhin, dass Fragen nach dem Zusammenhang von Aktivismus und Engagement und von Aktivismus und Vertrauen lohnende Felder tiefergehender Untersuchungen sind. Auch die kurze Betrachtung von Umwelteinstellungen und Umwelthandeln zeigt, dass sich hier eingehendere Analysen auch mit weiteren Items lohnen. Beispielsweise wäre eine weitere Betrachtung des Aktivismus in Bezug auf andere Umweltfragen oder die Werte der Befragungsteilnehmer*innen denkbar. In diesem Sinne hoffen wir, dass wir mit diesem Beitrag einen kleinen, aber erhellenden Einstieg präsentieren konnten.

3.1.4 Machtverhältnisse in der Simulation

Moritz Dorer, Jan Königshausen und Diana Lim

Im Rahmen des Simulationsprojektes hat sich unsere Gruppe mit dem Phänomen Macht beschäftigt. Im Simulationsspiel wurde ermittelt, inwiefern sich Macht entwickelt und manifestiert. Die Entwicklung spiegelt hierbei die dynamische Seite der Macht wider, während die Manifestation die statische beschreibt. Bei der Analyse stützen wir uns auf zwei nicht miteinander zu vereinende Definitionen des Begriffs, die wir einander gegenüberstellen.

Das ist zum einen die Definition von Max Weber, als Vertreter eines klassisch soziologischen Machtbegriffs. Dieser vertritt die Position, dass die Macht von einzelnen Personen ausgeht und sie diese „besitzen" können. Laut Max Weber zeichnet Macht sich dadurch aus, dass der eigene Wille entgegen dem der anderen durchgesetzt werden kann. Dem entsprechend ist Macht die Fähigkeit, über andere gegen ihren Willen bestimmen zu können. Dies impliziert auch, dass der Machthaber „einseitig definierte Ziele" durchsetzen kann. Er ist potentiell eine allein agierende Person (Weber 1985: 31 ff.).

Des Weiteren prägt Max Weber den Begriff der Herrschaft. Dieser ist klar von dem Machtbegriff zu differenzieren. So definiert er Herrschaft als die Chance bei bestimmten Personen gehorsam zu finden. Dabei wird ein Interesse der Untergebenen an der Befolgung der Befehle impliziert. Im Gegensatz zu Macht ist jede Ausübung von Herrschaft konsensual und beruht auf einem freiwilligen Gehorsam. Auch ist anzumerken, dass Herrschaft meist einen Herrschaftsapparat benötigt, der für administrative Aufgaben zuständig ist. Sie ist im Allgemeinen deutlich komplexer als ein Machtverhältnis, welches auf Zwang beruht (Weber 1985: 217 ff.).

Hannah Arendt, deren Machtbegriff wir im zudem heranziehen wollen, definiert Macht als das Zusammenwirken freier Menschen im politischen Raum, die zugunsten des Gemeinwesens handeln. Zentraler Aspekt ihres Machtbegriffs ist die Kommunikation, welche sich beim zeitlichen und örtlichen Zusammenkommen ergibt und aus Sprechen und Handeln zusammengesetzt ist (Arendt 2002: 36 ff.). Macht ist demnach nichts, was ein einzelner Mensch besitzen kann, sondern etwas, das im Kollektiv zu betrachten ist. Dabei bleibt sie solange existent, wie auch die Gruppe zusammenhält.

„Hat also jemand die Macht", dann bedeutet das lediglich, dass diese Person repräsentativ für eine Anzahl von Menschen steht, sie aber nicht alleinig „besitzt" (Arendt 2002: 41 ff.). Damit grenzt sich Arendt deutlich von dem Machtbegriff Webers ab.

Um Aufschlüsse über die Machtstrukturen während des Simulationsspiels zu gewinnen, nutzen wir qualitative Forschungsmethoden. Ziel war es zu erforschen, inwiefern und mit welchen Mitteln sich Personen oder Personengruppen in einer Gemeinschaft positionierten. Hierbei spielten unter anderem die Festigung der Macht und ihre Legitimation eine Rolle. Dafür haben wir uns für zwei Forschungsinstrumente entschieden, die sowohl Fremd- als auch Selbsteinschätzung ermitteln sollten, eine Beobachtung und ein Fragebogen. Mit Hilfe dieser Bilateralisierung betrachteten wir das Forschungsobjekt aus zwei Perspektiven, zum einen durch die Fremdeinschätzung (Beobachtung), zum anderen durch die Selbsteinschätzung (Abfrage). Die Ergebnisse werden wir im Folgenden erläutern und interpretieren, wie auch unsere methodische Herangehensweise beschreiben. Die Umstände unserer Erhebungen werden dabei kursiv gekennzeichnet.

Beobachtung

In der *ersten* Phase der Simulation war uns keine administrative Aufgabe zuteil, weshalb wir uns auf eine nicht teilnehmende Beobachtung konzentrieren konnten. Dazu nutzten wir eine Empore oberhalb des Spielfeldes, von der man einen Überblick auf die Vorgänge des Simulationsspiels hatte. Im Folgenden beziehen wir uns auf die grüne Gemeinschaft, die wir von unserem Beobachtungsstandort sowohl akustisch als auch visuell optimal beobachten konnten. Unsere Beobachtungen geben wir in chronologischer Reihenfolge wieder.

Anfangs wollte, beziehungsweise konnte niemand die Macht an sich reißen und die Gemeinschaft wusste noch nicht in, welche Richtung sie streben sollte. Deshalb beschlossen die Teilnehmenden einzeln oder in Kleingruppen den losen Regeln des Spiels zu folgen, indem sie Rohstoffe sammelten und Quests erledigten. Lediglich bei Redebeiträgen fungierte ein Stuhl als „Machtmittel". Wer sich auf diesen stellte und sich damit räumlich über die anderen erhob, erlangte eine kurzzeitige Machtstellung. Der Stuhl signalisierte eine Höherstellung und stellte durch das nötige Heraufblicken eine Art Bühnensituation dar. Somit war es den Redenden möglich, ihre

Punkte zu artikulieren und Aufmerksamkeit zu generieren. Dies geschah unabhängig davon, ob die Person eine langfristige Machtposition anstrebte.

Der „Stuhl als Bühne" wurde im weiteren Verlauf durch einen Stuhlkreis ersetzt. Dies geschah als der erste politischer Quest zur Bearbeitung stand. Sie sammelten sich zum ersten Mal im Kollektiv in einem Stuhlkreis, um die politische Richtung der Gesellschaft zu bestimmen. In diesem wurden Redebeiträge nach Wortmeldung verteilt, wodurch eine Gleichstellung aller Diskussionsteilnehmenden angestrebt wurde. Diese Weiterführung zeigt die erste dynamische Entwicklung der Machtform, von einer Einzelperson, die Macht ausüben will, hin zu einer kollektiven, formal gleichberechtigten Machtstruktur. Diese langwierige Diskussion im Plenum zeigte jedoch das Problem des Machtvakuums auf, welches aus Effizienzgründen geschlossen werden sollte. Aus diesem Grund wurde eine zweistündlich wechselnde repräsentative Regierung aus fünf Personen gewählt. Sobald sich der Stuhlkreis aber entwickelt hatte, gab es einige Personen, die sich gegen alle anderen stellten, weshalb wir diese im Folgenden als Rädelsführer*innen bezeichnen.

Der Stuhlkreis war der Startpunkt für die Entwicklung einer demokratischen Machtstruktur. Die Regierung schuf im weiteren Verlauf eigene Ressorts. Am Regierungstisch wurden alle Rohstoffe gesammelt und verwaltet. Daraus ergab sich ein System sozialer Absicherung. Vergifteten sich die Spielenden an Beeren, so wurden sie mit dem gemeinschaftlich erwirtschafteten Geld geheilt. Die Rädelsführer*innen hingegen erarbeiteten sich Aufmerksamkeit, indem sie reaktionär auf Aussagen eingingen und jegliche Vorschläge kritisierten und zu untergraben versuchten. Diese Machtkämpfe haben sich dabei in den Gruppendiskussionen des Stuhlkreises abgespielt.

Von Anfang an gab es Teilnehmende mit vielen und Teilnehmende mit fast keinen Redebeiträgen in den Diskussionen. Allerdings hat sich in der ersten Phase niemand der Wortführenden um direkte Macht bemüht. Es bildeten sich zwei Lager. Der eine Teil, bestehend aus drei bis vier Personen, wandte sich reaktionär gegen die Herausbildung eines funktionierenden Systems, während der andere Teil für eine kollektive Macht und eine in ihren Augen, effiziente(re) Gesellschaft kämpfte. Dafür nutzen sie die Gruppendiskussion, um sich durch Redebeiträge bemerkbar zu machen und ihre Position zu vertreten. Dabei stießen sie auf wenig Widerstand, weil sich wie schon erwähnt niemand um eine klare Machtposition bemühte. Diese Redeverläufe prägten die Diskussionen der ersten Phase. Somit setzten sich die Rädelsführer*innen unbewusst für eine weiterlaufende Entwicklung der losen Machtstrukturen ein und traten gegen eine frühzeitig festgelegte Machtverteilung ein.

Die Bestimmung, die Regierung zweistündlich zu wechseln, ging im Spielgeschehen unter, weshalb die ursprüngliche Regierung bis zum Ende der ersten Phase im Amt blieb. Dies zeigt aber auch, dass die Politikinteressierten sich der Macht der funktionierenden Regierung und des Spielverlaufs unterordneten. Die Auswirkungen dieser Vernachlässigungen wurden nach der Pause offensichtlich.

In der *zweiten* und *dritten* Phase hatten wir die Aufgabe als Teil des Spielleitungsteams in dem Zentrum einer Gemeinschaft Rohstoffe entgegenzunehmen und mittels eines Computers zu dokumentieren, Quests auszugeben und zu überwachen. Währenddessen konnten wir nebenher eine teilnehmende Beobachtung durchführen.

Aus der ersten Phase „hinüberschwappend" und aufgrund eines politischen Quests brach das bestehende politische System am Anfang der zweiten Phase weitestgehend zusammen. Denn die Unzufriedenen setzten eine Grundsatziskussion an, um die moralischer Ausrichtung der Gemeinschaft festzulegen. Diese Diskussion verlief sehr unbefriedigend für alle Beteiligten, sorgte für die Brachlegung der Aufgaben des Spiels und zu einem dokumentierten Stimmungstief. Während dieser Zeitspanne stellten sich die Rädelsführer*innen in den Vordergrund und unterliefen ein funktionierendes System. Diese agierten rein reaktionär und beschränkten sich auf das Kritisieren. Es lag jedoch augenscheinlich kein Verlangen vor, politische Macht oder die damit verbundene Verantwortung zu übernehmen.

Aus diesem Trott befreite sich die Gemeinschaft nach langen Streitereien durch die Bildung einer neuen, präsenteren Regierung, die einvernehmlich gewählt wurde. Anzumerken ist hierbei, dass gerade so viele Teilnehmenden zur Wahl kandidierten, wie für die Regierungsbildung nötig war. Die Rädelsführer*innen erlitten eine Niederlage und separierten sich freiwillig aus dem „Tagesgeschehen" der Gemeinschaft, indem sie eigene, für den Spielverlauf weniger relevante Quests bearbeiteten oder individuelle Aufgaben übernahmen. Durch das Einsetzen dieser Ermächtigten entwickelte sich durch das Machtmonopol eine funktionierende Regierung, die vorgab, konsensual zu handeln. Damit manifestierte sich auch, unter anderem durch die Effizienz eben jener, die statische Ära dieser Gemeinschaft, insofern, dass sie sehr entwicklungsresistent wurde.

Aus der Regierung stach eine Person besonders hervor, die sich auch auf Nachfrage eines Forschenden als „Ansprechpartnerin" ausgab. Sie organisierte die Bearbeitung der Quests, welche sie sich räumlich wie inhaltlich aneignete. Inhaltlich durch das Bestimmen, welcher Quest als Nächstes ausgeführt werden sollte, aber eben auch räumlich, indem sie eine Pinnwand nahm, an der sie abgeschlossene Quests aufhing. Auch verwaltete sie zusammen mit einer Kollegin, welche nur ihre Anordnungen ausführte, die gesamten Rohstoffe der Gemeinschaft in ihrem Regierungseck, bestehend aus Pinnwand und Rohstoffreservoir. Somit hatte sie alle verfügbaren Ressourcen und nichts geschah mehr ohne ihre Zustimmung. Sie blieb auch in weiteren Wahlen an der Macht, unter anderem, weil die „Wirtschaft florierte", was ein Interesse an ihrer Absetzung ausbleiben ließ. den Teilnehmer*innen blieb somit Raum, sich anderen Aufgaben zu widmen, was wiederum der Wirtschaft zugutekam. Ein wichtiges Amt dieser Regierung hatte eine Person inne, die alle Teilnehmer*innen durchgehend auf dem Laufenden hielt und in wichtigen Fragen die Meinungen aller einholte. In der dritten Phase wurde ein weiteres Amt initiiert, welches sich mit zwischengemeinschaftlichen Beziehungen beschäftigte. Daran kann man die Manifestation einer komplexer werdenden Hierarchie ausmachen, die zwar in der Machtstruktur statisch bleibt, jedoch anderweitig Raum für Entwicklungen zulässt.

Betrachtet man nun die Entwicklung der Machstrukturen bis Ende der dritten Phase, so zeigt sich retroperspektiv, dass sich, trotz der anfänglich allgemeinen Ablehnung eines festen Machtgefüges, eben jenes sehr schnell manifestiert hat. Denn, da niemand konstruktiv eine Machtstruktur bilden wollte, war es der Regierung ein Leichtes ein funktionierendes System aufzubauen, wodurch sie inhärent diese Machtposition besetzte. Dies führte zudem die Bemühungen der Rädelsführer*innen ins Leere, da eine feste Struktur deutlich effizienter war, als ein Gebilde mit flachen Hierarchien, das sich nach Meinung der Rädelsführer*innen naturgemäß herausbilden sollte.

In der dritten Phase wurde eine Klimakonferenz anberaumt, zu der Vertreter*innen der Gemeinschaften geschickt wurden, um ein öffentliches Bewusstsein für diese Thematik zu entwickeln. Die grüne Gemeinschaft wurde dort durch ein Regierungsmitglied repräsentiert. Hierbei musste sich ein neues supragemeinschaftliches Machtgefüge entwickeln, da die drei Gemeinschaften erstmals ein übergeordnetes Ziel zu bearbeiten hatten.

Schnell bildete sich eine Machtverteilung beziehungsweise Hierarchie heraus, die sich hauptsächlich an der Zahl der Rohstoffe orientierte und sich durch die Befehlsvergabe verdeutlichte. Hierbei relevant war vor allem die Unterscheidung von „schwarzer Energie" und „weißer Energie", da Erstere die Klimaverschmutzung bedingte. Ähnlich wie schon der Stuhl in der ersten Phase fungieren nun die Ressourcen als Machtmittel.

Die gelbe Gruppe, die den Hauptanteil an der Klimaverschmutzung verursachte und zudem über die wenigsten Ressourcen verfügte, wurde von der grünen und roten Gemeinschaft bevormundet, agierte aber auch von vorneherein defensiv. Die rote Gruppe verfügte über die meisten Rohstoffe, während die grüne den Hauptanteil an weißer Energie besaß. So manifestierte sich von Anfang an eine klare Hierarchie, welche die gelbe Gemeinschaft den anderen unterordnete.

Zum Ende der dritten Phase kam ein Raumschiff, deren Besatzung den Gemeinschaften mitteilte, dass die Erde kurz vor der Zerstörung stehe. Sie könne nur durch ein aufwendiges „Aufforstungsprogramm" gerettet werden. Als Ausweg boten sie den Meistbietenden in einer verdeckten Auktion eine begrenzte Anzahl an Tickets für ihr Raumschiff an, mit dem sie vorzeitig auf die nach dem Spiel angesetzte Party gebracht würden. Durch diesen neuen Akteur löste sich das bestehende Gemeinschaftsgefüge auf und wurde den Regeln der Aliens unterworfen. Hierdurch entstand eine den Menschen entgegengestellte Konfliktpartei.

Trotz der Verlagerung der Machtmittel und der Auflösung der alten Gemeinschaftsgefüge fand sich die grüne Gruppe wieder in einem Stuhlkreis zusammen, um eine basisdemokratische Mehrheitsentscheidung zu treffen. Indem sie mehrheitlich abstimmten und einen Beauftragten zum Bier holen schickten, übergingen sie ihre repräsentative Demokratie. Dies zeigt eine Veränderung der Machtstruktur innerhalb der Gemeinschaft. Aber auch außerhalb brachen die Strukturen durch das Eintreffen des neuen Antagonisten auseinander.

Durch die Regelung der Aliens wurde Geld zum einzigen Machtmittel. Problematisch hieran war, dass alle Gemeinschaften sich am Anfang des Spiels entschieden, innerhalb ihrer Gemeinschaften gemeinsam zu wirtschaften, wodurch es keinen Privatbesitz gab. Vereinzelt wurde in den Gemeinschaften jedoch heimlich Privatbesitz angesammelt. Somit gingen einige, teilweise legitimiert, teilweise andere brüskierend, auf das Angebot der Außerirdischen ein.

Dem Misstrauen gegenüber den Abgesandten und denjenigen, die ihr individuelles Glück suchen, geschuldet und wütend auf die „Verräter*innen", die ihr heimlich erwirtschaftetes Geld nutzten, um sich ihrer Verantwortung zu entziehen und der Gemeinschaft den Rücken zuzukehren, schlossen sich die Gemeinschaften zu einem wütenden Mob zusammen und wandten sich gegen die Außerirdischen und ihre Passagiere. Es folgte ein von Vandalismus begleitetes Aufbegehren, das durch Styroporwürfe symbolisch die Wut der Zurückgebliebenen ausdrückte und körperliche Gewaltausübung somit erfolgreich auf die Simulation hingehend übersetzte.

Durch den Aufstand wird deutlich ersichtlich, dass das Geld als Machtmittel keine gesellschaftliche Anerkennung erfuhr. Auf der anderen Seite zeigt dies aber auch, dass das Geld weiterhin legitimiert war, da sie sich nicht über die Regeln hinwegsetzen und somit die Käuflichkeit ihrer Mitspieler*innen tolerierten. Obwohl jedoch fraglich bleibt, wie viel dieses Verhaltens auf die Situation der Simulation zurückzuführen ist. In einer „realen" Situation hätte dieses Verhalten sich auch anders abspielen können, da die Menschen hier auch wirklich etwas zu verlieren hätten.

Fragebogen

Während der beiden Pausen führten wir die quantitative Beobachtung unter Zuhilfenahme eines Fragebogens in zwei Kohorten durch. Mittels der Abfrage wollten wir die Selbsteinschätzung der Teilnehmer*innen innerhalb des Spiels untersuchen und mit unserer Beobachtung vergleichen. Anhand der zwei Kohorten wollten wir untersuchen, wie sich die unterschiedlichen Machtverhältnisse in der gemeinschaftlichen Entwicklung auf die Einschätzungen der Befragten niederschlugen. Da wir den Fragebogen gemeinsam mit den Befragten bearbeiteten, dies teilweise eher einem Gespräch ähnelte und der Fragebogen offen gestaltet war, erwiesen sich die Daten als sehr aufschlussreich, jedoch als nur bedingt miteinander vergleichbar.

Der bei der Befragung verwendete und unten abgebildete Fragebogen bestand aus fünf Hauptfragen, die von drei optionalen Unterfragen ergänzt wurden. Die erste Frage zielte auf die Verortung der eigenen Person in der gesellschaftlichen Hierarchie ab. Diese Abfrage der eigenen Positionierung war mit Hilfe eines Dreiecks gestaltet, in dem sich die Befragten verorten sollten (siehe Fragebogen). Zuerst fragten wir, ob überhaupt eine Hierarchie wahrgenommen wurde. Die zweite Frage zielte auf die Gruppenbildung in der Gesellschaft ab und fragte nach möglichen Motiven dafür. Die dritte Frage spielte auf die Institutionalisierung der Gesellschaft an, indem sie nach einem möglichen Amt fragte, das der/die Teilnehmende innehatte. Während alle bisherigen Fragen den ahrendtschen Machtbegriff abfragten, zielte die vierte Frage auf Webers Machtbegriff ab. Sie sollte zeigen, ob auch Einzelpersonen sich in der Gemeinschaft durchsetzen konnten. Die fünfte und letzte Frage behandelte den Begriff der Verantwortung. Sie zeigte, wie sehr die befragte Person in die Gemeinschaft involviert war und, ob sie für sich oder für die ganze Gruppe arbeitete. Somit erstellte sie einen Zusammenhang zwischen Macht und Verantwortung, dessen „bewusst Sein" wir subjektiv abfragten.

Analyse

Im Folgenden möchten wir unsere bisher erläuterten Erkenntnisse und erhobenen Daten analysieren. Dazu untersuchen wir zuerst die Ergebnisse des Fragebogens, bevor wir uns den Beobachtungen widmen.

Die erste Frage des Fragebogens wurde von circa der Hälfte der Teilnehmer*innen bejaht, wobei sie sich zumeist in der Mitte des Hierarchiedreiecks ansiedelten. Allerdings gab es eindeutige Ausreißer*innen in beide Richtungen. Diese legitimierten ihre Aussage jeweils mit der Teilnahme oder Nicht-Teilnahme an der Regierung. Jedoch ist anzumerken, dass nicht alle Regierungsteilnehmenden sich oberhalb der Mitte positionierten. Interessant ist zudem, dass die „Ansprechpartnerin" sich weit unterhalb der Mitte positionierte, während die legitimierte „Finanzbeauftragte" sich graphisch knapp unter die Spitze setzte. Abgesehen von diesem Phänomen deckten sich die Hierarchieverortungen aber meist mit unserer Beobachtung, dass der Großteil der Gemeinschaft gleichgestellt war. Das hauptsächliche Ansiedeln um den Mittelpunkt herum lässt auf eine flache Hierarchie schließen. Dies weist auf ein Herrschaftsgefüge hin, welches man auf Hannah Ahrends kollektiven Machtbegriff zurückführen kann, da das empfundene Fehlen eines*r Anführers*in zeigt, dass sich die Befragten fühlen, als würden die Entscheidungen im Kollektiv getroffen werden. Auch zeigt die Zentrierung eine Zufriedenheit in der Gesellschaft im Hinblick auf die soziale Ordnung. Im Gegensatz dazu steht jedoch unsere Beobachtung, die zeigt, dass die Rädelsführer*innen klare Verlierer*innen der gesellschaftlichen Entwicklung waren. Denn diese konnten ihren Protest gegen Struktu-

Fragebogen Macht

Nummer:_____
Code:_____

1) Haben sie eine Hierarchie in ihrer Gemeinschaft wahrgenommen?

( ) Ja   ( ) Nein

1.1) Wo sehen sie sich in der Hierarchie der Gemeinschaft?

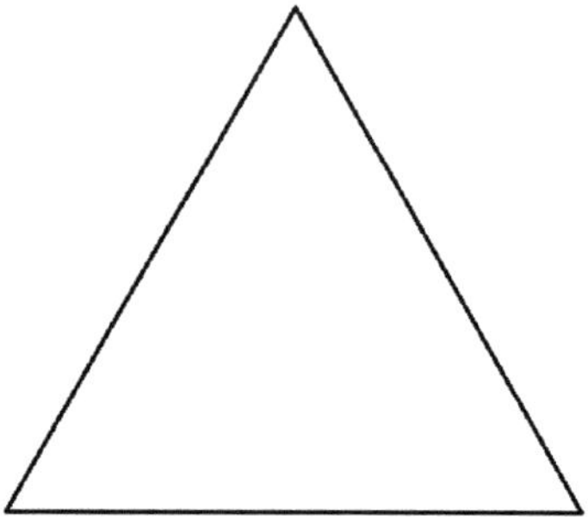

2) Haben sie sich einer Gruppe angeschlossen oder eine gegründet?

Ja ( ) Nein ( )

2.1) Wenn ja, aus welchem Grund?

_____

_____

3) Haben sie ein Amt inne? (z.B. Fabrikbesitzer, Politiker usw.)

Ja ( ) Nein ( )

3.1) Wenn ja, welches?

_____

4) Konnten sie ihre Meinungen gegen andere durchzusetzen?

1 immer ( ) 2 oft ( ) 3 eher oft ( ) 4 eher selten ( ) 5 selten ( ) 6 nie ( )

5) Wie viel Verantwortung tragen sie in ihrer Gemeinschaft?

1 sehr viel ( ) 2 viel ( ) 3 relativ viel ( ) 4 wenig ( ) 5 fast keine ( ) 6 keine ( )

Abbildung 1:   Fragebogen

ren nicht durchzusetzen und mussten sich der entstehenden Hierarchie unterwerfen, beziehungsweise zogen sich freiwillig aus dem Tagesgeschehen zurück. Auch das durch „die Ansprechpartnerin" entstehende Machtmonopol, das wir beobachtet hatten, schlug sich nicht in den Antworten nieder.

Die zweite Kohorte brachte keine signifikanten Unterschiede zu den Ergebnissen der einzelnen Befragten in der ersten Kohorte hervor, obwohl sich die Lage drastisch veränderte. Somit zeigt sich sehr deutlich, dass die Fremdeinschätzung von der Selbsteinschätzung abweicht, was darauf hinweist, dass die Empfindung nicht unbedingt mit den „Tatsachen" übereinstimmen muss.

Bezüglich der zweiten Frage ist anzumerken, dass sich keine festen Gruppen gebildet haben, insofern man die Regierung nicht dazu zählt. Dies konnte man im Fragebogen, in beiden Kohorten, sowie in der Beobachtung feststellen. Gründe für den Anschluss an eine Gruppe wurden durch die gemeinsame Verwaltung der Ressourcen minimiert, da keine privaten Investitionen getätigt werden mussten oder konnten. Durch den gemeinschaftlichen Betrieb der Infrastruktur wechselten die Arbeiter in den Betrieben, wodurch auch hier keine feste Gruppenbildung oder Identifikation zustande kam. Ämter gab es, außerhalb der Regierung keine, auch aufgrund der kaum institutionalisierten Gesellschaft.

Durch die spärliche Herausbildung von Gruppen in der Gemeinschaft verhalf uns diese Frage nur zu wenigen Informationen. Denn die Rädelsführer*innen als erwähnenswerte „Gruppierung", agierten reaktionär und vertraten keine zwingend übereinstimmenden Forderungen, wodurch sie nicht als eine einheitliche Gruppe auftraten. Dies wird in der Fremd- wie auch in der Selbsteinschätzung wiedergegeben.

Auf die Frage, ob man seine Meinung gegen andere durchsetzen konnte, antwortete keine*r bejahender als „eher selten". Das deckt sich auch mit unseren Beobachtungen, außer wenn die Gemeinschaft sich gegen Einzelne durchsetzte. Somit konnten wir Webers Machtbegriff weder in der Fremd- noch in der Selbsteinschätzung in dieser Gemeinschaft feststellen, da sich nur die Allgemeinheit gegen Einzelne durchsetzte und nicht umgekehrt.

Die Verantwortung in der Gesellschaft ist unterschiedlich wahrgenommen worden und war zudem unabhängig von Ämtern. Dies impliziert eine subjektive Lesart des Begriffes Verantwortung. Durch die Streuung der Ergebnisse ist die Frage sehr schwer auszuwerten und in keinen Zusammenhang zu den vorher behandelten Theorien zu bringen. Sie zeigt aber,

dass Machtverhältnisse in der Wahrnehmung nicht zwingend mit Verantwortung einhergehen.

Durch die Auswertung der Fragebogen konnten wir herausfinden, dass
Macht in dieser Gemeinschaft im Sinne von Hannah Ahrendt deutlich vor-
zufinden war. Dies ist darauf zurückzuführen, dass ungefähr die Hälfte der
Befragten, bei der ersten Frage nicht einmal eine Hierarchie wahrgenommen
haben und diejenigen, welche eine wahrnahmen sich im Allgemeinen in der
Mitte der Hierarchie ansiedelten. Also wurden keine einzelnen Führungs-
persönlichkeiten bemerkt, was darauf schließen lässt, dass die Entscheidun-
gen konsensual getroffen, oder als solche empfunden wurden. Max Webers
Machtbegriff war durch die Ergebnisse des Fragebogens nicht nachweisbar.
Es ist allerdings anzumerken, dass dies nur die Selbsteinschätzung der
Teilnehmer*innen anzeigt. (Hannah Ahrendts Machtbegriff konnten wir in
Grundzügen erkennen, allerdings war die Gemeinschaft nicht spezialisiert
genug, um ihren Definitionen exakt zu entsprechen, was man beispielsweise
am Mangel an Gruppen erkennen kann.)

In der Klimakonferenz, welche ein repräsentativ demokratisches, supragemeinschaftliches Ereignis darstellte, agierten die Akteure von Beginn an
hierarchisch. Durch die Stigmatisierung der gelben Gemeinschaft, die sich
auch direkt in diese, niedere Position brachten, gab es ein klares Ungleichgewicht der Macht. Hierbei kann man sogar von Max Webers Herrschaftsbegriff sprechen, da sich die beiden anderen Parteien nicht gegen jemanden
durchsetzten, sondern den widerstandslosen Antagonisten Befehle diktier-
ten. Durch den Zusammenschluss der beiden anderen Gemeinschaften,
kann man hier von einer kollektiven Macht sprechen, vorausgesetzt die
Abgesandten repräsentierten ihre Gemeinschaft.

In der Abschlussszene zeigte sich deutlich Webers Machtbegriff, als sich
einzelne Personen gegen den Willen anderer durchsetzten, indem sie das
Machtmittel Geld verwendeten. Da diese Macht jedoch nicht gesellschaftlich legitimiert war, übten die übrigen Spieler*innen kollektive Gewalt aus,
welche jedoch keine Auswirkungen auf das Geschehen erzielen konnte. Dies
zeigt, dass Macht, selbst wenn sie nicht gesellschaftlich legitimiert ist, mit
den richtigen Mitteln trotz großer Gegenwehr durchgesetzt werden kann.

In der Beobachtung konnte man Hannah Ahrendts Machtbegriff in den
Anfängen der Gemeinschaft, vor allem in den langen Diskussionen über die
politische und soziale Konstitution ihrer Gesellschaft, feststellen. Diese Debatten waren die Grundlage für die kollektive Macht in der Gemeinschaft,

da dies die Gesprächsplattform darstellt, auf der eine gemeinsame Entscheidung getroffen wird. Diese erforderte jedoch einen hohen Zeit- und Organisationsaufwand. Die grüne Gemeinschaft hingegen ernannte eine Regierung, die das Geschehen im „Merkel'schen Sinne durchregierte"[1]. Dadurch hat die Komplexität der Gesellschaft eine enorme Reduktion erfahren, Quests wurden durch die Deutungshoheit der „Ansprechpartnerin" von der Masse unbeteiligt abgearbeitet und Rohstoffe wurden zentral verteilt. Dadurch entstand eine Stagnation der politischen Entwicklung in der Gesellschaft zum Wohle einer hohen Wirtschaftlichkeit, die sich in der höchsten Abschlussquote von Quests niederschlug. Während die Allgemeinheit bei den meisten Entscheidungen übergangen wurde, stieg die Zufriedenheit im „Glücksbarometer". Hierbei muss man allerdings erwähnen, dass der zweite Wert durch die zeitliche Überschneidung mit der ermüdenden Diskussion abweichend negativ ausgefallen ist und 20 Minuten später wahrscheinlich deutlich positiver gewesen wäre. Dafür spricht, dass auch der letzte Wert der Befragung wieder um einiges positiver ausgefallen ist.

Durch das häufige Vorkommen von Ahrendts Machtbegriff war er für unsere Untersuchung deutlich wichtiger als der von Weber, da die Durchsetzung einer Meinung gegenüber Anderer nicht notwendig war. Der Entscheidungsprozess wurde der Kommunikation mit der Allgemeinheit zeitlich vorgelagert, weshalb die Entscheidungen nicht als solche wahrgenommen oder hinterfragt wurden. So musste die Regierung ihr Vorgehen weder gegen andere durchsetzen noch rechtfertigen.

Auch wenn Webers Machtbegriff in dieser Simulation nicht anwendbar war, kann man doch seinen Herrschaftsbegriff nachweisen. So kann man eindeutig in der Konstellation von „Ansprechpartnerin" zu „Finanzbeauftragte", zum Rest eine Hierarchie mit Herrschaftsstab erkennen. Auch wird in der Folgsamkeit deutlich, dass ein beidseitiges Einverständnis mit dieser Hierarchie vorhanden ist. Diese Freiwilligkeit zeichnet eine Herrschaft nach Max Weber aus. Obwohl die Herrschaft in diesem Fall keine hohe Komplexität besitzt, so ist doch durch die „Finanzbeauftragte" ein Herrschaftsapparat in seiner simpelsten Form zu erkennen. Die Regierung, die seit Anfang der zweiten Phase im Amt ist, hat zwar theoretisch die Legitimation zu herrschen, übt diese jedoch nicht aus, da sie keine Befehle erteilt. Sie erhält

---

1   http://www.tagesspiegel.de/politik/-das-wort-durchregieren-erklaert-wird/622094.html (31.03.15)

in der Hierarchie keine gesonderte Stellung und steht somit nicht über der Allgemeinheit.

Methodenreflexion

Im folgenden möchten wir reflektieren, welche Lernerfolge wir durch das interdisziplinäre Seminar, wie auch das Simulationsspiel „SocialSIM'14" gemacht haben.

Durch diese freie Aufgabe, die nach Bedarf unter Anleitung stand, half uns die Arbeit eines Forschenden kennenzulernen und einem Projekt von der Forschungsfrage bis zur Auswertung nicht nur beizuwohnen, sondern diese auch mitzugestalten. Eie Eigenständigkeit in der Entwicklung und Durchführung einer Forschungsübung hat unds besonders gefallen. Im universitären Alltag kommt die praktische Anwendung zugunsten der theoretischen Vermittlung häufig zu kurz. Während des gesamten Projekts herrschte ein reger Austausch innerhalb des Seminars und mit dem Organisationsteam. Dies war wichtig zur Wahl unserer Methoden und zur endgültigen Gestaltung unserer Erhebung.

Der Austausch mit den Politikwissenschaften und der Ethnologie war eine Gelegenheit ihre Methoden und Standpunkte kennen zu lernen. Dies gab eine neue Sichtweise auf die eigene Fragestellung, wie auch deren Umsetzung und es war zudem interessant andere Projekte und Herangehensweisen aus anderen Disziplinen kennenzulernen.

Hilfreich war außerdem die Methodenexkursion der Soziologen zur Fragebogenkonstruktion und der Ethnologen zur Beobachtung. Dabei kam uns vor allem Letztere zugute, da diese Methode für uns neue Möglichkeiten mit sich brachte und wir beide gewinnbringend in unser Projekt integrieren konnten.

Da wir verschiedene Aufgaben im Spielgeschehen wahrnehmen mussten, stimmte wir unsere Forschungsprojekte auf den organisatorischen Verlauf ab. Allerdings ist anzumerken, dass der Erfolg der teilnehmenden Beobachtung mit den Aufgaben zusammenhing, die die Forschenden im Spielgeschehen übernehmen mussten. Die nichtteilnehmende Beobachtung eignete sich, der Lokalität geschuldet, besser einen Überblick über das gesamte Geschehen einer Gemeinschaft zu bekommen, wohingegen man bei der teilnehmenden Beobachtung einen tieferen Einblick hatte und als Außenstehender in die Gemeinschaftsvorgänge integriert war.

Den Fragebogen in zwei Kohorten zu machen erwies sich im Nachhinein als inhaltlich nicht sinnvoll, da die Antworten kaum voneinander abwichen. Da sich jedoch in der Zwischenzeit die Gemeinschaft stark veränderte, weist dies darauf hin, dass die Selbsteinschätzung vieler Teilnehmer*innen mangelhaft oder zumindest resistent gegenüber Veränderungen ist, oder der Fragebogen noch hätte verändert werden müssen. Ein Argument hierfür ist der Panel-Effekt, der besagt, dass die Teilnehmer*innen aufgrund der Kenntnis ihrer vorherigen Antworten zu einer Gleichbeantwortung tendierten. Die offene Abfrage, in Form eines Gesprächs, die dies verhindern sollte, konnte nicht elementar darauf einwirken. Die offene Abfrage, bezogen auf die Antwortkategorien, war hingegen zielführend, da die subjektive Wahrnehmung abgefragt wurde, die sich in der Freiheit der Antwortmöglichkeiten besser entfalten konnte. Noch ergiebigere Ergebnisse hätten vermutlich Interviews mit sich gebracht, in denen die Befragten ihre subjektive Perspektive noch besser hätten schildern können, dafür wäre bei diesen überhaupt keine Vergleichbarkeit mehr vorhanden. Dies zeigt, welche Vorteile eine interdisziplinäre Forschung und deren Methoden und Perspektiven mit sich bringen können.

Resümee

Unsere Ergebnisse sind interessant für unseren theoretischen Unterbau, da wir Macht, Herrschaft und Machtbeziehungen feststellen, sie aber nicht in ihrer Gesamtheit in das Gewand einer der beiden Theorien einpassen konnten. Vielmehr war es uns möglich einzelne Phänomene oder Machtgefüge mit jeweils anderen Theorien zu erklären. Dies weist darauf hin, dass beide Theorien keinen Absolutheitsanspruch erfüllen und einzeln nicht jegliche Machtbeziehungen erklären können. Man muss jedoch berücksichtigen, dass in der Simulation eine Gemeinschaft von ihren Anfängen an untersucht wurde, die in einigen Stunden die jahrhundertelange Entwicklung hin zu einer Gesellschaft durchlebte beziehungsweise nachempfand. Dementsprechend lassen sich die behandelten Machtbegriffe nicht in ihrer Gänze auf diese simulierte Gesellschaftsentwicklung beziehen.

In unserer Gemeinschaft konnte man bis Ende der dritten Phase eine kollektive Machtbeziehung, wie sie Hannah Ahrend beschreibt, sowie auch ein Herrschaftsgefüge nach Weber, feststellen. Nach Eintreffen der Außerirdischen in der dritten Spielphase, ließ sich eine Machtausübung nach Weber nachweisen, was zeigt, dass sich im gemeinschaftlichen Alltag die kollektive Macht besser durchsetzte, jedoch in Ausnahmesituationen die direkte Machtausübung mit den nötigen Mitteln effektiver war.

Gerade im Hinblick auf ein Großprojekt mit all seinen Problemen war es interessant, verschiedene Herangehensweisen kennenzulernen und somit zu einem möglichst großen Forschungserfolg zu kommen.

Literatur

Arendt, Hannah (2002): Vita activa oder vom tätigen Leben. München: Piper Verlag
Weber, Max (1985): Wirtschaft und Gesellschaft. Grundriss der verstehenden Soziologie. Erster Halbband. Tübingen: Mohr Siebeck
http://www.tagesspiegel.de/politik/-das-wort-durchregieren-erklaert-wird/622094.html

3.1.5 Chancen und Probleme empirischer Deliberationsforschung in simulierten Gesellschaften

Nicoletta Flora

Einleitung

Die Gesellschaftssimulation, welche am 2. August 2014 im Rahmen des Projekts SocialSIM 2014 in Freiburg stattfand, wies im doppelten Sinne einen experimentellen Charakter auf: Zum einen können Simulationen an sich in gewisser Hinsicht als Experimente angesehen werden, wenn auch nicht in vollstrukturierter Weise. Hierdurch ergab sich für die Studierenden und Lehrenden in diesem Falle die Möglichkeit, sozialwissenschaftliche Forschung in einem ansonsten eher selten anzutreffenden, quasi-experimentellem Umfeld durchzuführen. Zum anderen stellte bereits die Durchführung einer Gesellschaftssimulation im Rahmen universitärer Lehre ein Experiment dar in dem Sinne, dass die Eignung von Simulationen als Lehr- und Forschungsmittel bisher noch nicht untersucht worden war.

Dieser doppelte experimentelle Charakter gab den Anstoß für die Forschungsfrage dieser Arbeit: Können soziale Simulationen für die empirische Deliberationsforschung als ein Teilbereich der Politikwissenschaft genutzt werden? Vor dem Hintergrund der Bedeutung der deliberativen Theorie für die zeitgenössische politische Theorie (vgl. Ritzi u. Schaal 2009: 5) und angesichts diverser, im Folgenden noch näher dargestellten Probleme hinsichtlich der bisherigen Deliberationsforschung sollte erforscht werden, ob Gesellschaftssimulationen ein geeignetes Forschungsmittel bzw. -umfeld für empirische Deliberationsforschung darstellen können. Die hierfür notwendige Untersuchung, ob Deliberationen im Rahmen der Simulation vorkommen und wissenschaftlich erforscht werden können, wurde mit Hilfe eines explorativen Forschungsdesigns, basierend auf Beobachtungen während der Simulation am 2. August, durchgeführt. Die Ausgangslage dieser Untersuchung, das methodische Vorgehen und die erhaltenen Beobachtungen, Analyseergebnisse und Erfahrungen werden in den folgenden Kapiteln dargelegt. Angesichts der gleichzeitigen Feststellung der vorhandenen Potentiale von Gesellschaftssimulationen für die empirische Deliberationsforschung und der im Verlauf dieser Forschung aufgekommenen Probleme werden im

letzten Abschnitt fünf Vorschläge bzw. Empfehlungen für zukünftige Simulationen und Forschungen in diesem Bereich vorgestellt.

Empirische Deliberationsforschung – Probleme und mögliche Chancen

Schwierigkeiten im Verhältnis zwischen Theorie und Empirie

Deliberative Demokratietheorien sind normative Theorien, deren Kern
die diskursive Erreichung allgemeingültiger Normen durch argumentative
Begründungen und die Anerkennung von Gegenargumenten darstellt (vgl.
Thompson 2008: 498; Steiner 2012: 4). Über diesen Grundgedanken hinaus herrscht jedoch Uneinigkeit zwischen den Vertretern dieser Theorie-
richtung bezüglich der genauen Definition von Deliberation, mit welcher
eine Reihe von positiven Folgen verbunden wird,[1] und der Bedeutung bzw.
Ausformung der ihr zugeschriebenen Merkmale[2] (vgl. Bächtiger et al. 2004:
53; Mutz 2008: 525). In dieser Uneinigkeit liegt bereits ein erster Grund der
schwerlich umzusetzenden Überprüfung der deliberativen Theorie.

Dabei wird im Allgemeinen nicht davon ausgegangen, dass perfekte
Deliberation realisiert werden kann. Stattdessen wird das theoretische Kon-
strukt weitgehend als Idealtypus verstanden (vgl. Mutz 2008: 528), welcher
zur Messung der Realität herangezogen werden kann (vgl. Bächtiger et
al. 2004: 18) und somit einen Ausgangspunkt der empirischen Deliberationsforschung darstellt. Zu dieser zählen inzwischen eine große Anzahl an
Studien, die im Allgemeinen entweder der Untersuchung sogenannter *real-
world-deliberations* oder der Erforschung von Deliberation unter Laborver-

---

1 Eine ausführliche Zusammenstellung der erwarteten positiven Folgen von Deliberation findet sich bei Mutz 2008: 530.
2 Zu diesen Merkmalen gehören laut einer durch die Forschungsgruppe um Jürg
   Steiner erstellten Übersicht die gleiche Partizipationschance aller, die Begründung von Ansprüchen und Forderungen mit intersubjektiv nachvollziehbaren
   Argumenten, die Gemeinwohlorientierung von erhobenen Forderungen sowie
   die Wahrhaftigkeit von dargebrachten Meinungen und Vorschlägen und der
   Respekt unter den Beteiligten, den vorgebrachten Argumenten und den betroffenen Gruppen bzw. Personen gegenüber (vgl. Bächtiger et al. 2004: 19 ff.). Ein
   weiteres Merkmal ist die Bereitschaft zur Akzeptanz des besseren Arguments
   oder mit den Worten Habermas' der „zwanglose[ ] Zwang des besseren Argu-
   mentes" (Habermas 1992: 371).

hältnissen gewidmet sind (vgl. Ritzi u. Schaal 2009: 10).[3] Exemplarisch für diese beiden Möglichkeiten stehen die durch Fishkin entwickelten *deliberative polls* als das „prominenteste Format von Bürgerdeliberation" (Bächtiger u. Wyss 2013: 170) und die von einer Forschungsgruppe um Jürg Steiner mit Hilfe des *Discourse Quality Index (DQI)* durchgeführten Studien zur Diskursqualität von Parlamentsdebatten (vgl. Thompson 2008: 507).

Während die Notwendigkeit einer empirischen Deliberationsforschung mit Blick auf die andernfalls drohende Irrelevanz der deliberativen Theorie heute kaum in Frage gestellt wird (vgl. Thompson 2008: 499), hat die empirische Forschung in diesem Bereich noch immer mit diversen Problemen und Kritiken zu kämpfen. Hierzu zählen nicht nur generelle Schwierigkeiten im Hinblick auf die Vereinbarkeit von Theorie und Empirie (vgl. Thompson 2008; Mutz 2008; Ritzi u. Schaal 2009), sondern bspw. auch die sehr eingeschränkte Vergleichbarkeit der bisherigen Forschungen (vgl. Ritzi u. Schaal 2009: 10). So sind u. a. deren Ergebnisse hinsichtlich der mit Deliberation assoziierten positiven Folgen sehr gemischt. Dies hängt auch damit zusammen, dass erfolgreiche Deliberation von diversen Kontextfaktoren abzuhängen scheint (vgl. Thomposon 2008: 500). Gerade in diesem Punkt wird jedoch ein Forschungsdefizit festgestellt (vgl. Steiner 2012: 187), vor allem in Bezug auf Deliberation außerhalb institutionalisierter Prozesse (vgl. ebd.: 199).

Insbesondere Studien zu Bürgerdeliberation werden darüber hinaus aus diversen weiteren Gründen kritisiert. So wird ihre oftmals nicht vorhandene Ausrichtung auf das Treffen verbindlicher Entscheidungen bemängelt, bspw. im Falle der *deliberative polls* (vgl. Thompson 2008: 503) und des Agora-Projektes der EU (vgl. Ritzi u. Schaal 2009: 12). Hinzu kommen das Problem der fehlenden Agenda-Setting-Möglichkeiten durch die Teilnehmer (vgl. Ritzi u. Schaal 2009: 11), deren Selbstselektion (vgl. Bächtiger u. Wyss 2013: 174) und die allgemeine Unsicherheit bzgl. der Übertragbarkeit der Ergebnisse von einer Situation unter Laborbedingungen auf realweltliche Deliberationen (vgl. Ritzi u. Schaal 2009: 11).

Diese Darstellung der Probleme und Defizite der bisherigen empirischen Deliberationsforschung kann sicherlich ergänzt werden, sie verdeutlicht jedoch bereits in dieser Form die Notwendigkeit und zugleich das Potential

---

3   Bei ersteren handelt es sich meist um die Untersuchungen deliberativer Prozesse im politischen Umfeld, während zu letzteren eher sogenannte Bürgerdeliberationen gezählt werden (vgl. Bächtiger u. Wyss 2013: 157).

weiterer Forschungen. In diesem Zusammenhang ergab sich die eingangs gestellte Frage nach möglichen Beiträgen und Vorteilen von Gesellschaftssimulationen als Mittel der Deliberationsforschung, welche die hier dargestellte Forschung während der Simulation am 2. August in Freiburg anleitete.

Deliberationsforschung im Rahmen von Simulationen – mögliche Vorteile und Chancen

Im Folgenden werden die Überlegungen skizziert, welche im Vorfeld der Simulation dazu geführt haben, Simulationen als mögliches Mittel der Deliberationsforschung in Betracht zu ziehen. Hier sind vor allem die Charakteristika von Gesellschaftssimulationen zu nennen, die sich als besonders förderlich für empirische Deliberationsforschung erweisen könnten. So stellen Simulationen aufgrund ihres hohen Komplexitätsgrades eine realitätsnahe Spielwelt dar und ermöglichen die Darstellung längerfristiger Konsequenzen getroffener Entscheidungen durch den Effekt des Zeitraffens (vgl. Geuting 2000: 2). Insbesondere letzteres ist für die Deliberationsforschung entscheidend, spielen doch der Entscheidungsdruck und die Abwägung der Konsequenzen der gemeinsamen Entscheidungen eine wichtige Rolle in der deliberativen Theorie. Zugleich weisen Simulationen einen experimentellen Charakter auf, ohne jedoch einem komplett durchstrukturierten Versuchsaufbau zu entsprechen (vgl. ebd.: 7). Somit lassen sich Simulationen zwischen *real-world-deliberations* und Deliberation unter stark kontrollierten Laborsituationen positionieren, wodurch Rückschlüsse auf realweltliche Deliberation eher möglich erscheinen als bspw. im Falle der *deliberative polls* oder anderer Formate von Bürgerdeliberation. So haben die Teilnehmer u. a. mehr Möglichkeiten die Agenda zu beeinflussen, wenn auch innerhalb eines gegebenen thematischen Rahmens. Gleichzeitig existiert jedoch die Möglichkeit für die Forschenden an gewissen Stellen Einfluss auf verschiedene Kontextfaktoren, bspw. die verfügbaren Informationen zu nehmen, wodurch bestimmte Forschungsinteressen leichter verfolgt werden können. Für die Deliberationsforschung von besonderem Interesse ist darüber hinaus, dass die Simulationsteilnehmer gemeinschaftlich an der Herstellung von gesellschaftlichen Regeln und Normen im Rahmen des Spiels mitwirken (vgl. ebd.: 2), was die Möglichkeit eröffnet, zu überprüfen, inwieweit diese Normenfestsetzung deliberative Züge annimmt.

Die Nutzung sozialer Simulationen zu Zwecken der Deliberationsforschung kann sicherlich kaum all die im vorigen Kapitel genannten Schwierigkeiten lösen, insbesondere gilt dies für Unstimmigkeiten zwischen den einzelnen theoretischen Konzepten. Es bieten sich jedoch einige Vorteile sowie interessante Ansätze für empirische Forschungen, die eventuell auch auf die theoretischen Überlegungen zurückwirken könnten.

Hinsichtlich möglicher Forschungsansätze könnten Simulationen eine Chance für die bisher fehlenden Untersuchungen zu Kontextfaktoren bieten, welche sich negativ oder positiv auf Deliberation auswirken; dies wäre bspw. über den Vergleich der Deliberation in verschiedenen Gesellschaften umzusetzen. Vor dem Hintergrund der Kritik an einer mangelnden Erforschung von Deliberation als Teil politischer Prozesse (vgl. Thompson 2008: 514; Bächtiger u. Wyss 2013: 165) bestünde eventuell die Möglichkeit Willensbildungs- und Entscheidungsfindungsprozesse in ihrer Gesamtheit während der Simulation zu untersuchen, mit dem Ziel, festzustellen, wann und mit welcher Qualität Deliberation im Rahmen dieser Prozesse stattfindet. Daran anschließend könnte – einem Vorschlag von Ritzi und Schaal folgend – der Frage nachgegangen werden, unter welchen Bedingungen, deliberierende Gruppen entstehen (vgl. Ritzi u. Schaal 2009: 12).

Diese Liste der theoretischen Potentiale sozialer Simulationen für die Forschung kann sicherlich noch ergänzt werden.[4] Allerdings hängen all diese Ansätze vom Stattfinden von Deliberation im Rahmen der Simulation sowie der Möglichkeit, diese auch zu erforschen, ab, womit die Relevanz der eingangs gestellten Forschungsfrage deutlich wird. Ob diese beiden Voraussetzungen gegeben sind, sollte im Verlauf des Projekts SocialSim versucht werden zu klären. Des Weiteren sollte die Simulation in Freiburg über mögliche Probleme für die empirische Forschung Aufschluss geben, bspw. die wahrscheinliche Selbstselektion der Teilnehmer, welche bereits bei den *deliberative polls* beobachtet werden konnte und welche die Aussagekraft der Forschungsergebnisse negativ beeinträchtigen könnte. Auch sollte Deliberation im Prinzip ohne Zeitlimits ablaufen (vgl. Bächtiger et

---

4   Im Verlauf der am 02.08.2014 durchgeführten Simulation konnte diese Liste der theoretisch möglichen Forschungsansätze im Rahmen von Simulationen bereits erweitert werden. So erschienen sowohl die Idee Fishkins zum Zusammenhang zwischen der individuellen Beteiligung an Deliberation und der Einschätzung des Wertes der eigenen Stimmen (vgl. Fishkin 2008: 83) als auch komparative Studien zwischen den Gesellschaftsgruppen in der Simulation hinsichtlich individueller Voraussetzungen von Deliberation als lohnenswerte Ansätze.

al. 2004: 27), die *Quests* im Rahmen der Simulation beinhalten jedoch solche zeitlichen Begrenzungen, was sich negativ auf die Deliberationsqualität auswirken könnte. Letztlich könnte auch die angestrebte Homogenität der Gesellschaften ein Problem darstellen, da Homogenität in den Einstellungen die „Wahrscheinlichkeit einer diskursiven Reinigung von Präferenzen" (Ritzi u. Schaal 2009: 13) verringern kann.

Methodisches Vorgehen

Um zu untersuchen, inwieweit Deliberation im Rahmen der Simulation stattfand und beobachtbar war, wurde auf die Methode der Beobachtung zurück gegriffen. Dabei wurde die Rolle des „vollständige[n] Beobachter[s]" (Gniewosz 2011: 102) gewählt, in welcher der Beobachter direkt vor Ort ist, jedoch keine Interaktionen mit den Teilnehmern in Bezug auf die erforschte Situation erfolgen. Diese Wahl begründete sich zum einen in dem Versuch, das beobachtete Geschehen möglichst wenig zu beeinflussen (vgl. ebd.: 102) und zum anderen im explorativen Ansatz dieser Arbeit, der darauf abzielte, einen möglichst umfassenden Überblick zu erhalten, wofür eine nichtteilnehmende Beobachtung am besten geeignet erschien. Aus Respekt den Teilnehmern gegenüber wurde darüber hinaus für eine offene Beobachtungsform optiert.

Auf Grund des theoriegeleiteten, auf deliberativen Theorien und bisherigen empirischen Forschungen in diesem Bereich basierenden Ansatzes erfolgte die Beobachtung bezogen auf das Vorhandensein deliberativer Aspekte in der Simulation in einer halbstandardisierten Form (vgl. ebd.: 103), d. h. unter Rückgriff auf einen vor der Simulation erarbeiteten Beobachtungsleitfaden. Dieser orientiert sich an dem bereits erwähnten *DQI* – in seiner für Bürgerdeliberationen angepassten Form –; allerdings wurden einige Änderungen vorgenommen, um dem explorativen Vorgehen Rechnung zu tragen.[5] Die Wahl des *DQI* begründet sich in dessen recht breiter Anerkennung

---

5   Mehrere im *DQI* enthaltene Aspekte wie die Begründung eigener Vorschläge, die Anerkennung von Gegenargumenten, der Respekt gegenüber Teilnehmern und ihren Forderungen und Argumenten und die Möglichkeit zu Beteiligung wurden in den Beobachtungsleitfaden übernommen, jedoch ohne Vorgabe etwaiger Ausprägungen. Aus der ersten Version des DQI wurde zusätzlich die Frage nach Kompromissvorschlägen und deren Annahme aufgegriffen, desweiteren wurde der Modus der Entscheidungsfindung in den Beobachtungsleitfaden aufgenommen. Auf Grund der Unkenntnis hinsichtlich des Auftauchens von

als valides Forschungsinstrument (vgl. Ritzi u. Schaal 2009: 9; Thompson 2008: 507) sowie in seiner relativen Offenheit[6] basierend auf einer Vision von Deliberation als „multidimensionales Phänomen" (Bächtiger u. Wyss 2013: 167). Die Ergebnisse dieses nur halbstandardisierten Vorgehens sind sicherlich schlechter zu vergleichen und intersubjektiv nachzuvollziehen als im Falle des vollstandardisierten *DQI*; da die Bewertung der Qualität der Deliberation jedoch keine Priorität darstellte, sondern vielmehr der Nutzen von Simulationen für Deliberationsforschung im Mittelpunkt stand, wurde dies als akzeptabel angesehen. Die Erforschung der möglichen Probleme bei der Durchführung der Forschung erfolgte schließlich in offener Form während der Beobachtung.

Aus Gründen der Praktikabilität und Kohärenz wurde entschieden, die Beobachtungen am Tag der Simulation innerhalb nur einer Gesellschaft durchzuführen. Die Aufarbeitung und Interpretation der Beobachtungen erfolgte dann in einem mehrschrittigen Prozess, welcher sich u. a. an der Methode der Beschreibung nach Dellwing und Prus 2012 orientierte. Um die Möglichkeit eines Vergleichs zwischen den Gruppen zu nutzen, erfolgte im Vorfeld und im Anschluss an die Simulation am 2. August ein Austausch mit zwei weiteren Forschenden, die in den anderen beiden Gesellschaften eingesetzt waren. Dieser basierte auf den zuvor besprochenen Beobachtungsleitfäden, womit der Versuch unternommen wurde, zumindest teilweise ein vergleichbares Vorgehen zu erreichen. Die Erkenntnisse aus diesem Austausch sind in die im letzten Teil des Aufsatzes dargelegte Auswertung eingeflossen.

Die im Rahmen dieser Arbeit angewandte Methode der Beobachtung bietet diverse Vorteile, insbesondere die bereits angesprochene Flexibilität angesichts eines explorativen Forschungsdesigns. Die mögliche Erfassung von Gestik und Mimik der Teilnehmer während der untersuchten Diskussionen (vgl. Gniewosz 2011: 106) könnte sich des Weiteren für die Deliberationsforschung als hilfreich erweisen und einen Vorteil gegenüber dem einzig auf der Auswertung von transkribierten Diskussionsbeiträgen beruhenden

---

Deliberation in der Simulation und der Möglichkeit zur Beobachtung derselben richteten sich weniger hohe Erwartungen an die Beobachtungen in Bezug auf die Differenzierung der Deliberationsqualität als dies beim *DQI* der Fall ist, dies wurde jedoch als dem Forschungsziel entsprechend anerkannt.

6   Dies ermöglicht Aussagen zu deliberativen Prozessen auch dann, wenn nicht alle untersuchten Aspekte von Deliberation vorliegen, was im Falle der Simulation im Voraus nicht gesichert angenommen werden kann.

DQI darstellen (vgl. Bächtiger et al. 2004: 71). Aus diesen Gründen wurde die Methode der Beobachtungen trotz diverser möglicher Probleme und Schwierigkeiten[7] – im Moment der Beobachtung selbst wie auch bei der Auswertung – als am besten geeignet erachtet. Die Ergebnisse dieser Arbeit können deshalb, und insbesondere auf Grund des Problems der Subjektivität der Beobachtung, zwar nur eine eingeschränkte Generalisierbarkeit beanspruchen, angesichts der explorativen Zielsetzung der Arbeit wird ihnen dennoch ein wissenschaftlicher Wert zugesprochen.

Beobachtungen und Erfahrungen

Deliberation im Rahmen der Simulation

In allen drei Gesellschaften konnten im Simulationsverlauf Situationen beobachtet werden, die Diskussionen bzw. Willensbildungs- und Entscheidungsfindungsprozesse erforderten. In den meisten Fällen ergaben sich diese Situationen aus dem Simulationsverlauf heraus und wurden durch einzelne oder mehrere Mitspieler eingeleitet, so bspw. die Versammlungen zur Frage der politischen Organisation in allen drei Gemeinschaften. Die vorgegebenen, auf Diskussionen ausgelegten *Quests* wurden somit eher implizit als explizit gespielt, wobei die angegebenen Zeitlimits nicht respektiert wurden. Die Sorge, diese Einschränkungen könnten sich negativ auf etwaige Deliberation auswirken, konnte somit für die hier beobachtete Simulation nicht bestätigt werden.

In den genannten Situationen konnten teilweise deliberative Elemente festgestellt werden, bspw. in Form von argumentativem Begründen von Handlungsvorschlägen, einer teilweise explizit ausgedrückten Konsensorientierung, der Akzeptanz von Gegenargumenten oder der Erarbeitung von Kompromissvorschlägen. Dabei gilt für die Diskussionen in allen drei Gruppen, dass zwischen den einzelnen Diskussionen deutliche Unterschiede erkennbar waren. So war in zwei Gruppen die Diskussion zu den Eigentumsverhältnissen, welche in einem bereits beschlossenen Organisationsrahmen stattfand, deutlich ruhiger, argumentativer und wies generell mehr deliberative Elemente auf als die jeweils vorangegangene Diskussion zur gesellschaftlichen Organisationsform. Desweiteren waren nicht alle beob-

---

7   Siehe hierzu Gniewosz 2011: 105 f.

achteten Aspekte von Deliberation immer vorhanden bzw. immer im gleichen Maße vorhanden. So haben einzelne Teilnehmer bspw. innerhalb einer Diskussion die Forderung nach der Inklusion aller Teilnehmer gestellt, ohne jedoch notwendigerweise in der gleichen Diskussion die eigenen Vorschläge mit Argumenten versehen oder Gegenargumente akzeptiert zu haben.[8] In allen drei Gesellschaften waren darüber hinaus auch nicht deliberative Elemente im Verlauf der Diskussionen zu beobachten.

Schließlich scheint es so, als hätten zwischen den drei Gesellschaften teilweise deutliche Unterschiede im Deliberationsniveau bestanden. Diese Annahme muss jedoch unter dem Vorbehalt getroffen werden, dass die Beobachtungen durch drei Forschende mit unterschiedlichen Forschungsschwerpunkten gemacht wurden und deshalb nur eingeschränkt vergleichbar sind. Es deutet jedoch einiges daraufhin, dass das Deliberationsniveau in den beiden recht homogenen Gruppen höher als in der deutlich heterogeneren Gesellschaft gewesen ist. Als eine der Diskussionen mit dem höchsten Deliberationsniveau kann des Weiteren die sogenannte Klimakonferenz unter Beteiligung von Vertretern der drei Gesellschaften am Ende der zweiten Spielphase gewertet werden. In diesem Zusammenhang muss jedoch bedacht werden, dass laut Thompson nur dann von Deliberation gesprochen werden kann, wenn zu Beginn der Diskussion Uneinigkeit unter den Teilnehmern besteht: „If participants are mostly like-minded or hold the same views before they enter into the discussion, they are not situated in the circumstances of deliberation." (Thompson 2008: 502). Ob solche Uneinigkeit zwischen den Vertretern der einzelnen Gemeinschaften bestand, muss angesichts einer großen Übereinstimmung in der Situationseinschätzung und sich stark ähnelnder Handlungsvorschläge in Frage gestellt werden.

Für die empirische Deliberationsforschung relevante Situationen konnten demnach im Verlauf der Simulation am 2. August in Freiburg festgestellt werden. Ob empirische Deliberationsforschung erfolgreich durchgeführt werden kann, hängt jedoch auch davon ab, ob die Probleme, welche sich im Verlauf der hier untersuchten Simulation gezeigt bzw. angedeutet haben, überwunden werden können.

---

8 Diese Beobachtung steht in Übereinstimmung mit den Ergebnissen der Forschergruppe um Steiner, welcher zufolge Deliberation kein uni-dimensionales Phänomen darstellt, sondern einzelne Aspekte aufweist, die unterschiedlich ausgeprägt sein können (vgl. Bächtiger et al. 2004: 165).

Probleme der empirischen Deliberationsforschung im Rahmen von Simulationen

Im Verlauf der Simulation und der Forschungsarbeit sind einige Schwierigkeiten für empirische Forschung in diesem Rahmen deutlich geworden. Dabei handelt es sich zum Teil um Probleme, die schon bei anderen Studien zu Deliberation aufgetreten sind.[9] Vor allem besteht das bereits angesprochene Problem der Subjektivität von Beobachtungen, insbesondere wenn, wie in diesem Fall, nur eine einzelne Forschende mit einem sehr offenen Beobachtungsleitfaden agiert.

Darüber hinaus ergeben sich jedoch noch weitere Probleme durch den speziellen Rahmen der Simulation. Hierbei handelt es sich zu allererst um eine recht große Unsicherheit für die Forschenden, ob das zu Beobachtende, d. h. Deliberation, auch stattfindet, und wenn ja, wann und ob in einem Ausmaß, das aussagekräftige Forschung zulässt. So sind zwar Momente in den Simulationsverlauf eingebaut, die das Treffen verbindlicher Entscheidungen erfordern und durch die politischen *Quests* werden Diskussionen im Prinzip eingefordert, dass diese jedoch auch stattfinden und dass es in diesen Situationen zu Deliberation kommt, ist nicht sicher. Theoretisch ist durchaus denkbar, dass eine Gesellschaft in der Simulation jede Entscheidung per Abstimmung ohne vorherige Diskussion trifft oder dass eine Person Entscheidungen für die Gruppe trifft, ohne dass es zu allgemeinen Diskussionen kommt. Dies hängt auch mit dem Aufbau der Simulation zusammen, der Deliberation nicht in den Mittelpunkt stellt bzw. zumindest nicht stärker als andere Aspekte betont oder – im Gegensatz zu den *deliberative polls* – gezielt fördert. Dies kann gewisse Vorteile mit sich bringen, führt in diesem Fall aber zu der besagten Unsicherheit für den Deliberationsforscher.

Diese wird noch gesteigert durch die oftmals eintretende Unübersichtlichkeit des Forschungsfeldes mit mitunter parallel stattfindenden, nicht immer leicht zugänglichen Diskussionen. Dies ist auch eine Folge der gewünschten starken Gestaltungsmacht der Teilnehmer, erfordert jedoch

---

9　Hierzu zählen u. a. die Schwierigkeiten für den Forschenden, eine Unterscheidung zwischen reinem Argumentieren und Argumentieren mit strategischem Hintergrund (vgl. Bächtiger u. Wyss 2013: 159) zu treffen oder die individuellen Beweggründe für Meinungsäußerungen als Außenstehender festzustellen (vgl. Steiner 2012: 143), insbesondere solange die Beobachtung als alleinige Forschungsmethode Anwendung findet.

Überlegungen zu flexibler gestalteten und reaktiveren Forschungsmethoden.

Zwei weitere Schwierigkeiten haben sich schließlich bezüglich der Aussagekraft der im Rahmen von Simulationen möglichen Forschungsergebnisse ergeben. Zum einen handelt es sich dabei um die Frage, inwieweit sich die Teilnehmer in der Simulation anders verhalten als in der realen Welt und inwieweit ihr Verhalten in den Diskussionen somit Schlussfolgerungen für *real-world deliberations* zulässt. Zur Beantwortung dieser Frage wären Forschungen zu den Zusammenhängen von und Übertragbarkeiten zwischen realer und simulierter Welt nötig, weshalb an dieser Stelle vorerst nur darauf verwiesen werden kann, dass die Unsicherheit bezüglich der Übertragbarkeit eine Schwäche der Simulationen als Forschungsrahmen darstellt. Eine weitere Schwäche, zumindest der hier untersuchten Simulation, stellt die nicht vorhandene Repräsentativität der Teilnehmer dar, die sich ebenfalls negativ auf die Aussagekraft empirischer Forschung auswirkt.

Fazit und Empfehlungen

Ausgehend von der Frage, ob Gesellschaftssimulationen ein geeignetes Mittel bzw. ein geeignetes Forschungsfeld für empirische Deliberationsforschung darstellen können, diente die kritische Analyse der Beobachtungen während der Simulation am 2. August 2014 der Feststellung, ob Deliberation im Rahmen von Simulationen stattfindet und darüber hinaus wissenschaftlich untersucht werden kann. Mit Hilfe einer teilstrukturierten Beobachtung haben sich in allen drei Gesellschaften im Verlauf der Simulation Ansätze bzw. Elemente von Deliberation erkennen lassen, wobei zwischen den beobachteten Diskussionen und auch zwischen den drei Gruppen teilweise erhebliche Unterschiede bzgl. der vorhandenen deliberativen Elemente festzustellen waren. Während sich somit Möglichkeiten für die Deliberationsforschung konstatieren lassen, sind im Verlauf der Forschung zugleich diverse Schwierigkeiten zu Tage getreten, unter denen zwei von besonderem Gewicht sind: So hat sich zum einen gezeigt, dass die Forschenden im Voraus nicht sicher sein können, ob und wenn ja in welchem Umfang Deliberation im Rahmen von Gesellschaftssimulationen, welche dem Aufbau der hier untersuchten Simulation nachempfunden sind, stattfindet. Zum anderen ist deutlich geworden, dass der Rahmen der Simulation den Einsatz

flexiblerer und umfassenderer Methoden als die in dieser Arbeit verwendeten benötigt.

Um diese Schwierigkeiten zu umgehen oder abzumildern, werden im
Folgenden einige Empfehlungen zum Simulationsaufbau und vor allem
zum Forschungsvorgehen gegeben, die jedoch nur erste Ansätze und Gedanken darstellen und weiteres Ausprobieren und Erforschen einfordern.
Dabei wird die Bewältigung der beiden Hauptherausforderungen – die Verbesserung der Methode, d. h. des Abschöpfens des vorhandenen Potentials,
und die stärkere Förderung von Deliberation in der Simulation – anvisiert.
Letzteres ist insoweit problematisch, als das die Förderung von potentiell
deliberativen Prozessen nicht zu Lasten anderer Aspekte der Simulation
und ihrer Realitätsnähe gehen sollte. In diesem Zusammenhang ergeben
sich zwei Vorschläge für Veränderungen, deren Umsetzbarkeit und Folgen
jedoch noch näher zu erforschen sind: So sollte die *Simulation auf einen
längeren Zeitraum ausgelegt (1)* werden, bspw. ein gesamtes Wochenende,
um mehr Zeit für Diskussionen und Deliberation zu lassen, ohne den Entscheidungsdruck jedoch völlig außer Kraft zu setzen. Auch könnten die
jeweiligen Gesellschaften stärker auf unterschiedliche Zielsetzungen hin
beeinflusst werden, um im Moment der notwendigen Kooperation und
gemeinsamen Entscheidungsfindung stärker antagonistische Forderungen
vorliegen zu haben und so die *Notwendigkeit einer deliberativen Auseinandersetzung mit den jeweils anderen Gruppen zu fördern (2)*. Wie die Beein-
flussung der Ausrichtung der jeweiligen Gruppen konkret erfolgen könnte,
ohne dass die Teilnehmer stark an Mitwirkungsmöglichkeiten einbüßen
oder forschungsethisch bedenklichen Manipulationen ausgesetzt sind,
müsste im Rahmen der Konzipierung und Organisation zukünftiger Simulationen überlegt werden.

Zur Verbesserung der Forschungsmethode können mehrere Empfehlungen abgegeben werden: Zum einen sollte der *Einsatz technischer Hilfsmittel
zur Aufzeichnung der Diskussionen sowie die Verbindung unvermittelter und
technisch vermittelter Beobachtung gefördert (3)* werden. Die Verwendung
technischer Mittel hätte u. a. die Vorteile, dass die beobachteten Situationen
im Nachhinein wiederholt wiedergegeben und zusätzlich von mehreren
Beobachtern beurteilt werden könnten (vgl. Gniewosz 2011: 104), was die

Aussagekraft der Ergebnisse deutlich erhöhen würde.[10] Wie genau die Aufzeichnung der Diskussionen erfolgen könnte, ob bspw. über Tonaufnahmen oder sogar über Videoaufnahmen, hängt sicherlich von den jeweiligen Lokalitäten und anderen externen Faktoren ab und müsste entsprechend im Voraus der Simulationen erprobt werden. Generell sollten *mehrere in der Methode der Beobachtung geschulte Beobachter eingesetzt (4)* werden, um die sogenannte „Interrater-Realibilität" (Gniewosz 2011: 104) zu erhöhen. Des Weiteren sollten *mehrere Forschungsmethoden gezielt kombiniert (5)* werden, bspw. Beobachtungen vor Ort, quantitative und qualitative Auswertungen aufgezeichneten Materials und Interviews mit den Teilnehmern. Dies hätte den Vorteil, die komplementären Stärken verschiedener sozialwissenschaftlicher Methoden verbinden und den Ergebnissen mehr Aussagekraft verleihen zu können. Die sinnvollste Kombination würde sich aus der jeweiligen Forschungsfrage ergeben.

Inwieweit diese Empfehlungen zu einem verstärkten und somit auch sichererem Vorkommen von deliberativen Prozessen während der Simulation und zu einer besseren Abschöpfung der beobachtbaren Phänomene und Prozesse beitragen können, muss in weiterführenden Studien untersucht werden. Es wäre für die empirische Deliberationsforschung sicherlich wünschenswert, wenn das Potential von Gesellschaftssimulationen genutzt würde und zu einer fruchtbaren Auseinandersetzung mit der deliberativen Theorie beitragen könnte.

Literatur

Bächtiger, André; Spörndli, Markus; Steenberg, Marco R.; Steiner, Jürg (2004): *Deliberative politics in action. Analyzing parliamentary discourse.* Cambridge: Cambridge University Press.

Bächtiger, André; Wyss, Dominik (2013): „Empirische Deliberationsforschung – eine systematische Übersicht." In: Zeitschrift für vergleichende Politikwissenschaft 7, S. 155–181.

Dellwing, Michael; Prus, Robert (2012): *Einführung in die interaktionistische Ethnografie. Soziologie im Außendienst.* Wiesbaden: VS Verlag für Sozialwissenschaften.

---

10 Ein Beispiel einer solchen Verwendung technischer Hilfsmittel stellen die Studien zur Bürgerdeliberation der Forschergruppe um Steiner dar (vgl. Steiner 2012: 15, 21).

Fishkin, James S. (2008): „Deliberative Poll. Jenseits von ‚Polling Alone'." In: Nor-
bert Kersting (Hg.): *Politische Beteiligung. Einführung in dialogorientierte Instrumente politischer und gesellschaftlicher Partizipation.* 1. Aufl. Wiesbaden: VS
Verlag für Sozialwissenschaften, S. 80–91.

Geuting, Manfred (2000): „Soziale Simulation und Planspiel in pädagogischer Perspektive." In: Dietmar Herz und Andreas Blätte (Hg.): *Simulation und Planspiel
in den Sozialwissenschaften. Eine Bestandsaufnahme der internationalen Diskussion.* Münster: Lit-Verl., S. 15–62.

Gniewosz, Burkhard (2011): „Beobachtung." In: Hartmut Ditton, Burkhard Gnie-
wosz, Cornelia Gräsel und Heinz Reinders (Hg.): *Empirische Bildungsforschung.
Strukturen und Methoden.* Wiesbaden: VS Verlag für Sozialwissenschaften,
S. 99–107.

Habermas, Jürgen (1992): *Faktizität und Geltung. Beiträge zur Diskurstheorie
des Rechts und des demokratischen Rechtsstaats.* Frankfurt: Suhrkamp. URL:
http://solomon.soth.alexanderstreet.com/cgi-bin/asp/philo/soth/sourceidx.
pl?sourceid=S10023119 [11.09.2014].

Mutz, Diana C. (2008): „Is Deliberative Democracy a Falsifiable Theory?" In: Annual Review of Political Science 11, S. 521–538.

Ritzi, Claudia; Schaal, Gary S. (2009): „Empirische Deliberationsforschung. MPIFG
working paper." Max-Planck-Institut für Gesellschaftsforschung (Hg). URL:
http://www.mpifg.de/pu/workpap/wp09-9.pdf [11.08.2014].

Steiner, Jürg (2012): *The foundations of deliberative democracy. Empirical research
and normative implications.* Cambridge: Cambridge University Press.

Thompson, Dennis F. (2008): „Deliberative Democratic Theory and Empirical Political Science." In: Annual Review of Political Science 11, S. 497–520.

3.2 Studentische Kurzberichte

3.2.1 Tauschbeziehungen in Spiel und Wirklichkeit

Marieluis Fritz

Tauschaktionen sind allgegenwärtig und liefern nach Levi-Strauss sogar das grundlegende Mittel „Menschen miteinander zu verbinden".[1] Der Austausch von materiellen wie auch immateriellen Gütern ist also nicht nur als ökonomischer Vorgang zu verstehen, sondern impliziert durch eine Kette von reziproken Tauschverhältnissen auch ein Beziehungsgeschehen. Meine Forschungsfrage für das Projekt SocialSIM'14 versuchte genau hier eine Schnittstelle zwischen Reziprozitätsverhältnissen und der sozialen Dimension zu finden. Im Fokus der Untersuchung standen daher die Tauschverhältnisse der Teilnehmer*innen und die damit einhergehenden Beziehungsdynamiken. Ziel meiner Forschung war es zunächst zu ermitteln, welche Tauschaktionen während der sozialen Simulation zustande kommen und ferner, welche Beziehungsstrukturen sich in diesem Zusammenhang ergeben.

Der außergewöhnliche Forschungskontext verlangte nach einem geeigneten Thema, welches im Rahmen einer Simulation erforschbar ist, und dennoch Ansätze für eine Übertragung in die Realität offen hält. Die Wahl des Forschungsprojektes resultierte aus der Relevanz und Allgegenwärtigkeit von Tauschdynamiken im alltäglichen Leben, aber auch aus dem hohen Anreiz, in der sozialen Simulation Tauschverhältnisse einzugehen. Die Spieler*innen wurden in drei verschiedene Gemeinschaften unterteilt, in denen sie sich politisch organisieren, ihre Werte und Ziele festlegen, Ressourcen produzieren, verwalten und tauschen konnten. So waren in dem Spieledesign von SocialSIM'14 die Tauschaktionen zwischen den einzelnen Akteuren, den gebildeten Gemeinschaften und den Spielezentren wesentlicher Bestandteil für den wirtschaftlichen, politischen und gesellschaftlichen Fortschritt. Die Tauschaktionen waren für die Teilnehmer*innen voraussetzendes Mittel, um den Spielfluss aufrechtzuerhalten und die sozialen, politischen und wirtschaftlichen Strukturen weiter zu entwickeln. Denn viele der

---

1 Lévi-Strauss, Claude 1984: Die elementaren Strukturen der Verwandtschaft. 2. Auflage. Frankfurt/Main: Suhrkamp, S. 641.

Handlungsaktionen konnten nur mit Hilfe einer Kooperation, etwa durch das Geben und Nehmen von Arbeitskraft oder Informationen, mit anderen Teilnehmer*innen durchgeführt werden. Die Kenntnis des Spieledesigns gab mir vorab die Gewissheit, dass Tauschaktionen während der Simulation erfolgen und für die Spieler*innen relevant sein würden. Zudem sind der Austausch von materiellen Gütern, sowie Kooperationen zwischen einzelnen Akteuren, die sich in Handlungen (wie etwa Arbeitsteilung) widerspiegeln, ein gut zu beobachtender Forschungsgegenstand.

In meiner Forschung benutzte ich verschiedene Erhebungsmethoden, die sich in der Analyse in einem gegenseitigen Ineinandergreifen ergänzen sollten. Die Datenerhebung erfolgte in zwei Etappen: Die Teilnehmende Beobachtung im Laufe der Simulation, die durch informelle Gespräche und egozentrierte Netzwerkkarten kombiniert wurde, und vertiefende Interviews in den Tagen nach der Simulation. Die in der Ethnologie übliche Methode der Teilnehmenden Beobachtung bildete die Grundlage meiner Forschung. Sie begann mit der Teilnahme an einer Testphase der Gesellschaftssimulation im Vorfeld. Zu wissen, wie es ist, in die Welt der Simulation einzutauchen, war für das Verständnis und Nachempfinden der Situation meiner späteren Forschungspartner*innen ein entscheidendes Kriterium. Auf der Grundlage der eigenen Erfahrungen konnte ich erste Annahmen über spielrelevante Zusammenhänge gewinnen. Die Teilnehmende Beobachtung am Tag der Simulation selbst kennzeichnete sich durch eine pausenlose Aufnahme von Informationen.

In einer anfänglichen explorativen Phase stellte ich Beobachtungskategorien auf und passte meine Fragestellung der vorgefundenen Situation an. Zwar war ich durch mein Äußeres offensichtlich als Nicht-Teilnehmerin erkennbar, doch nahm ich an den Versammlungen und Gruppenarbeiten teil ohne dabei aufzufallen. Insbesondere die Zeitspanne vor und nach der Simulation, sowie die Spielunterbrechungen durch Essens- oder Kaffeepausen, stellten eine wichtige Erhebungsphase dar. Gerade in dieser Zeit erfolgten Absprachen und Planungen der Spieler*innen für kommende Spielzüge, soziale Beziehungen wurden vertieft, Gruppen gebildet oder über das Simulationsprojekt diskutiert. Während der Simulation hielt ich meine Beobachtungen immer wieder durch Notizen fest und schrieb Gedächtnisprotokolle, was sich bei informellen Gesprächsformen anbietet. Durch die egozentrierte Netzwerkanalyse, die ich während der Simulation durchgeführt hatte, konnte ich mich speziell auf einen Akteur und dessen unmittelbares soziales

Umfeld konzentrieren: „Welche Beziehungsarten unterhält jede*r Akteur*in einer bestimmten Untersuchungsmenge mit welchen anderen Akteur*innen […]?".[2] Aufbauend auf diesen Netzwerkanalysen führte ich dann in den darauffolgenden Tagen halbstrukturierte Interviews durch, um die vorläufigen Forschungsergebnisse vertiefen und relativieren zu können. Die Interviews sollten mir die Gelegenheit geben, die emische Perspektive bestimmter Abläufe der Simulation zu erfassen und Begebenheiten zu berücksichtigen, die ich in der Simulation selbst nicht beobachtet hatte. Ich kategorisierte den Leitfaden in vier Themenbereiche, deren Inhalte sich aber immer wieder überschnitten und durch Abschweifungen erweitert wurden. Der erste Bereich nahm Bezug auf die persönliche und kollektive Zielsetzung während der Simulation und in Zusammenhang damit auch das strategische Handeln des Individuums. Unter Berücksichtigung der Netzwerkkarten griff ich in der zweiten und dritten Kategorie die soziale Vernetzung und (vorgekommene sowie erwünschte) Interaktionen auf. Der letzte Bereich bezog sich dann auf die Veränderungen und Dynamiken im Spiel.

Ausgangspunkt meiner Forschung war zunächst der theoretische Ansatz von Marcel Mauss, demnach jede Gabe eine Kettenreaktion von Annehmen und Erwidern auslöst. Durch dieses gegenseitiges Geben und Nehmen können nach Mauss soziale Beziehungen ausgehandelt und reproduziert werden. Das Erwidern erscheint dann nicht mehr als „freiwilliges Geschenk", sondern ist als eine Pflicht gegenüber dem Geber einzuordnen.[3] Gleichzeitig stellen diese Tauschverhältnisse für Mauss nicht nur die Grundlage von Beziehungsstrukturen dar, sondern es vollzieht sich über sie die gesamte Reproduktion der Gesellschaft.[4] In der Simulation tauchten die Tauschaktionen in unterschiedlichen Dimensionen und Versionen auf. Neben materiellen Gütern bezogen sich die Tauschverhältnisse auch auf den Austausch von Informationen und Arbeitskraft. Es bildeten sich Reziprozitätsverhältnisse sowohl zwischen zwei Akteuren wie auch innerhalb von Kleingruppen oder als Gemeinschaftshandeln im Kollektiven. Letzteres wurde dadurch charakterisiert, dass einerseits das Individuum durch die gesamte Gruppe begünstigt wurde und Leistungen erhielt. Andererseits

---

2   Schnegg, Michael und Harmut Lang 2002: Netzwerkanalyse. Eine praxisorientierte Einführung. In: Methoden der Ethnographie, Heft 1. S. 7.

3   Blau, Peter M. 1968: Sozialer Austausch. In: Adloff und Mau [Hg.] 2005: 139–156. S. 13.

4   Blau, Peter M. 1968: Sozialer Austausch. In: Adloff und Mau [Hg.] 2005: 139–156. S. 13.

zeichnete sich dieses Tauschverhältnis auch dadurch aus, dass der Einzelne
Abgaben an die Gruppe zu vollbringen hatte. In den ausgeführten Tauschak-
tionen wurde auch erkennbar, dass die ausgetauschten Güterformen in ihrer
Form selten identisch waren. Materielles Kapital wurde mit immateriellen
Leistungen beglichen und all das fand nicht in einem direkten Geben und
Nehmen statt, sondern entwickelte sich zeitversetzt in einem vielseitigen
Gefüge. Diese Form der generalisierten Reziprozität kommt also dadurch
zum Ausdruck, dass die ausgetauschten Kapitalien nicht in einem direkten
Ausgleich, sowohl in Bezug auf Zeit wie auch auf die betreffende Person,
erwidert werden.[5]

Die vorgekommenen Tauschaktionen in SocialSIM'14 haben sowohl der
Gemeinschaft als Ganzes wie auch den einzelnen Akteur*innen zu einer
Reihe von Vorteilen verholfen. Der Soziologe Peter M. Blau sieht hierin eine
Grundlage für die Ausführung sozialer Interaktionen. Nach seiner Auffassung ersucht der Mensch in den sozialen Interaktionen seinen Interessen
nachzukommen. Mit anderen Personen Beziehungen einzugehen, kann sowohl aus einer intrinsischen Motivation entspringen oder Folge einer extrin-
sischen Wirkung sein. In beiden Fällen wird durch den sozialen Austausch
ein Gewinn angestrebt, der allerdings nicht nur die materielle Seite anspre-
chen muss, sondern ebenso andere soziale Dimensionen erfassen kann.[6] In
den Interviews wie auch durch das Ausfüllen der Netzwerkkarten hat sich
herausgestellt, dass viele Kontakte als soziale Ressource betrachtet und genutzt wurden. Vermehrte Interaktionen gingen oftmals mit einer steigenden
Sympathie für die entsprechende Person einher und wurden für das persönlich verfolgte Ziel genutzt. Beispielsweise hat ein Akteur vermehrt seine
Kontakte nach dem Kriterium ausgesucht, „wer im Plenum den meisten
Einfluss hat", um eine möglichst hohe Wirkungskraft seines Standpunktes
zu erreichen. Peter Blau stellt des Weiteren fest, dass Tauschverhältnisse kein
Gleichgewicht bewahren können, sondern von Ungleichheiten durchzogen
sind. Er nimmt diese Verhältnisse auch als einen möglichen Mechanismus
für Machtungleichheiten und Statusdifferenzen war, welche sich in Folge
eines asymmetrischen Tausches ergeben können.[7] Auf der Grundlage meiner Forschungsergebnisse konnte ich dieselben Rückschlüsse ziehen. Am

---

5   Stegbauer, Christian 2011: Reziprozität: Einführung in soziale Formen der Ge-
    genseitigkeit. Wiesbaden: Verlag für Sozialwissenschaften.
6   Blau, Peter M. 1968: Sozialer Austausch. In: Adloff und Mau [Hg.] 2005: 139–156.
7   Blau, Peter M. 1968: Sozialer Austausch. In: Adloff und Mau [Hg.] 2005: 139–156.

Beispiel der Simulation hat sich gezeigt, dass ein angebotener Tausch immer auch eine Frage nach Rang implizierte und die erwiderte Reziprozitätsform eine Antwort auf diese Frage bereitstellte. Die Frage nach der sozialen Stellung war also immer präsent und wurde über den Tausch ausgehandelt. Wie ein*e Akteur*in zu seinem Gegenüber steht, zeigte sich also mitunter auch darin, welchen Tausch, sowie wann, auf welche Weise und wo er oder sie diesen seine*r Tauschpartner*in anbietet. Dennoch darf der Hintergrund der Datengewinnung bei Betrachtung der Forschungsergebnisse nicht vernachlässigt werden. Schließlich beziehen sich diese auf eine fiktive Welt, die nach den Vorstellungen des Spieldesignteams modelliert wurde.

3.2.2 Die Dimension der Rollen in der sozialen Simulation

Katharina Ruf

Ich habe während SocialSIM zu der Übernahme von Rollen im Simulationsspiel geforscht und wollte in Erfahrung bringen, inwiefern die Simulation Raum dazu bietet, sich als Teilnehmende*r in neuen Rollen zu versuchen. In Bezug darauf war eine meiner Leitfragen, ob die Simulation grundsätzlich nur gegebene gesellschaftliche Mechanismen reproduziert oder ob sie ein Ort ist, an dem Neues erlebt und erforscht werden kann. Deshalb wollte ich in Erfahrung bringen, ob und inwiefern die Teilnehmenden Charaktereigenschaften, Kompetenzen oder Erfahrungen aus ihrer Alltagspraxis auf die Thematik des Spiels übertrugen und ob dies bewusst oder unbewusst geschah. Wie schätzen sich die Teilnehmenden im realen Leben selbst ein und welche Aufgaben übernahmen sie wiederum in der Simulation? Gab es hierbei Überschneidungen?

Um diese Fragen zu beantworten, analysierte ich das Verhalten und die Positionen einiger weniger Teilnehmer*innen genauer. Zu Beginn stieg ich selbst in das Spiel als weitere Teilnehmerin ein, um direkt in den Spielprozess miteingebunden zu werden. Später konzentrierte ich mich ausschließlich auf das Beobachten des weiteren Spielverlaufs. Außerdem führte ich neben einigen informellen Gesprächen qualitative Interviews mit drei Teilnehmer*innen, um einen tieferen Einblick in das Simulationsspiel aus ihrer Sicht, sowie ihre Selbsteinschätzung zu bekommen. Hierbei stellte ich allgemeine Fragen zum Alltag meiner Interviewpartner*innen, zum Engagement neben Universität/Job und zu Kernkompetenzen und Potentialen, die sich die Forschungspartner*innen selbst zuschreiben. In einem dritten Schritt erfragte ich die Wahrnehmung der eigenen Rolle in der Simulation, um herauszufinden, ob sie glauben, eine bestimmte Rolle bewusst oder unbewusst eingenommen zu haben und ob sie wohl ihre Mitspieler*innen ausschließlich in der Spieleridentität kennengelernt haben oder doch auf „reale" Charaktereigenschaften schließen konnten.

Durch meine angewandten Methoden bekam ich ein vielschichtiges Bild des Simulationsspiels und brachte so in Erfahrung, dass meine Forschungspartner*innen implizit auf jeden Fall ihre Charaktereigenschaften, Kompetenzen und Erfahrungen auf den Spielkontext übertragen haben.

Sei es die Extrovertiertheit einer Person, die ihre Führungsqualitäten ins Spiel miteinbrachte, oder der/die Strateg*in, der/die im Job, wie im Privaten viel organisiert und ebenfalls in der Simulation Abläufe gesteuert hat, oder die Person, die im realen Leben viel mit politischen Kontexten zu tun hat und sich deshalb auch im Spiel besonders damit auseinandersetzte. Ergebnis meiner Erhebung war, dass es Überschneidungen dabei gab, welche Aufgaben die Teilnehmenden im realen Leben und in der Simulation übernahmen. Des Weiteren waren meine Forschungspartner*innen der Meinung, dass es nur möglich gewesen wäre, eine andere Rolle einzunehmen, wenn man sich diese vorab bewusst definiert und sich anschließend auch Zeit zur Reflexion während des Spiels gegeben hätte. Dass jemand einen anderen Charakter spielte beziehungsweise eine neue Rolle übernahm, wurde aber weder beobachtet, noch in den Interviews erwähnt.

Im Bezug auf die Reproduktion gesellschaftlicher Mechanismen schreibt Stahlke bereits, dass man sich in der Ausgestaltung und Entfaltung der Rolle und somit der Gestaltung der Situation an eigenen Erfahrungen und Anschauungen orientiere, die dann im Spiel aufeinandertreffen. (Vgl. Stahlke 2001: 65 f.) So werden bekannte, beziehungsweise mögliche gesellschaftliche Prozesse reproduziert. Dies wurde vor allem im Bezug auf den Umweltschutz deutlich, da jede Gruppe den Willen hatte, etwas gegen den Klimawandel zu unternehmen und es nur wenige Gegenstimmen gab. Nachhaltigkeit und die Umstellung auf erneuerbare Energien ist zurzeit durchaus ein präsenter gesellschaftlicher Mechanismus, der sich in diesem Verhalten widerspiegelte. Der Vorschlag einer meiner Interviewpartner, ein Atomkraftwerk bauen zu lassen, wurde zum Beispiel von seinen Mitspieler*innen vehement zurückgewiesen, was verdeutlicht, dass in der Gruppe ein starker Konformitätszwang herrschte. Mein Fazit zu diesem Aspekt ist, dass wir die Gesellschaft einerseits simuliert haben, aber den Teilnehmenden andererseits auch die Möglichkeit ließen, eigene Räume und Ideen zu entwickeln, die sie umsetzen konnten. Dadurch entstanden durchaus andere Gesellschaftsentwürfe, die sich von den heutigen unterscheiden. Hierbei sind die Kollektivierungsbestrebungen der Roten Gruppe zu nennen.

Dennoch denke ich, dass durch die starke Gruppendynamik ein immens großer Wille nötig gewesen wäre, sich in dem Gruppensetting anders zu verhalten und „gegen den Strom zu schwimmen", sei es, indem man sich für ein Atomkraftwerk einsetzt oder indem man versucht als Individuum, nur

Jäger und Sammler zu bleiben. Das hängt wohl auch mit der gesellschaftlichen Akzeptanz zusammen, die ein*e jede*r gerne erfahren möchte.

Gesellschaftliche Mechanismen wurden jedoch nicht nur im Bezug auf den Umweltschutz deutlich. Auch andere gesellschaftliche Prozesse wurden von SocialSIM weitestgehend abgedeckt: Man musste politische Entscheidungen, wie Nutzungsrechte, in der Gruppe treffen, konnte selbst Organisationen aufbauen, bekam Einblicke in wirtschaftliche Prozesse durch die Produktion in verschiedenen Bereichen und das damit verbundene Verdienen von SIM und Energiechips. Dennoch muss man sich bewusst machen, dass *tatsächliche* gesellschaftliche Prozesse in diesem Planspiel nicht erforscht werden können, da eine Simulation notwendigerweise vereinfacht oder Situationen und Umstände sogar verfälscht. SocialSIM'14 war einerseits zeitlich stark verdichtet und die Spieler*innen repräsentierten andererseits keinen Querschnitt unserer Gesellschaft, da primär nur Studierende oder Universitätsangestellte anwesend waren.

Auch das Spieldesign kann durch seine Vorgaben das Experiment in eine bestimmte Richtung lenken und determiniert den Ablauf. Darauf verzichten kann man jedoch nicht, da sonst die Gefahr besteht, dass Chaos und dadurch Unproduktivität oder Stillstand entstehen.

Das soziale Experiment dient allerdings, neben der Erforschung von sozialen Prozessen und Gruppendynamiken, auch den Teilnehmenden zur Selbstanalyse, da in einem Setting wie bei SocialSIM'14 das Verhalten und die Eigenschaften eines*r jeden besonders deutlich hervortreten.

Einen besonderen Mehrwert für mich als Ethnologiestudentin hatte die Erforschung des Mikrokosmos in SocialSIM'14 wegen des eigens entwickelten Forschungsthemas und der Methodenanwendung, die ich in diesem Rahmen üben konnte.

III „SocialSIM für alle?" Design-Manual und Überlegungen zur Weiternutzung

1. Manual SocialSIM

1.1 Planung, Organisation und Durchführung

Larissa Mogk

Dieser dritte Teil ist als Handreichung für die Organisation, Simulationsentwicklung und die Konzeption und Durchführung begleitender Lehrveranstaltung gedacht. Die Fragen und Probleme, die uns während des Simulationsprojektes begegneten werden hier thematisiert und Lösungen angeboten. Unsere Erfahrungen bleiben zwar auf die Realisierung eines Simulationsdurchlaufes beschränkt, bieten aber dennoch Anregungen für ähnliche Projekte. Zum Schluss stellen wir unsere Ideen für eine Weiterentwicklung von SocialSIM'14 vor. Zudem kommentieren Harald Wohlfeil und Stephan Lengsfeld das Simulationsprojekt und greifen eigene Ideen für die Nutzung von Simulationen auf.

Zunächst gehe ich auf die Punkte ein, die von organisatorischer und planerischer Relevanz sind. Ich beschreibe im Folgenden den personellen Rahmen, der für die Vorbereitung und Umsetzung nötig war, schildere den zeitlichen Ablauf und gehe auf die finanziellen Rahmenbedingungen ein. Für eine konkrete Umsetzung des Simulationsspiels *SocialSIM – Bau Dir Deine Gesellschaft!* stehen auf Anfrage Spielanleitungen und detaillierte Merkblätter für die Organisation zur Verfügung.

Personeller Rahmen

Ein Projekt wie SocialSIM muss von einem gut funktionierenden Team getragen werden. Es bedarf der Ideen, des Mutes und des Tatendrangs, der fachlichen Kompetenz sowie der Ausdauer der Beteiligten. In diesem Kapitel möchte ich auf die Personen eingehen, welche an der Vorbereitung und Durchführung des gesamten Lehr- und Lernprojekts SocialSIM mitgewirkt haben. Im Planungsverlauf veränderte sich das Team in den verschiedenen Phasen. Ein harter Kern, der das Projekt von Beginn an begleitete, blieb bis zum Schluss bestehen. Zu Beginn des Projektzeitraums wurden alle Aufgaben von einem interdisziplinären Team aus Studierenden und Mitarbeiter*innen der Universität Freiburg übernommen. Dieser lose Verband einiger Nachwuchswissenschaftler*innen formalisierte sich im Laufe der Zeit und feste Strukturen wurden etabliert. Wöchentliche Treffen dienten der Entwicklung des Spieldesigns und der Klärung organisatorischer Fragen. Später differenzierte sich das Team und es bildeten sich drei Bereiche heraus: Die Entwicklung des Spieldesigns, die Planung und Durchführung der Lehre in einem interdisziplinären und drei fachspezifischen Seminaren und die Organisation des Simulationsspiels SocialSIM'14.

Zuerst wurde die grobe Struktur des Simulationsspiels diskutiert und konstituiert. Die grundlegenden Rahmenbedingungen legten das Spielziel, die Spielelemente und den Ablauf von SocialSIM fest, so wie in dem Kapitel Design Structure vorgestellt. Ein weiteres „Feinmechanik"-Team erarbeitete die Minigames in einem zweiten Schritt. Dabei bot sich die Möglichkeit für Studierende aus dem Seminar, an der Gestaltung mitzuwirken und die Simulation auf ihre Forschungsfrage hin anzupassen. Der Entwicklungsprozess dieser kleineren Einheiten von SocialSIM wird in Kapitel 1.2.2 genauer erläutert. Beide Designteams trafen sich mindestens einmal wöchentlich. Mit Näherrücken des Simulationstages wurde der Großteil der Planung von dem „Feinmechanik"-Team übernommen und war sehr zeitintensiv. Die Anzahl der Mitarbeitenden schwankte zwischen fünf und zehn.

Für die Lehre waren Dozierende der Ethnologie, Soziologie und Politikwissenschaft verantwortlich. Sie führten das gemeinsame interdisziplinäre Seminar und die fachspezifischen Seminare durch, die in den jeweiligen Wissenschaften angeboten wurden. Die Lehrenden verwirklichten die Lehrveranstaltungen im Sommersemester 2014 in enger Abstimmung mit dem Spieldesignteam. So waren Simulation und Seminarinhalte kompatibel und die Forschungsprojekte der Studierenden ließen sich erfolgreich umsetzten.

Mit der Organisation des Simulationsspiels und der Koordination der verschiedenen Beteiligten war in erster Linie ich, die Koordinatorin des Projekts, betraut. Ich kümmerte mich um die Durchführung von Tests, die Beschaffung von Material, die Anwerbung und Einweisung von Helfer*innen, Absprachen mit dem Studierendenwerk, welches die Mensa Rempartstraße an SocialSIM'14 vermietete, und die Öffentlichkeitsarbeit. Etwa einen Monat vor dem Simulationstag wirkten zusätzlich studentische Hilfskräfte und

Seminarteilnehmer*innen an der Werbung für die Veranstaltung mit. Für die Vorbereitung des Simulationsspiels beteiligten sich Mitarbeiter*innen aus dem „Feinmechanik"-Team an der Auswahl und dem Kauf von Materialien und erledigten verschiedenste Bastelarbeiten für das Simulationsspiel. An der Durchführung der Simulation sowie an Auf- und Abbau waren die 23 Studierenden aus dem Seminar beteiligt, zusätzlich zehn weitere freiwillige Helfer*innen.

Die Durchführung des Simulationsspiels wurde hauptsächlich durch das Spieldesignteam getragen. Drei Mitglieder dieses Teams wurden die Verantwortlichen der drei Gemeinschaften und koordinierten die Helfer*innen an den Zentren. Die zeitgleiche Verantwortung für Forschungsübung und organisatorische Leitung einer Gemeinschaft zu tragen, wie es bei einer Person der Fall war, stellte sich als sehr belastend heraus. Eine Kombination dieser beiden Tätigkeiten wird aus diesem Grund nicht empfohlen. Ebenso ist die Aufgabe der Hauptkoordination neben der Durchführung einer eigenen Erhebung unmöglich. Diese Person ist verantwortlich für den reibungslosen Ablauf und die Kommunikation zwischen den Mitgliedern der Spielleitung und den Helfer*innen. Zwei Personen waren außerdem für die Umweltveränderungen zuständig, eine Person für den Markt und eine für die Regenerierung der Fische in den Fischteichen. Diese Aufgaben können ohne Probleme von Studierenden des Seminars übernommen werden.

Von der Idee zur Durchführung – Zeitlicher Ablauf in vier Phasen

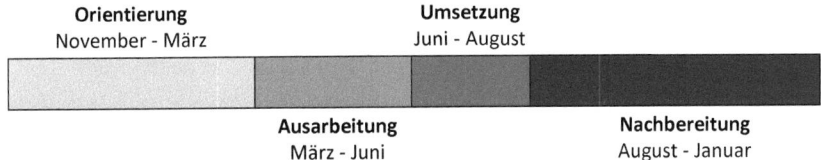

Orientierungsphase: November bis März

Von der Bewerbung für den Instructional Development Award bis zum Höhepunkt des Projekts beim Simulationsspiel am 2. August liegt etwa ein Jahr. Als wir im November von der Möglichkeit erfuhren, SocialSIM durchzuführen, begannen wir mit der Entwicklung der Spielstruktur in regelmäßigen wöchentlichen Treffen. Da wir kaum Erfahrung mit der Konzeption von Simulationen oder Spielen hatten, veranstalteten wir Workshops mit Simon Usherwood und Sebastian Reinkunz, die ihre Erfahrungen mit uns teilten. Simon Usherwood ist Politikwissenschaftler und arbeitet an der University of Surrey mit Planspielen in der universitären Lehre. Sein Expertenwissen gab uns viele Anhaltspunkte für die Konzeption einer Simulation. Im Workshop spielten wir eine seiner Simulationen und erfuhren so, wie in einem Simulationsdesign die Kernelemente und grundlegenden Mechanismen einer Situation oder Problemstellung wirksam werden. „Simplification" und „essentialisation" waren dabei die entscheidenden Begriffe. Der wohl wichtigste Tipp *KIS – Keep It Simple*, beschäftigte uns noch das ganze Jahr hindurch. Das Herunterbrechen gesellschaftlicher Komplexität gestaltete sich als eine der größten Herausforderungen. Nicht nur die theoretische und praktische Einführung Usherwoods, sondern auch die Beratung, die speziell auf unser Vorhaben abgestimmt war, zeigte uns neue Wege auf, mit dem Spieldesign fortzufahren.

Bei einem zweiten Workshop mit Sebastian Reinkunz, einem ehemaligem Mitarbeiter der Landeszentrale für politische Bildung, spielten wir verschiedene Entscheidungs- und Dilemmaspiele durch. Die anschließenden Gespräche gaben Anlass, auf den aktuellen Stand unseres Simulationsdesigns einzugehen und ein Feedback entgegen zu nehmen. Diese beiden Workshops gaben wichtige Impulse. An den Ratschlägen konnten wir uns im Laufe des Designprozesses orientieren.

Ebenfalls im November legten wir eine eigene Organisationsstruktur für das Projekt fest, verteilten Zuständigkeitsbereiche und begannen mit der Klärung der organisatorischen Rahmenbedingungen. Vorrangig war die Festlegung auf Lehrende für die Seminare und die Suche nach einem Termin und einer geeigneten Lokalität für die Simulationsveranstaltung. Die passende Größe und Möglichkeiten zur Bewirtung waren entscheidende Kriterien. Außerdem sollte die Wahl des Veranstaltungsortes darauf hinweisen, dass das Simulationsspiel nicht nur universitären Kreisen, sondern explizit einer breiteren Öffentlichkeit zugänglich sein sollte.

Zum Ende der Orientierungsphase standen erste Konzepte für einen Lehrplan des interdisziplinären Seminars sowie die gemeinsamen Themen für die Lehre fest. Besonders wichtig waren regelmäßige Absprachen zwischen Lehrenden und Spieldesignteam. Die Konzeption der Spielstruktur bis kurz vor dem Semesterbeginn und die Ausgestaltung des Designs parallel zu bereits laufenden Seminaren erforderte hohe Flexibilität von beiden Seiten. Die Präsentation der Konzepte des Spieldesigns für die erste und die zweite Simulationsphase und die Festlegung auf die vorgestellten Charakteristika des Spiels waren dabei sehr hilfreich.

Ausarbeitungsphase: Ende März bis Mitte Juni

Zusätzlich zu den Planungstreffen, die dazu dienten, die Struktur des Simulationsspiels weiter auszuarbeiten, wurde Mitte März ein „Feinmechnik"-Team gegründet. Diese Gruppe traf sich wöchentlich, um die „Spiele im Spiel", die kleinen Aufgaben in Form von Quests und Produktionsformen für das Simulationsspiel zu entwickeln. Anders als bei der bisherigen Meta-Planung ging es nun darum, festzulegen, was die Spieler*innen bei SocialSIM tatsächlich machten. Die Kernfrage war: Wie konnten wir die Spieler*innen dazu motivieren über 12 Stunden lang zu spielen, ohne dass das Spiel langweilig wurde? Um mehr Sicherheit zu gewinnen, luden wir Viktor Bedö, Spieldesigner und *Design Thinking*[1] Coach ein. In einem Workshop profitierten wir als Designteam von seinen Erfahrungen als Spieldesigner und beschäftigten uns gleichzeitig mit dem *Prototyping* als einer Methode zur Entwicklung von Spielen. In der Folge setzten wir das Gelernte in den wöchentlichen Treffen um und erarbeiten schrittweise die einzelnen kleinen Spiele. Vier- bis fünfstündige Tests der ersten Spielphase mit Gruppen von circa 20 Personen im April und Mai dienten dazu, die Spielmechanismen und die Umsetzbarkeit der einzelnen Spiele zu testen und sie im Anschluss zu verbessern. Workshops und Tests nutzten wir auch, um auf unser Projekt aufmerksam zu machen und Mitarbeiter*innen für unser Projekt zu werben.

Die politischen Quests wurden ebenfalls von dem „Feinmechanik"-Team entwickelt, auch wenn grobe Angaben über deren Inhalte schon vorher feststanden. So legte das Strukturteam schon sehr früh fest, dass jede Gemeinschaft ihre eigenen Grundprinzipien und Ziele bestimmen sollte, wie genau

---

1 *Design Thinking* wird in Deutschland am Hasso-Plattner Institut in Potsdam gelehrt. Es ist eine teambasierte Arbeitsmethodik um verschiedene Problemstellungen durch eine nutzerzentrierte Sichtweise, durch einen offenen Umgang mit allen Ideen in der Gruppe, durch schnelles Erarbeiten von testbaren Prototypen und durch regelmäßiges Einholen von Rückmeldungen iterativ zu lösen (vgl. Gürtler und Meyer 2013).

dieser Prozess ablaufen sollte, war noch nicht festgelegt. Drei Mitwirkende trafen sich in regelmäßigen Sitzungen, um über die hinter dem Spielablauf stehende Kalkulation zu beraten. In dieser Runde wurde entschieden, in welcher Abhängigkeit die unterschiedlichen Wertigkeiten der SIM und Chips stehen sollten. Das Kalkulationsteam stand auch in stetem Kontakt zu denjenigen, die für das Design der Fischerei im Spiel verantwortlich waren. Sie feilten an den Regenerationsraten, der Menge der Fische im Fischteich und der Frage, ob wir verschiedene Fischarten benötigten oder Müll einsetzen mussten, um das Angeln zu erschweren.

Mitte April begann das Semester, was den Projektstart für die Studierenden bedeutete. Der Auftakt der gemeinsamen Veranstaltungen war eine Doppelsitzung des interdisziplinären Seminars, in der die erste Phase des Simulationsspiels gemeinsam durchgespielt wurde. In den anschließenden wöchentlichen fachspezifischen und interdisziplinären Sitzungen beschäftigten sich die Studierenden mit den Charakteristika von Simulationen und den vorgegebenen theoretischen Konzepten. Im Fokus stand dabei auch der interdisziplinäre Austausch. Die Dozierenden berieten gemeinsam über die Inhalte der gemeinsamen Sitzungen und brachten Anliegen und relevante Diskussionspunkte aus den disziplinären Seminaren ein. Hauptverantwortlich für die interdisziplinären Sitzungen war Prof. Dr. Gregor Dobler, der die Sitzungsleitung übernahm.

Umsetzungsphase: Mitte Juni bis Anfang August

Ab der Mitte des Semesters begannen die Studierenden sich auf ihre eigenen Übungsforschungen vorzubereiten. Themen- und Methodenwahl standen dabei im Fokus und wurden von den Dozierenden der jeweiligen Fächer betreut. Neben den regulären Sitzungen organisierten die Studierenden später im Semester einen eigenen Seminar-internen Workshop zu Beobachtungsmethoden. Die Studierenden der Ethnologie schulten mit Hilfe von kleinen praktischen Übungen Komillitonen anderer Fächer und bestärkten sie darin diese Methode bei der Simulation auszuprobieren. Zum Semesterende stellten die Studierenden ihre Forschungsdesigns in einer gemeinsamen Sitzung vor und erhielten das Feedback der anderen.

Das Spieldesign-Team arbeitete in dieser Phase abschließend an der Ausgestaltung der zweiten Spielphase und testete das Spieldesign Mitte Juni, erneut mit Freiwilligen. Dieser Test war ursprünglich für zwei Gemeinschaften ausgelegt und sollte zeigen, wie die Interaktion zwischen diesen funktionierte. Aufgrund der geringen Teilnehmer*innenzahl konnte der Test allerdings nur mit einer Gruppe durchgeführt werden, was ein großes Risiko für den eigentlichen Simulationstag bedeutete. Trotzdem konnten aus dem Test viele hilfreiche Anregungen für die Optimierung der bisherigen Entwicklungen gezogen werden. Die generelle Umsetzbarkeit der zweiten Phase motivierte außerdem für die Festlegung des Spielendes und somit der Ausgestaltung der dritten Phase.

Im Juli, einen Monat vor dem Simulationsspiel, war das Spieldesignteam hauptsächlich mit dem Fertigstellen der Spielanleitungen und der Beschaffung geeigneter Materialien beschäftigt. Relevant dabei waren die Beschäftigung mit der eigentlichen Spielfläche und die Beratung über den Aufbau des Spielfeldes. Eine Besichtigung und die Planung mithilfe der Grundrisse waren wichtige Schritte. Die Zahl der Treffen erhöhte sich im letzten Monat vor der Simulation erheblich und die Anzahl der beteiligten Personen stieg noch einmal an. In den Wochen vor der Simulation wurde auch festgelegt, wer welche Aufgabe während der Simulation übernehmen würde. Die Veranstaltungsplanung beinhaltete außerdem die Organisation der Bewirtung und Absprachen mit der Mensa Rempartstraße, die Anwerbung von Helfer*innen und deren Einweisung bei einem Treffen kurz vor der Simulation.

Einen Monat vor der Simulation begann außerdem der Ticketverkauf über das Ticketportal *Reservix* und die Vorverkaufsstelle der Badischen Zeitung in Freiburg. Mit der Wahl dieses Anbieters sollte gewährleistet werden, dass eine breite Bevölkerungsschicht Zugang zu dem Ticketverkauf erhielt und die Eintrittskarten online und im Direktverkauf erworben werden konnten. Der Kauf einer SocialSIM-Karte war bis zum 30. Juli möglich, also bis zwei Tage vor der Veranstaltung. Für das Team bedeutete das eine größere Planungssicherheit und die Möglichkeit die Bestände an Holz und Nahrungsmitteln zu Beginn des Spiels besser festlegen zu können. Zudem sollten die Spieler*innen im Vorhinein einen Online-Fragebogen ausfüllen, der die Einteilung in die drei Gemeinschaften bestimmte. Eine wichtige Erfahrung aus dem Ticketverkauf war, dass der Großteil der Tickets kurz vor dem Event stattfand. In den ersten beiden Wochen, als der Ticketverkauf begann, wurden kaum Eintrittskarten verkauft, in den Wochen vor der Simulation etwa zwei Drittel aller verkauften Eintrittskarten.

Elementar für den Ticketverkauf und die Durchführung von SocialSIM war auch die verstärkte Öffentlichkeitsarbeit. Um Studierende und ausdrücklich auch andere Interessierte für eine Teilnahme an der Simulation zu werben, wurden in dieser Phase Flyer, Plakate und ein Werbebanner gedruckt und verteilt. Im Internet war SocialSIM mit einer eigenen Blogseite und regelmäßigen Beiträgen bei der Impulswerkstatt Lehrqualität der Universität Freiburg vertreten. Radio Dreyeckland und die Badische Zeitung berichteten über das Lehrprojekt. Wichtiges Werbemittel waren außerdem die Informationsstände, mit welchen wir in den Wochen vor dem Event vor den Freiburger Mensen und bei den Nachhaltigkeitstagen in der Innenstadt warben. Die persönliche Präsenz in der Öffentlichkeit war deshalb so wichtig, weil viele Menschen nicht wussten, was mit *Gesellschaftssimulation* gemeint ist. Die meisten Personen dachten zunächst an eine Computersimulation oder konnten sich nur wenig unter dem Titel *SocialSIM – Bau Dir Deine eigene Gesellschaft!* vorstellen. In direkten Gesprächen legte sich die Skepsis gegenüber dem Projekt und wir trafen viele Interessierte auf dem SocialSIM-Spielfeld wieder. Diese „Aufklärungsarbeit" ist den Teams von Seminarteilnehmer*innen zu verdanken, die meist zu dritt oder zu viert für das Simulationsspiel warben.

Eine weitere Informationsveranstaltung war der Workshop zum Thema „Die Simulation als innovative Lehrmethode? Simulationen als methodisches und didaktisches Mittel in unterschiedlichen Bildungskontexten" in Zusammenarbeit mit der Außenstelle der Landeszentrale für politische Bildung in Freiburg. Außerdem wurde der Film „Das Experiment" bei einem Filmabend gezeigt, der gemeinsam mit der Fachschaft Ethnologie veranstaltet wurde. Der Film und die anschließende Diskussion sollten für das Thema sensibilisieren und weitere Studierende für das Event am 2. August werben.

In der Woche vor der Simulationsveranstaltung herrschte dann Ausnahmezustand für die Beteiligten. Elektronische Geräte und Kostüme mussten ausgeliehen werden, letzte Materialien besorgt, Requisiten gebastelt, Helfer*innen koordiniert und letzte Formulierungen der Spielanleitungen überarbeitet werden. Bei einigen Helfer*innen zeigte sich die Doppelbelastung als Helfer*innen in der Organisation der Veranstaltung, Öffentlichkeitsarbeit oder dem Spieldesignteam und gleichzeitig ihrer Rolle als Student*innen, die noch an ihrem Forschungsdesign feilen mussten. Die Veranstaltung selbst sowie der Auf- und Abbau des Spielfeldes wurden durch das große Engagement der vielen Helfer*innen getragen. Der Aufbau am Vortag dauerte etwa sechs Stunden, der Abbau am Folgetag vier Stunden. Am Simulationstag selbst war das Team von acht Uhr morgens bis in die Nacht im Einsatz.

Nachbereitungsphase: Mitte August bis Januar

In der Woche nach dem Simulationsspiel fand am Dienstag eine interdisziplinäre Seminarsitzung statt. Dort wurden Erfahrungen ausgetauscht und der Versuch unternommen, die Geschichten der drei Gemeinschaften zu rekonstruieren. Für die Seminarteilnehmer*innen begann nach dem Semester die Datensortierung und die Auswertung der Ergebnisse. Je nach Fach wurden die Erfahrungen in schriftlicher oder mündlicher Form aufgearbeitet und zusammengefasst. Um diese Erkenntnisse zumindest teilweise einem breiteren Publikum zugänglich zu machen, wurden einzelne Zusammenfassungen der Forschungsvorhaben und der Ergebnisse, sowie eine Auswertung der Zusammensetzung der Teilnehmer*innen auf der Blogseite im Internet publiziert. Einige Kurzberichte und ausführliche Beschreibungen der Projekte finden sich in Teil II dieses Buches.

Die Spieler*innen luden wir am Freitag nach der Simulation zu einem Nachtreffen ein. Die Beteiligten hatten hier Möglichkeit sich über die Spielerfahrungen auszutauschen und ein Feedback für die Spielleitung anzuschließen. Das Angebot wurde von etwa zehn bis fünfzehn Spieler*innen genutzt. Trotz der geringen Teilnehmerzahl in dem offiziellen Nachtreffen konnten wir beobachten, dass viele Teilnehmer*innen sich nachhaltig mit der Simulation auseinandersetzten. Viele waren noch Tage nach dem Ereignis mit der Reflektion ihrer Rollen und Erfahrungen beschäftigt, Diskussionen über die Entwicklungen im Spiel waren auch nach Wochen noch lebendig, wenn das Thema angesprochen wurde.

Das Spieldesignteam kam in den beiden Wochen nach der Simulation zusammen, um die Umsetzung des Spieldesigns zu diskutieren und den Verlauf der Simulation zu reflektieren. In der Folge stand ein langer Prozess der Überarbeitung der Spielanleitungen und der Verschriftlichung von erklärenden Dokumenten. Ziel war es, das Simulationsspiel *SocialSIM – Bau Dir Deine Gesellschaft!* so detailliert zu beschreiben, dass auch externe Personen es umsetzen können. Die Spielanleitung ist nun in einer Vielzahl von Dokumenten und Kopiervorlagen vorhanden und kann auf Anfrage zur

Verfügung gestellt werden. Die interne Reflektion war ein wichtiges Instrument, um Ideen für künftige Projekte zu gewinnen.

Nachdem nicht nur eine Nachbereitung des Spieldesigns, sondern auch der Lehre stattgefunden hatte, veranstalteten wir Ende Januar einen Workshop und präsentierten die Ergebnisse des Lehrexperiments. Die Beteiligten des Projekts präsentierten ihre Erfahrungen aus der Konzeption des Spieldesigns und der Lehre und zeigen die Lernerfolge für Spieler*innen und Seminarteilnehmer*innen auf.

Finanzieller Rahmen

Mit der Auszeichnung des Instructional Development Awards stand für das Projekt eine Summe von 70.000€ zur Verfügung. Davon wurden etwa 60.000€ für SocialSIM'14 eingesetzt. Die größten Kosten belaufen sich auf je circa 24.000€ für das Spieldesign und die Stelle der Koordinatorin. Bei den Kosten für die Entwicklung des Spieldesigns handelt es sich vorwiegend um Personalkosten für die Beteiligten, sowie die Honorare für die Workshops und mit einem geringen Betrag die Kosten für die Durchführung der Tests. Die restlichen Ausgaben verteilen sich auf die Lehre, die sonst zum größten Teil durch reguläre Deputate gedeckt wurde, und die Eventkosten. Letztere betragen etwa 10.500€ und setzten sich aus den Kosten für den Simulationstag und die Werbung für die Veranstaltung zusammen. Eventkosten von insgesamt 8.300€ entfallen auf die Raummiete (1.970€), die Verpflegung der Spieler*innen und Helfer*innen (1.840€) und das Material (4.500€), 2.200€ entfallen auf die Öffentlichkeitsarbeit. Darin enthalten sind die Kosten für den Druck und die Verteilung der Flyer, Plakate und des Werbebanners, sowie die Bezahlung der Hilfskräfte, die für die Öffentlichkeitsarbeit zuständig waren. Zusätzlich kommen die Kosten für die Webseite und den Ticketverkauf hinzu. Durch den Ticketverkauf konnten rund 400 Euro eingenommen werden.

1.2   Designprinzipien der Simulation

1.2.1 Design principles

Antonio Farfán-Vallespín

The purpose of this section is to detail the main principles that guided the design of the structure of the SocialSIM'14 simulation in order to share our experience with other potential designers of large-scale simulations. I have summarized the most important elements that must be taken into account when designing a large-scale live simulation into six dimensions.

Game flow

The most important aspect in the design of the structure is the game flow. The game flow can be defined as the succession of challenges that participants must solve in order to achieve a goal. This implies that participants should always be offered various goals that they can then pursue. Furthermore, proper game flow must make sure that each and every participant is able to find an occupation if he or she wishes to do so. If at any given point a player cannot find an activity, the game flow is broken. If the challenge to achieve these goals is either not motivating enough or too difficult, the game flow is also broken.

In the SocialSIM setting, the game flow is determined by quests. Quests themselves involve three important elements: their rewards, their requirements and their costs. Regarding rewards, some quests bring important rewards for the game in that they enable new alternatives or solve existing problems. For instance, the bridge enabled them to go to lunch, the University enabled the development of new technologies for increasing production and fighting climate change, and so on. Other quests had minor rewards such as obtaining an infrastructure that might increase production.

The cost of the quests is another important element the designer must use to enhance optimal game flow. The cost of each quest determines how much time players will spend collecting resources if they want to solve it. A very high cost can even force players to develop new technologies that increase productivity or even induce more efficient ways to produce in that community. If the reward of a particular quest is attractive enough, it may keep players moving for a long time in order to earn the resources to solve that quest. In our case, the best example of this was the final quest of phase 1, building the bridge. The entire phase was designed to keep players busy for around two hours in order to acquire the resources to build that bridge.

The designer can also determine that a given quest might require the fulfillment of some previous quests. For instance, in phase 1, building each productive infrastructure required solving a social quest (Gemeinschafts-Quest). The tasks needed to solve these social quests were popular team-building activities aimed at strengthening the bonds between players. As a result, if players wanted to have a given infrastructure, we could force them to do team-building activities.

Finally, the number of quests available must be estimated so that at any given point there is a sufficient number of quests to be solved so that no player is left without anything to do. At the same time, the offer of quests should not be excessive, otherwise players would feel overwhelmed. Therefore, the designer can also play with the number of people required per quest. Quests requiring many participants will occupy the players, although it may take some time due to the difficulties of assembling all participants and coordinating them.

Narrative

If we as designers want the succession of quests to be attractive to players as well as to have players fully immersed into the game flow, we must facilitate their creation of a narrative providing a meaning for what they are doing. This narrative should connect the quests in a way that makes sense to participants and that motivates them to be part of it. In our case, the narrative was that of the social experiments. Societies that begin from scratch having to find their own rules and organization, prompted us to reflect on the tension between the will to build ideal institutions and the pressure on the needs to survive and prosper.

We provided many elements to help players build their own narrative. The first element was the story we explained to players about their role in the game. Additionally, the set-up of the game floor was arranged to suggest them the idea of being in an island in that it was surrounded by water and visibly separated from the other communities. Production and quests symbolically suggested that communities were experiencing technological progress. We also included many catastrophes that motivated players to action in order to avoid them or their consequences. We described them as environmental catastrophes so that participants could establish the connection between pollution and catastrophe, although from a game design perspective, it was not strictly necessary. Finally, the aliens posed a dilemma that was also built into a narrative form – leave the planet or clean it. As a result, players accepted the underlying dynamics as plausible and this facilitated their immersion in the game.

We cannot finish this section without an important caveat regarding the use of scenery to induce immersion into the narrative. If the scenery becomes too extravagant all at once or the player does not feel comfortable with it, it might generate a rejection of the game and completely misfire. Therefore, it is important to know the personalities of the participants and to have a good inclination about how far one can go in creating the scenery.

Central topics of the game

Closely related to the narrative component (if the game has the purpose of educating participants), is to have the designer clearly state which topics must be central in the game, excluding anything else that is not related to these topics or not strictly necessary to ensuring the quality of the game flow.

One of the most important decisions of SocialSIM'14 was to focus on the dynamics of building a society and on the role of environmental and inequality issues. As a result, we left out many other potentially interesting topics such as migration, social security, trade, identities, guaranteed minimum income, etc.

Once these topics have been chosen, the designer must find a way to express them in the game so that players can identify the situations that are being simulated with those in real life. This requires a process of analysis and abstraction in order to identify the key dynamics that characterize these situations and export them into the game. If this is made successfully, participants can draw lessons from the game and transfer them to the topic of interest. This is the main challenge to be achieved if the designer wants the game to be useful from a didactic perspective. If the identification between simulation and reality does not occur, the lessons learned in the game will not be useful as they will only be applicable to the game and the game will have failed in its educative purpose. If the identification is too obvious, then participants feel they are being indoctrinated, or that the lessons are too trivial and that the game fails to provide new insights.

In our case, the experiences we collected from participants confirm that they obtained several insights on the complexity of political and economic system, as I describe in the section on the learning outcomes for participants, we can count as a substantial success in the design process of adaptation of real topics to the game and also in the transfer of these lessons by the participants from the game to real life.

Rewards: individual versus collective

We have said before that one of the key decisions as designer is how to set attractive rewards that motivate players. These rewards can be either individual or collective. Depending on the relative weight of one type of reward versus the other, the game will have a completely different character. Individual rewards promote competitiveness among individuals, while collective rewards promote cooperation in the group and competitiveness among groups. Excessive individual competition can ruin the atmosphere of the game if competition evolves into personal conflicts. Lack of sufficient individual rewards can reduce the motivation of some players thereby reducing the sphere of the individual.

Therefore the designer must not only decide on which rewards to offer, but also on whether they should be individual or collective. Individual rewards include more resources, more status, enhanced ability to do more things or to purchase real goods, or simply gaining higher ranking with respect to competitors. Collective rewards are the same as the previous, but at the collective level. As we have explained, in SocialSIM we opted for collective rewards and weak competition elements.

Design of the rules

Another important aspect a designer must deal with is the degree of complexity of the game relative to the ability of the players to understand it. Complexity in the game has two sources: one is the degree of complexity of the rules and the other is the degree of complexity of the information about the game that they need to process in order to make a decision in the game. This information about the game includes knowing what options are available at a given moment, what the odds of success of each option are, what the consequences of pursuing each option are, as well as what other players are doing and how can this affect each player. In SocialSIM'14 the complexity of the rules was moderate, but the complexity of the information environment was very high, especially after phase 1.

In regards to the complexity of the rules, the more rules the game has, the more interesting it can potentially become, but only as long as players can understand these rules and comfortably operate within them. The simpler the game is, the easier it is to understand but the more likely it is to become boring, especially throughout an entire day. If at any given point complexity is too high, players feel confused and frustrated. It is always difficult to find the optimal equilibrium between complexity of rules and ability of players to cope with this complexity.

The golden rule for determining complexity both in rules and in game information is that players should have, at any point within the game, enough information to elaborate strategies about their behavior in the game with some expectation of success. If they cannot plan strategically with a certain amount of confidence, they will feel frustrated. In general, simplicity is always the best advice. The fewer and easier the rules are, the better.

In SocialSIM'14 we had few rules – those regarding how to produce and those regarding how to solve quests. The mechanics were relatively easy to understand: for production, you collect something, bring it to the production center, pay one SIM and get chips of the given product. What you would collect or which chips you would get might vary from product to product, but the mechanism was always the same. For quests, the mechanisms were also the same across all quests: you pick up the quest from the board, pay the price, solve it, bring the output to the quest-master and get the reward. Each quest had its own specific cost, reward and task to be performed. Again, the general mechanism was always the same so that we could add as many products and quests as we wished without altering the basic mechanics of the game and without forcing participants to understand something completely new.

In order to increase the ability of players to understand the complexity of the game, the designer can plan an initial tutorial phase so that players start the game in a very easy setting where they can feel comfortable within a relatively short span of time. After this tutorial, complexity can increase gradually in order to enrich the game and challenge players in different ways. In SocialSIM'14 we started with only a few production alternatives and only four quests available, so that choice was limited since players did not have enough information to form strategies to help them in their choice. Progressively, new quests unlocked new products, more potential quests and more problems, always keeping players near the border of their ability to cope with complexity.

The designer must also consider how to make rules easier to understand. First, rules must be few and natural. Natural rules are those that reflect some aspect of real life players and are easily accepted. Rules in which the resemblance to reality is hard to grasp, generate a certain resistance that spoils the willingness of the player to let himself go into the game. For instance, it was easy to understand that you could get poisoned if you consumed mushrooms, since some mushrooms in real life are also poisonous. The logic behind the quest tree, by which some quests would unlock other quests was also considered natural and accepted as a progress dynamic.

Another useful tool for making the rules easier to understand that we used in SocialSIM'14 was the projection at the beginning of a video tutorial created by our team. The purpose of the video was not only to explain the rules to the participants in an amenable way, but also to create the impression that rules were externally given and not linked to a particular person explaining them, which could have been perceived as subjective or susceptible of manipulation. Players also had posters around describing the key rules regarding production and quests hung in the game floor. These posters were designed in a rather graphical form than sheer text so that they could be quickly understood. Another communication tool we used was the quest tree, which showed players the structure of quests available in the future and where they were at a given point.

Another key issue concerning the design of the rules is enforceability. Ideally, rules must be self-enforcing, that is, players themselves should not have an incentive to cheat. Each aspect of the rules that offers an incentive for players to cheat, adds a burden to the organization team that needs to monitor these rules. Given that self-enforcing rules are very hard to find, the challenge of the designer is here to find ways in which rules can be monitored in an easy way. Examples of this are the requirements we defined for each quest for presenting a specific item that would become evidence of the completion of the quest. In this way, we did not have to monitor whether players were solving the quests according to the rules or not. If the final evidence was presented, the quest was considered completed regardless of how it was done.

Finally, the designer must include rules on how organizers can intervene into the game in cases where the game flow is threatened. One option is the design of "wild cards" defined as elements of the game that the organizer can use at his or her discretion when required. One example was the use of the "helicopter" as a mid-game solution that would bring players to the lunch area in cases where they did not manage to build the bridge, as had actually happened in our situation. It was much better to integrate this into the game flow than to let participants starve or break our own rules by allowing them to go for lunch even if they had not built the bridge. Other examples of wild cards include changing the costs of some quests in cases where communities become too rich or too poor.

Information flow

Closely related to the issue of complexity is the decision about the information flow. This involves deciding how much information players should receive from the organization, as well as through which channels and at what point in time. I have stated before that the golden rule about game complexity is that players should, at any point in the game, have enough information in order to be able to elaborate strategies about their behavior in the game, with some expectation of success.

Here the countervailing effect of complexity is the learning effect experienced by players as they play, as well as the organizational development that allows the group to process more information as team versus as an individual.

Therefore, the game designer must estimate how much players know at each point, how much information they can manage individually and collectively, and how much they need to know in order to make a good decision. If the designer finds that at some point the required information is excessive, he or she might consider providing some additional hints or reducing the informational requirements. However, managing complexity was one of the key challenges that communities faced and therefore it should not be made too easy.

Another dimension of the information flow is the exchange of information between players. The designer must decide which information each player is expected to have and how they might share it. This must be carefully planned since as complexity increases, it becomes more and more challenging for players to manage the flow of information they need in order to advance in the game. If the information needs are excessive, then it can happen that players become frustrated. The designer must facilitate options for players to exchange information, as we did, by requiring them to organize a climate conference to discuss environmental issues.

One additional tool for the designer to control the information flow is the proper use of visualization elements. The designer must decide what players can see and what can they not see. For instance, we provided players with bags and badges with the color of their community so that it would be easy for them to identify one another. We put panels between communities so that they could not easily observe what the others were doing, but they were not completely invisible to each other as they could see others by investing some effort. Another example implemented to inform them of the level of pollution, was the use of black balloons and black confetti – the quantity of which should give them an approximation of the real level of pollution they were facing. All of these elements were not only important for creating a nice playful atmosphere, but also for conveying relevant information in a cost-effective way.

1.2.2 Minigames: Die Spiele im Spiel

Larissa Mogk

Für die Entwicklung der „Spiele im Spiel", der sogenannten Minigames, ergaben sich während der Planungs- und Spielphase drei große Herausforderungen, die ich hier näher ausführen möchte. Die ersten beiden ergaben sich aus der Zielsetzung unseres Projektes als Plattform für Lehre und Forschung. Die dritte Herausforderung betrifft die praktische Durchführung des Simulationsspiels. Im Anschluss gehe ich auf die Prinzipien ein, die Richtung weisend für die Entwicklung der „Spiele im Spiel" bei SocialSIM'14 waren. Es folgt eine Beschreibung unserer Vorgehensweise beim Spieldesign.

Herausforderungen des Spieldesigns

Zum einen war es eine Herausforderung die Spiele so zu konzipieren, dass die Spieler*innen bei SocialSIM auch nach Stunden des Spielens nicht die Freude daran verlieren würden. Monotone Abläufe führen schnell zur Ermüdung und es entsteht der Eindruck, dass es sich nicht lohnt, seine Zeit weiter mit dem Spielen zu verbringen. Um der Gefahr eines vorschnellen Endes vorzubeugen, mussten daher kleine Aufgaben im Spiel interessant und abwechslungsreich gestaltet sein. Das Lösen einer spielerischen Aufgabe kann eine positive Erfahrung sein, die das freiwillige Weiterspielen gewährleistet. Häufig war es nicht nur das Erreichen der Lösung durch die man die Gemeinschaft einen Schritt weiter gebracht hatte, sondern auch der Spaß beim Lösen der Aufgabe selbst, der die Spieler*innen dazu ermutigte, eine weitere Aufgabe anzugehen. Spiele, die Misserfolge und Konflikte provozieren, wurden bewusst gering gehalten.

Zum zweiten sollten die Quests bei SocialSIM und die Produktionsformen eine Vereinfachung und Abbildung typischer Handlungen des realen Lebens sein. Vor allem auf der emotionalen Ebene wollten wir erreichen, dass Spieler*innen vor den gleichen Herausforderungen stehen wie in der Realität. Bei SocialSIM wie in der Realität erfordert beispielsweise das Sammeln von Pilzen gewisse Kenntnisse darüber, welche Pilze genießbar sind und welche nicht. Konsumiert ein Spieler oder eine Spielerin giftige oder ungenießbare Pilze, ist er*sie vorübergehend außer Gefecht gesetzt. Bei

SocialSIM bedeutet das, dass man sein Spieler*innen-Herz abgeben muss und keine weiteren Handlungen ausüben kann. Gegen einen bestimmten Betrag von SIM kann das Herz schließlich wieder zurückgekauft werden. Dafür ist meist die Kooperation mit anderen Spieler*innen notwendig. Pilze muss man suchen, freut sich über jeden, den man gefunden hat und erwartet eine Belohnung. In der Realität steht hier beispielsweise der Genuss einer Pilzpfanne, während der Tausch gegen SIM im Spiel zu neuen Energien (in Form von neuen Chips) für den Einsatz im Simulationsspiel verhilft. Das Sammeln von Pilzen und Beeren erfordert Geduld und Fleiß. In den Sträuchern und auf dem Waldboden müssen die Kostbarkeiten Stück für Stück aufgesammelt und abgepflückt werden. Zu Beginn mutet die Waldlandschaft wie ein Schlaraffenland an. Jede*r kann sich sorglos an den Ressourcen bedienen. Später, wenn ein Großteil abgeerntet ist, wird die Suche schwieriger und der Druck, neue Nahrungsmittelquellen zu erschließen, wächst. An diesem Beispiel wird deutlich, dass die Spiele im Spiel eine große Korrelation mit den realen Prozessen, wie in diesem Beispiel mit Nahrungsmittelknappheit aufweisen.

Die dritte Herausforderung betrifft die praktische Umsetzung der einzelnen Spiele. Jedes Spiel musste in den komplexen Gesamtzusammenhang passen. Vor allem die zeitliche Planung war dabei eine Herausforderung. Die verschiedenen Produktionsprozesse sollten in etwa die gleiche zeitliche Wertigkeit haben, damit keiner aus diesem Grund von den Spieler*innen bevorzugt würde. Auch den Quests, also den Aufgaben in vier unterschiedlichen Bereichen wurden umsetzbare Zeitlimits gesetzt. Die Koordination von drei Formen des Sammelns, zehn verschiedenen Produktionsprozessen und etwa dreißig Quests wäre ohne vorherige Einschätzung und Festlegung auf bestimmte Zeitfenster nicht möglich gewesen. Elementar waren auch die ständigen Tests denen wir unsere Spielideen unterzogen.

Praxis der Spielentwicklung

Besonders profitierte die Simulationsentwicklung von den Prinzipien des *Prototyping*, einer Methode aus dem *Design Thinking*[1]. Zu Beginn des

---

1 *Design Thinking* wird in Deutschland am Hasso-Plattner Institut in Potsdam gelehrt. Es ist eine teambasierte Arbeitsmethodik um verschiedene Problemstellungen durch eine nutzerzentrierte Sichtweise, durch einen offenen Umgang mit allen Ideen in der Gruppe, durch schnelles Erarbeiten von testbaren Prototypen

SocialSIM-Projekts hatten wir den im Hasso-Plattner Institut in Potsdam tätigen Coach Viktor Bedö für einen Workshop eingeladen. Viktor Bedö ist gleichzeitig Spieledesigner bei *Tacit Dimension*[2], so dass wir auch von diesen Erfahrungen lernen konnten. An einem Wochenende führte er uns mit vielen praktischen Übungen in die Kunst der Spielentwicklung ein. Später verwendeten wir die gelernten Methoden bei unseren wöchentlichen Teamtreffen und kreierten auf diese Weise die Quests und Produktionsabläufe. Im Folgenden stelle ich die Grundzüge dieser Methode vor und schließe eine Beschreibung der Arbeitsweise des SocialSIM-Teams an.

Die Methode des *Prototyping* beinhaltet, Ideen auf ihre Machbarkeit zu überprüfen und in der praktischen Umsetzung gewinnbringende Erfahrungen zu sammeln. Probleme lassen sich dadurch sofort erkennen und lösen. Der *Prototype* ist eine Art Dummy, der einem Test unterzogen werden kann. Ihm sind die Eigenschaften und Funktionen des realen Handlungsablaufs inhärent oder können ihm zumindest zugeschrieben werden. Auch abstrakte Konzepte lassen sich so sofort ausprobieren und weiterentwickeln. Im Workshop mit Viktor Bedö begannen wir mit einer ersten konzeptionellen Phase, dem Designen eines Prototyps. Zu jeweils einem Element des Spiels erarbeiteten wir in Teams eine Geschichte und identifizierten Aktionen und Mechanismen, die mit dem Spielelement in Verbindung standen. Wir legten das Ziel des Minigames fest, schufen Hindernisse, die es für die Spieler*innen zu überwinden galt und hielten die *Open Gates*, also die Verbindungspunkte zu anderen Spielen, fest.

---

und durch regelmäßiges Einholen von Rückmeldungen iterativ zu lösen (vgl. Gürtler und Meyer 2013).

2 *Tacit Dimension* ist ein unabhängiges Labor, das Spiele für den urbanen Raum entwickelt. Diese kommen in der urbanen Designforschung und bei vielfältigen innovativen Projekten zum Einsatz.

Abbildung 1:   Diskussion der ersten Ideen für die Minigames

Im Anschluss an diese Überlegungen standen uns Bastelmaterial und kleine Alltagsgegenstände wie Münzen, Strohhalme und Eierkartons zur Verfügung, die uns zur Entwicklung eines ersten Testspiels dienten. Die entwickelten Spiel-Prototypen wurden dann nacheinander ausprobiert. Das jeweilige Team erklärte die Regeln und beobachtete den Spielverlauf. Im Anschluss wurde ausgewertet, ob die Spiele Spaß machten, ob die Eigenschaften von Spiel und Realität sich ähnelten und welche Ideen zur Verbesserung es gab. In einer neuen Designphase wurden diese Vorschläge optimiert und erneut getestet.

Die Dynamik unserer Arbeit wurde dadurch unterstützt, dass wir bestimmte Anwendungen aus dem *Design Thinking* übernahmen. Das bedeutete, ausschließlich im Stehen zu arbeiten und die Zeit sehr stark zu reglementieren. Durch den strikten Wechsel von Design und Test konnten wir in einem kompensierten Zeitraum an drei Spielelementen arbeiten und in einer letzten gemeinsamen Testrunde ihr Zusammenwirken testen.

Abbildung 2: Erster Test des Angelns von Münzen mit Magneten aus einem Karton, später weiterentwickelt zum Fischerspiel.

Nach dem Workshop arbeiteten wir in ähnlicher Weise in den wöchentlichen Gruppentreffen weiter an den Elementen von SocialSIM. Wichtig war uns dabei, die Phasen des Brainstorming, der Konzeption, des Tests und der Überarbeitung einzuhalten, auch wenn die zeitlichen Rahmenvorgaben nicht ganz so strikt gehandhabt wurden, wie beim Workshop selbst. Bei der Optimierung des Prototyps stellte sich vor allem im Monat vor der Simulation die Frage geeigneter Materialien. Die Eigenschaften, die vorher den Dummys zugeschrieben wurden, mussten bei SocialSIM ohne weitere Erklärungen erkennbar sein. Des Weiteren benutzten wir bei der Spielentwicklung Materialien, deren Qualität zwar für die Länge der Test ausreichte, jedoch nicht für die Beanspruchung während eines ganzen Spieltages. Kamen zu Beginn bunte, abgeschnittene Strohhalme zum Einsatz, suchten wir für das Simulationsspiel etwas, das genauso klein und leicht zu bekommen war, jedoch einem Pilz ähnlicher sah. Nach einigen Überlegungen einigten wir uns schlussendlich auf Streichhölzer mit Köpfen in unterschiedlichen Farben. Vorteil war hier, dass man die kleinen Hölzchen in Styrodurplatten stecken konnte, um sie später bei SocialSIM zu „ernten". Wie bei jedem Pro-

jekt können den ersten Ideen und Entwürfen unendliche Optimierungspro-
zesse folgen. In der knappen Zeit, die uns für das Simulationsdesign blieb,
standen für uns die Spielbarkeit und das Annehmen als wirklichkeitsnahe
Spielumgebung vor dem ästhetischen Anspruch.

Besonders relevant für die Umsetzung des Spieldesigns ist es, dass den
Spieler*innen durch die Beschreibungen der Aufgaben klar wird, was sie genau tun sollen. Durch die intensive Einbindung als Spieldesigner*in fällt es
schwer, die Aufgabenstellungen des Spiels für Dritte zu schildern. Deshalb
empfiehlt es sich, die Spielanleitungen im Voraus zu testen oder eine externe
Person hinzuzuziehen, die die Spielanleitungen prüfen kann. Es wäre auch
möglich, alle Anleitungen von einer externen Person schreiben zu lassen.
Aus unserer Erfahrung der Entwicklung von *Minigames* ist es unausweich-
lich, alle Spiele vor der Simulation gespielt zu haben. Auch kleine Veränderungen kurz vor dem Spielbeginn können weitreichende Folgen nach sich
ziehen.

Literatur

Gürtler, Jochen und Johannes Meyer 2013: *30 Minuten Design Thinking*. Offenbach:
    Gabal Verlag.

1.2.3 Technical core: Determination of the returns from productive activities and the costs of quests

Antonio Farfán-Vallespín and Nikita Zakharov

Production input-output values

One of the tasks of the game design was to determine how many chips a player would receive for collecting a given amount of resources in a given amount of time. This task is particularly important for ensuring proper functioning of the game flow for different reasons that will be enumerated here. In order to prevent these problems we followed some principles.

The main principle in setting production outcomes was to create interdependency within the different products, meaning that the different quests and products should require inputs from different products in order to stimulate exchange among producers. For example, initial products required paying 1 SIM to be accepted by the exchange center, while wood and rice required 1 tool per exchange. To obtain 1 tool, the required input was 1 SIM and 1 energy chip. This design interconnects producers of all resources and reinforces exchange within the community. It also ensures that all activities are important for the collective.

The second principle was that of divisibility of the returns from productive activities in order to ensure exchange. This principle implies that the returns to productive activities should be in amounts large enough to allow for a division of the reward into smaller units, in order to stimulate exchange. For example, if a player received 1 wood chip in return for wood extraction activities, he would only be able to offer 1 wood chip to acquire other goods. If he received 5 wood chips, he would have more alternatives to negotiate prices in exchange for other goods by offering any amount between 1 and 5 wood chips. This principle was motivated by fear from players who do not have enough exchange currency to pay for the production inputs and hence are not able to produce anything.

Table 1 presents detailed information for the input and output for each possible resource transaction. However, the most important principle was that the returns from working a reasonable amount of time in productive activities should enable players to afford a sufficient number of available quests to keep the entire community busy.

Table 1:   Input-output of production

LIST OF ALL POSSIBLE OPERATIONS	RESOURCES CONSUMED				RESOURCES PRODUCED				
1. Collection Stage	SIMS	ENERGY dirty	ENERGY clean	TOOLS	SIMS	ENERGY dirty	ENERGY clean	TOOLS	WOOD
Berries	1				3				
Mushrooms	1				5				
Uneatable Mushrooms	1				0				
Poisoned Mushrooms	1				-5				
Wood	1								3
2. Production Stage									
Rice	1			1	10				
Poisoned Rice	1			1	-5				
Chicken	1				3				
Poisoned Chicken	1				-5				
Fish	1				2				
Coal / Oil	1					4			
Tools	1	1						1	
Tools (with clean energy)	1		1					1	
Wood	1			1					10
Wind Energy	4						15		
Nuclear Energy	8						25		

Demand of resources

Quests in SocialSIM form the main demand for the resources. Therefore, determining the cost of each quest had a major influence on the evolution of the game. Another source of resource demand included personal consumption in exchange for real goods like drinks, cookies and other snacks. This option appeared too late in the game and its costs were relatively too low in order to have a decisive influence in the economic system. We also expected that not all resources would be spent on quests or consumption. We assumed correctly that players would hoard some resources as insurance for future shocks, creating an additional source of demand for resources.

In phase 1 when all resources are collected from the ground, we simply measure the time needed to pick up resources to match the production rate in the community to the prices of quests that they have to complete to build the bridge and to go to the second phase. During the testing we determined that the first hour was sufficient for collecting resources needed for the main introductory and engineering quests which were necessary for building up the main infrastructure. Afterward, a community had the next 1.5 hours to prepare the 'bridge' quest. See the table 2 for the exact prices.

The computation of quest prices in phase 2 is more complex due to different production processes, pollution and uncertain development of community. To address these issues we have designed a model to predict economic growth and determine the potential of completing quests accordingly.

Table 2:   Quest prices in phase 1.

#	Quest Name (only phase 1 quests)	Preise	
		SIMS	WOOD
1	GQ A Umfrage	20	0
2	GQ B Lügenbaron	20	0
3	GQ C Gegenstande	20	0
4	GQ D Namensalphabet	20	0
5	GQ E Brücke	20	0
6	PQ 1 Pol-Orga	0	0
7	PQ 2 Eigentum	0	0
8	EQ A Garten	50	50
9	EQ B Mine	50	50
10	EQ C Fischerei	50	50
11	EQ D Fabrik	50	50
12	PQ 3 Grundprinzipien	0	0
13	EQ G Brunnen	20	0
14	EQ E Brücke	100	100

The model is derived from a basic assumption about time needed to produce each resource. The assumptions were tested prior to the game and were confirmed realistic. Table 3 demonstrates the time assumption regarding resource production.

Table 3:   Production operations: input and output

RESOURCES	Input					Output
	SIMS	Coal	TOOL	Wood	Time (min)	
SIMS	1		1		10	10
COAL	1				10	4
TOOL	1	1			5	1
WOOD	1			1	10	10

Table 4 describes types of employment in the community, progress of pollution levels and resources (produced and consumed) with respect to time during phase 2. Time is the only resource which we can predict with accuracy at every point of the game. Any other variable within the model is linked to time: phase 2 is expected to run for 5 hours, thus there are 30 columns describing the economic situation every 10 minutes. One main observation from the model is that SIMS become relatively more expensive due to effects of pollution, in comparison to other resources. We assume a saving rate of 33% of net production which includes both demand for savings and for liquid currency in the form of any resource (most likely SIMS).

Table 4: A forecast of economic dynamics during phase 2

Number of players = 30
Time step = 10
DICE SIDES = 18
POISON FINE = 0.5
SAVINGS RATE = 33.00%

Step Number	1	2	3	4	5	6	7	8	9	10	11	12	13	14	15	16	17	18	19	20	21	22	23	24	25	26	27	28	29	30	31
TIME SCALE	00:00	00:10	00:20	00:30	00:40	00:50	01:00	01:10	01:20	01:30	01:40	01:50	02:00	02:10	02:20	02:30	02:40	02:50	03:00	03:10	03:20	03:30	03:40	03:50	04:00	04:10	04:20	04:30	04:40	04:50	05:00
Type of employment																															
Garden	6	6	6	6	6	6	6	6	6	6	6	6	6	6	6	6	6	6	6	6	6	6	6	6	6	6	6	6	6	6	6
Fishery	0	6	6	6	6	0	0	6	6	6	6	0	0	6	6	6	6	0	0	6	6	6	6	0	0	6	6	6	6	0	0
Mine	6	6	6	6	6	6	6	6	6	6	6	6	6	6	6	6	6	6	6	6	6	6	6	6	6	6	6	6	6	6	6
Fabriek	6	6	6	6	6	6	6	6	6	6	6	6	6	6	6	6	6	6	6	6	6	6	6	6	6	6	6	6	6	6	6
Wood production	2	2	2	2	2	2	2	2	2	2	2	2	2	2	2	2	2	2	2	2	2	2	2	2	2	2	2	2	2	2	2
THE REST	4	10	4	10	10	4	4	10	4	10	10	4	4	10	4	10	10	4	4	10	4	10	10	4	4	10	4	10	10	4	4
POLLUTION																															
Coal consumed ACC	0	12	24	36	48	60	72	84	96	108	120	132	144	156	168	180	192	204	216	228	240	252	264	276	288	300	312	324	336	348	360
LEVEL	1	1	1	2	2	2	2	3	3	3	3	4	4	5	5	5	5	5	6	6	6	6	6	6	6	7	7	7	7	7	7
EFFECT							72					4	144						216	6	6	6	6	6	288						
PRODUCED																															
SIMS	170.8	50.83	110.8	47.67	77.67	47.67	62.67	44.5	52	44.5	48.25	41.33	43.21	38.17	39.1	38.17	38.64	38.17	35.23	35.12	35.12	35.06	35.06	35	35.03	31.83	31.85	31.83	31.83	31.84	31.84
COAL	24	24	24	24	24	24	24	24	24	24	24	24	24	24	24	24	24	24	24	24	24	24	24	24	24	24	24	24	24	24	24
TOOL	12	12	12	12	12	12	12	12	12	12	12	12	12	12	12	12	12	12	12	12	12	12	12	12	12	12	12	12	12	12	12
WOOD	20	20	20	20	20	20	20	20	20	20	20	20	20	20	20	20	20	20	20	20	20	20	20	20	20	20	20	20	20	20	20
CONSUMED																															
SIMS	20	20	20	20	20	20	20	20	20	20	20	20	20	20	20	20	20	20	20	20	20	20	20	20	20	20	20	20	20	20	20
COAL	12	12	12	12	12	12	12	12	12	12	12	12	12	12	12	12	12	12	12	12	12	12	12	12	12	12	12	12	12	12	12
TOOL	6	6	6	6	6	6	6	6	6	6	6	6	6	6	6	6	6	6	6	6	6	6	6	6	6	6	6	6	6	6	6
WOOD (only for quests)																															
BALANCE																															
SIMS	150.8	181.7	272.5	300.2	357.8	385.5	428.2	452.7	484.7	509.2	537.4	568.8	582	600.1	619.2	637.4	656	674.2	689.4	704.4	719.5	734.5	749.6	764.6	779.6	791.5	803.3	815.2	827	838.8	850.7
COAL	12	24	36	48	60	72	84	96	108	120	132	144	156	168	180	192	204	216	228	240	252	264	276	288	300	312	324	336	348	360	372
TOOL	6	12	18	24	30	36	42	48	54	60	66	72	78	84	90	96	102	108	114	120	126	132	138	144	150	156	162	168	174	180	186
WOOD	20	40	60	80	100	120	140	160	180	200	220	240	260	280	300	320	340	360	380	400	420	440	460	480	500	520	540	560	580	600	620
Resources available for QUESTS																															
SIMS	49.77	59.95	89.92	99.05	118.1	127.2	141.3	149.4	159.9	168	177.3	184.4	192	198	204.3	210.3	216.5	222.5	227.5	232.5	237.5	242.4	247.4	252.3	257.3	261.2	265.1	269	272.9	276.8	280.7
COAL	101.1	121.7	182.6	201.1	239.7	258.3	286.9	303.3	324.7	341.1	360.1	374.4	389.9	402.1	414.9	427.1	439.5	451.7	461.9	472	482.1	492.1	502.2	512.3	522.4	530.3	538.2	546.2	554.1	562	569.9
TOOL	13.4	26.8	40.2	53.6	67	80.4	93.8	107.2	120.6	134	147.4	160.8	174.2	187.6	201	214.4	227.8	241.2	254.6	268	281.4	294.8	308.2	321.6	335	348.4	361.8	375.2	388.6	402	415.4
WOOD																															

Table 5:   Forecast of quest progress with respect to time in phase 2.

Total Number of players: 30
Time step = 00:10

Resources available for QUESTS

Step Number	1	2	3	4	5	6	7	8	9	10	11	12	13	14	15	16	17	18	19
TIME SCALE	00:00	00:10	00:20	00:30	00:40	00:50	01:00	01:10	01:20	01:30	01:40	01:50	02:00	02:10	02:20	02:30	02:40	02:50	03:00
SIMS	101.06	121.72	182.6	201.1	239.7	258.3	286.9	303.3	324.7	341.1	360.1	374.4	389.9	402.4	414.9	427.1	439.5	451.7	461.9
WOOD	13.4	26.8	40.2	53.6	67	80.4	93.8	107.2	120.6	134	147.4	160.8	174.2	187.6	201	214.4	227.8	241.2	254.6

Step Number	20	21	22	23	24	25	26	27	28	29	30	31
TIME SCALE	03:10	03:20	03:30	03:40	03:50	04:00	04:10	04:20	04:30	04:40	04:50	05:0 / 0
SIMS	472	482.1	492.1	502.2	512.3	522.4	530.3	538.2	546.2	554.1	562	570
WOOD	268	281.4	294.8	308.2	321.6	335	348.4	361.8	375.2	388.6	402	415

Prices per estimated quest activity

	4	7	9	11	13	14–15	17	19	21	23	25	27	29	31
SIMS	200	24	24	24	24	24	24	24	24	24	24	24	24	24
WOOD	50	30	30	30	30	30	30	30	30	30	30	30	30	30
Possible Quests	1	2	3	4	5	6	7	8	9	10	11	12	13	14

Possible Quests / or:
- 1 = University
- 3 = W-Quest Filter
- 4 = W-Quest Climate Change / W-Quest Env. Pollution
- 5 = E-Quest M "Filter" / W-Quest Fertilizer
- 6 = E-Quest O "Wind Power" / E-Quest P "Nuclear PP" / P-Quest 4 "Sustain. Fishery"

Step Number	1	2	3	4	5	6	7	8	9	10	11	12	13	14	15	16	17	18	19
TIME SCALE	00:00	00:10	00:20	00:30	00:40	00:50	01:00	01:10	01:20	01:30	01:40	01:50	02:00	02:10	02:20	02:30	02:40	02:50	03:00
SIMS	101.06	121.72	182.6	1.11	39.75	34.29	62.87	55.29	76.73	69.14	88.07	78.36	93.91	76.08	88.88	89.54	77.71	87.92	
WOOD	13.4	26.8	40.2	3.6	17	0.4	13.8	-2.8	10.6	-6	7.4	-9.2	4.2	-12.4	1	-15.6	-2.2	-18.8	-5.4

Step Number	20	21	22	23	24	25	26	27	28	29	30	31
TIME SCALE	03:10	03:20	03:30	03:40	03:50	04:00	04:10	04:20	04:30	04:40	04:50	##
SIMS	73.97	64.1	70.15	80.24	66.29	76.36	60.10	60.22	52.15	60.09	44.01	51.9
WOOD	-22	-8.6	-25.2	-11.8	-28.4	-15	-31.6	-18.2	-34.8	-21.4	-38	-24.6

check:
- 1st half / 2nd half
- 43.65 / 19.59
- 34.1 / 29.48

TOTAL AVERAGE:
- Average W-Quest: 36.99
- Average E-Quest: 36.54

Based on the estimation in table 4 we obtain an average amount of resources available for completing quests. Then based on the preliminary testing, we assume that a community will be able to complete 1 quest every 20 minutes on average (except for the University quest), and therefore we calculate the average available resources per quest. Because we differentiate quests into two types – scientific and engineering – we also differentiate price composition for them. Engineering quests require more wood (since wood is symbolically a construction material), while scientific quests only cost SIMS (which are an equivalent of main currency or food). Table 5 illustrates our computational process. It depicts the same time-line from table 4 and complements it with hypothetical progress of quests. Further, we see the average prices of quests estimated in table 6 below where price W-Quest are 40 SIMS, E-Quests are 60 WOOD and 8 SIMS (though later it was rounded up to 10 for simplicity). Prices can be adjusted to the number of players if there are too few participants to sustain the same game dynamics as with the full community of 30 players.

Table 6:   Estimated prices of quests.

Estimation	SIMS	WOOD
Price W-Quest	40	0
Price E-Quest	8	60

Our estimation is approximate. It does not include the effect of disasters which may halt the production of any resource. Also it does not account for potential social deviations from production such as revolt, strike or mass inaction. On the other hand, we have employed a "relaxed" time assumption about resource production and we included a high saving rate which can serve as a safety net if a community does not achieve expected production rates. Thus we still expect every community to be able to engage in the majority of quests thereby fulfilling its potential social and technological development.

1.3 Konzeption und Praxis der Seminare

Larissa Mogk, Gregor Dobler, Dominique Schirmer und Friedrich Arndt

Eine Besonderheit der SocialSIM-Seminare ist mit Sicherheit die interdisziplinäre Zusammensetzung des Teilnehmer*innenkreises und die damit verbundene doppelte Seminarstruktur, aber auch die Verbindung von Simulationsspiel und universitären Lehrinhalten. Die interdisziplinären und fachspezifischen Seminare verfolgten dabei vier sehr unterschiedliche Ziele, die im Rahmen der wöchentlichen Sitzungen vereint werden mussten.

Erstens setzten sich die Studierenden mit Forschungen in simulierten Umgebungen auseinander. Dazu konnten Vergleiche zu schon bestehenden Simulationen in den Sozialwissenschaften hergestellt (vgl. Jackson 2011; Henrich et. al. 2005) und Parallelen zu anderen Formen wie Plan- und Rollenspielen (vgl. Geuting 2000; Sader 1995; Shaw 2010; Stahlke 2001) gezogen werden. Ziel war es, das Verhältnis von Simulation und wissenschaftlicher Theoriebildung zu diskutieren und sich für die praktische Umsetzung der Forschungsübung zu positionieren. Zweitens standen thematische Schwerpunkte auf dem Seminarplan. Die Studierenden arbeiteten sich in theoretische Konzepte ein, die auch das Simulationsdesign bestimmt hatten. So wurde gewährleistet, dass die Verzahnung von Lehre und Simulation gelingt und die studentischen Forschungsprojekte umsetzbar sind. Diese Umsetzung musste drittens auch methodisch vorbereitet werden. Das geschah vor allem in den fachspezifischen Seminaren durch die Beratung der jeweiligen Lehrenden. Das vierte Ziel der begleitenden Lehrveranstaltungen war die Auseinandersetzung mit dem eigenen Disziplinenverständnis und der interdisziplinäre Austausch. Dieser wurde durch die Diskussionen in den interdisziplinären Sitzungen und die Möglichkeit zu Forschungskooperationen vorangetrieben. Wie die einzelnen Ziele realisiert wurden und was dabei zu beachten ist, wird im Folgenden dargelegt. Am Ende des Kapitels gehen wir auf einige organisatorische Besonderheiten ein und geben praktische Hinweise zur Umsetzung der Lehrveranstaltungen.

Interdisziplinäre Seminarpraxis

Simulation, Realität, Wissenschaft

Wie schon in dem Kapitel *Gestaltung der Lehre* deutlich wurde, ist der Einsatz von Simulationen im universitären Alltag ein Sonderfall. Viele Interessierte, aber auch die Studierenden selbst konnten sich im Vorhinein nicht vorstellen, wie die Simulation genau funktionieren würde. Aus diesem Grund machten wir SocialSIM gleich zu Beginn des interdisziplinären Seminars praktisch erfahrbar. Eine Doppelsitzung diente dazu, die erste Phase des Simulationsspiels auszuprobieren. Die Studierenden nahmen die Rollen der Spieler*innen ein und bekamen erste Anhaltspunkte für die Einordnung von SocialSIM und für mögliche Forschungsprojekte. In einer späteren Sitzung wurde das Spieldesign der anderen beiden Spielphasen vorgestellt, so dass ein klares Gesamtbild entstehen konnte. Diejenigen Studierenden, die an Spieldesign und Organisation beteiligt waren, konnten zudem eigene Ideen einbringen und Elemente des Spielverlaufs auf ihre Forschungsfrage hin mit gestalten. Zum Großteil wurde die Frage nach dem Umgang mit Simulationen in den einzelnen fachspezifischen Seminaren diskutiert und dann in einer gemeinsamen Sitzung zusammengetragen. Einige Forschungsprojekte gingen explizit auf die Frage ein, wie Simulationen der Forschung dienen können, andere behandeln diese Frage nur am Rande; das wird in den Forschungsberichten in Teil II deutlich.

Thematische Schwerpunkte

Allmendegüter wurden unter anderem als ein Thema des Seminars ausgewählt, weil es bereits kleinere Simulationen und Spiele zu diesem Thema gibt (etwa das *New Commons Game* der Bundeszentrale für politische Bildung und das von Wolfgang Ziefle beschriebene Fischerspiel). In der Debatte um Nachhaltigkeit gewinnt das Thema Gemeingüter zunehmend an Bedeutung und es begleitete den umweltpolitischen Schwerpunkt des Simulationsspiels in idealer Weise.

Neben den Common-Pool-Resources war die Bildung von Institutionen und Macht ein weiterer Schwerpunkt des Seminars. Auch dieses Thema wird von allen beteiligten Wissenschaften bearbeitet und bot sich deshalb für eine interdisziplinäre Kooperation an.

Anhand von Spielen, aber auch durch die Beschäftigung mit den Texten von Elinor Ostrom und Heinrich Popitz konnten die Seminarteilnehmer*innen auf einer gemeinsamen Grundlage miteinander ins Gespräch kommen. Eine weitere Sitzung beschäftigte sich mit den verschiedenen empirischen Herangehensweisen der Fächer in der Untersuchung von Allmendegütern.

Methodische Unterstützung

In Bezug auf die Erfahrung mit empirischen Forschungsmethoden waren die drei Gruppen von Studierenden auf einem sehr unterschiedlichen Niveau. In der Soziologie und Ethnologie ist die empirische Forschungsarbeit, besonders die qualitative, wichtiger Teil der Methodenausbildung, in der Politikwissenschaft hängt dies stark von der Schwerpunktsetzung der Studierenden ab, zumal die entsprechende politikwissenschaftliche Methodenausbildung in Freiburg stärker quantitativ ausgerichtet ist. Aus diesem Ungleichgewicht ergaben sich vielfältige Möglichkeiten für den Wissenstransfer zwischen den Studierenden. Der Austausch fand im gemeinsamen Seminar, den einzelnen Forschungsgruppen und einem von der Ethnologie organisierten Workshop zu Beobachtungstechniken statt. Hilfreich war die Kommunikation über das gemeinsame Onlineportal. Hier konnten die Studierenden ihre Forschungsdesigns hochladen und sich z. B. über die Konzeption des Fragebogens austauschen.

Trotzdem fiel es auch den Studierenden, die mit den Forschungsmethoden ihres Faches vertraut waren, nicht leicht, ein Forschungsdesign für den Simulationstag zu entwerfen. Die Vorstellung der Exposés und die anschließende Besprechung vor allem in den disziplinären Seminarsitzungen verhalfen den Studierenden dazu, bis kurz vor der Simulation ein geeignetes Design auszuarbeiten.

Interdisziplinäre Auseinandersetzung

Interdisziplinarität und Disziplinenverständnis wurde nicht wie die anderen Zielsetzungen explizit in einzelnen Sitzungen behandelt, sondern beschäftigte die Seminarteilnehmer*innen parallel zu den inhaltlichen Schwerpunkten. Für den Austausch war die Einteilung in gemeinsame und fachspezifische Sitzungen elementar. Nur durch die wöchentliche Vorbereitung der Inhalte in den jeweiligen Disziplinen konnte der Austausch zwischen den Studierenden in den gemeinsamen Sitzungen stattfinden. Positionen und Argumente waren dann schon einmal ausgetauscht und wurden von den Studierenden aus den einzelnen Disziplinen vorgestellt. Die disziplinären Spezifika wurden dadurch erkennbar, mussten aber teilweise auch explizit von den Lehrenden herausgearbeitet werden und standen damit zur Disposition.

Zur erweiterten Auseinandersetzung mit dem Thema Allmendegüter wurde die volkswirtschaftliche Perspektive durch einen Vortrag von Robert Kappius präsentiert. In der anschließenden Diskussion zeigten sich an dieser Stelle schnell die Differenzen zwischen ihm und den Beteiligten am Projekt. Die drei übrigen Wissenschaften kritisierten vor allem die Simplifizierung ökonomischer Modelle und das zugrundeliegende Menschenbild eines homo oeconomicus. Hier war die disziplinäre Grenzziehung zur Volkswirtschaftslehre sehr deutlich und trug zur Schärfung des Verständnisses von Soziologie, Ethnologie und Politikwissenschaften bei.

Im Aufeinandertreffen der unterschiedlichen methodischen Herangehensweisen zeigten sich die fachspezifischen Unterschiede besonders deutlich. Bei der Vorstellung der Forschungsprojekte fragte ein Soziologiestudent: „Macht ihr das über ein Interview oder einen Fragebogen?" Daraufhin antwortete die Ethnologiestudentin: „Mit Teilnehmender Beobachtung." In diesen Zitaten zeigt sich die fachspezifische methodische Prägung der beiden Studierenden. Während die Soziologie sehr häufig mit der Befragung (oder ggf. mit Interviews) arbeitet, ist die Teilnehmende Beobachtung das Kernstück der Ethnologie. Aus dem Gespräch lässt sich aber auch die Selbstverständlichkeit zugunsten der in ihren Fächern angeeigneten Methoden erkennen, mit der die beiden Studierenden ihre Methodenwahl argumentieren. Diese Selbstverständlichkeiten zu erkennen und zu prüfen, ist eine große Stärke dieser Seminarform.

Austausch und Diskussion waren vor allem dadurch sehr fruchtbar, dass die gemeinsamen Sitzungen von den disziplinären Seminaren vor- und auch nachbereitet wurden. So gab es die Möglichkeit, noch einmal über „die anderen" zu sprechen, Bedenken zu äußern und in einem vertrauten Raum Fragen zu stellen.

Disziplinäre Besonderheiten

Sonderfall Studienprojekte in der Soziologie

Im soziologischen Seminar haben die – empirischen – Forschungsprojekte der Studierenden einen besonderen Raum eingenommen. Deshalb war das disziplinäre Seminar zweigeteilt mit einer theoretischen und einer methodischen Hälfte. Im ersten Teil des Seminars, dem Theorie-Teil, haben wir uns sowohl mit Fragen von Simulation, Allmende sowie der Umweltthematik befasst, als auch mit Methoden-Theorien, also methodologischen Fragen. Im zweiten Teil haben wir intensiv über die Forschungsprojekte der Studierenden diskutiert und dabei auch detailliert an den Forschungsinstrumenten gearbeitet.

Die Studierenden der Soziologie bzw. die soziologische Gruppe hatte eine Sonderstellung inne, weil die Leistungsanforderungen sehr heterogen waren. Beteiligt waren nicht nur Studierende des Bachelor- sowie des Masterstudienganges, sondern auch Studierende, für die die Teilnahme an der Simulation Teil ihres umfassenderen einjährigen Studienprojekts war. Insofern waren also nicht nur die Voraussetzungen sehr unterschiedlich, sondern auch die Zeit (und Energie), die die Studierenden in die Teilnahme am Simulationsprojekt und in die Entwicklung und Ausführung ihrer Projekte gesteckt hatten.

Bevor wir hier einige Probleme des Gesamtprojektes benennen, die im soziologischen Seminar besonders spürbar waren oder besonders empfunden wurden, möchten wir unterstreichen, wie fruchtbar und interessant die Arbeit am Simulationsprojekt für die Studierenden war. Die Möglichkeit – wenn auch große Herausforderung –, dieses Projekt im Gesamten (mit-) zu gestalten, also an ihrer organisatorischen, technischen, theoretischen und methodischen Entwicklung zu arbeiten und dabei – ebenso im Gesamten – ein eigenes Projekt zu entwickeln, war für die Beteiligten sehr inspirierend.

Die Probleme sind wohl allesamt dem Umstand geschuldet, dass sich das Gesamtprojekt großen Herausforderungen gestellt hatte: Die Entwicklung eines Simulationsspiels, die Integration von Simulation und Forschungsprojekten, die Integration von Simulation und Lehre – und damit auch die Betreuung von studentischen Forschungsprojekten – sowie die interdisziplinäre Gestaltung und Begleitung des Projekts. Insgesamt fehlte deshalb Zeit für die theoretische Basis, sowohl im soziologischen als auch im interdisziplinären Seminar. Dass die beschriebenen Aufgaben fast ausnahmslos zum ersten Mal zu bewältigen waren, führte zu einem Zustand ständiger Unfertigkeit, der im soziologischen Seminar doch einige Schwierigkeiten bereitete. Die Simulation sollte den Forschungsprojekten und die Forschungsprojekte der Simulation angepasst werden, und beide mussten dabei in sich stimmig bleiben; das führte bei den Studierenden teilweise zum berechtigten Gefühl, mit ihren Projekten in der Luft zu hängen. Die Konstruktion des Fragebogens etwa hätte mehr Zeit erfordert, um daraus ein präzises analytisches Instrument zu machen. Das gleiche gilt für die Instrumente der anderen Projekte. Bis die grobe Anpassung von Spieldesign und Forschungsfragen oder -zielen stand, war nahezu keine Zeit mehr, intensiver an den Instrumenten zu feilen, zumal alle Beteiligten recht intensiv in die Gesamtorganisation des Projektes eingespannt waren. Der gesamte zeitliche Rahmen war so zu eng, um all diese Aufgaben zu bewältigen. Das Bewusstsein, eine Art Pionierarbeit zu leisten, half dabei, diese Situation gut zu überwinden. Und die Beiträge zu den studentischen Forschungsprojekten zeigen, dass alle Probleme sehr gut gemeistert wurden. In einem Spieldesign, das – zumindest teilweise – übernommen werden kann (ein solches Design zur Verfügung zu stellen, ist ja unser Ziel), kann und sollte deshalb der Konstruktion der Instrumente, zum Beispiel des Fragebogens, aber auch der Instrumente der anderen Projekte, mehr Zeit eingeräumt werden.

Spannung zwischen Theorie und Empirie in der Politikwissenschaft

Auch in der kleinen Gruppe der Politikwissenschaft hatten die einzelnen Studierenden sehr unterschiedliche Ausmaße von Studienleistungen zu erbringen. Während die Hälfte umfangreiche Forschungsarbeiten vorzubereiten hatte (20–25 Seiten), nahmen andere ohne oder nur mit geringer schriftlicher Leistung an Seminar und Simulation teil, da die Studierenden sowohl in unterschiedlichen Studiengängen (BA, MA, Lehramt) studierten als auch die Seminare in unterschiedlichen Modulen belegten. Dies stellte für die Lehre eine Herausforderung dar, da die Notwendigkeit der praktischen Forschungsumsetzung in einer längeren Hausarbeit tendenziell zu einem anderen Seminarengagement führt. Doch mit zunehmender zeitlicher Nähe des Simulationstages wuchs die Motivation bei allen Teilnehmenden so stark, dass die inhaltlichen Herausforderungen sehr gut gemeistert wurden. Dies zeigt sich nicht zuletzt an der inhaltlichen Qualität der drei längeren Forschungsarbeiten, die sich alle sehen lassen können, obwohl die

Studierenden überwiegend zum ersten Mal eine eigenständige empirische Arbeit entwickelten. Doch auch der Lernfortschritt und die Mitarbeit derjenigen, die keine größere schriftliche Leistung zu erbringen hatten, war ein erfreulicher Aspekt der geglückten Projektdynamik.

Im politikwissenschaftlichen Seminar wurden drei verschiedene Schwerpunkte gelegt. Zunächst wurden zu den thematischen Schwerpunkten der Simulation ausführlich theoretische Zugänge der Politikwissenschaft anhand wichtiger Texte (Theorie öffentlicher Güter, Steuerung und Governance, normative Fragestellungen, Macht- und Institutionentheorien) diskutiert, sowohl vorbereitend auf die interdisziplinären Sitzungen als auch darüber hinaus. Dies war für die Studierenden bereits eine interessante Erfahrung, da auch die Art der Diskussion theoretischer Texte im disziplinären und interdisziplinären Seminar recht unterschiedlich ausfiel. Für den zweiten Schwerpunkt war dies ein Anstoß zur ausführlichen Reflexion disziplinärer Selbstverständnisse und Forschungsparadigmata. Der dritte Schwerpunkt lag schließlich auf der Konzeption der Forschungsprojekte und der gemeinsamen Übung (zunächst anhand von Filmen) sowie der Erschließung der dafür erforderlichen Forschungsmethoden. Hierfür war die Zusammenarbeit mit Soziologie und Ethnologie sehr hilfreich und in forschungspraktischer Hinsicht entscheidend. Die Möglichkeit der ausführlichen Erprobung von Methoden der Beobachtung stellte einen der produktivsten Aspekte der Lehre dar.

Die Herausforderung, Forschungsprojekte zu einem Projekt-im-entstehen zu entwerfen, war auch für die politikwissenschaftliche Gruppe groß. Die Bewältigung dieser Herausforderung stellt indes einen der wichtigsten Erfolge für alle Beteiligten dar.

Simulationsübungen als Irritation für die Ethnologie

Unter den drei Fächern war der Ansatz der Simulation für die Dozent*innen und Studierenden der Ethnologie vielleicht am fremdesten und am weitesten von den methodischen Selbstverständlichkeiten des Faches entfernt. Noch stärker als Soziologie und Politikwissenschaften versucht die Ethnologie zu vermeiden, ihren Blick vorab zu stark durch methodische Operationalisierung zu lenken und einzuschränken. Sie sieht das Alltagsleben als ihre Domäne an und legt dabei nicht vorab fest, welche Sorte von Daten für die Forschung relevant sein kann und welche nicht. Dem steht der Ansatz der

Simulation diametral entgegen. Simulationen schaffen eine von vorne herein strukturierte, auf bestimmte Möglichkeiten eingeschränkte Lebenswelt, die sich von der des Alltags systematisch unterscheidet.

Diese Irritation stand im Mittelpunkt der fachbezogenen Lehre in der Ethnologie. Sie wurde zur Gelegenheit, das eigene Wissenschaftsverständnis zu hinterfragen und einerseits zu erfahren, wie auch das offenste Forschungsdesign noch Randbedingungen setzt, die die Forschenden nicht mehr hinterfragen; andererseits zu merken, dass keine soziale Situation ohne institutionelle Rahmung auskommt, die aber immer nur einen Teil ihres Handelns bestimmt.

Eine Folie, um diese Gedanken zu entwickeln, haben uns dabei unterschiedliche Ansätze der Ethnologie geboten – von der dichten Beschreibung des Gebrauchs konkreter Allmenderessourcen im Norden Namibias bis hin zu den von den Studierenden sehr kritisch hinterfragten spieltheoretischen Ansätze von Jean Ensminger und anderen. Immer wieder gaben kleinere Simulationsübungen dabei Gelegenheit, sich gleichzeitig über die Logik von Allmendegütern und über die Logik der Sozialwissenschaften Gedanken zu machen.

Praktische Überlegungen und Seminarorganisation

Die Beteiligung dreier Fächer und die ungewöhnliche Struktur sind eine Herausforderung für die Seminarkoordination. Aus diesem Grund werden an dieser Stelle Tipps und Hinweise gegeben, um die Planung und Gestaltung zu optimieren.

Die Seminare konnten in allen beteiligten Disziplinen einem Modul zugeteilt werden und fanden somit innerhalb der jeweiligen Bachelor- und Master-Curricula statt. Trotzdem nahmen weniger Studierende an den Seminaren teil, als Plätze zur Verfügung standen. Das führen wir hauptsächlich darauf zurück, dass sich nur wenige Studierende etwas unter einer Gesellschaftssimulationen vorstellen konnten. Es ist deshalb ratsam, den Studierenden Projekt und Seminarkonzept möglichst persönlich und ausführlich zu erläutern. Hinzu kam, dass die Studierenden zwei Seminare besuchen mussten, aber nur für eines ECTS-Punkte angerechnet bekamen. Das war vielleicht auch ein Grund, dass einige nicht teilgenommen haben.

Die Konzeption des interdisziplinären Seminarplans gibt die Struktur für die fachspezifischen Seminare vor und muss inhaltlich wie didaktisch mit allen Beteiligten abgestimmt werden. Inhalt der interdisziplinären Sitzungen kann die Beschäftigung mit Theorien zu einem bestimmten Thema sein, die dann von den Studierenden vorbereitet werden müssen. Wichtig ist dabei auch, frühzeitig zu klären, auf welche Weise die Texte in den gemeinsamen Sitzungen bearbeitet und diskutiert werden. Die disziplinären Sitzungen können dann mit konkreten Aufträgen zur Vor- und Nachbereitung arbeiten. Generell sollte darauf geachtet werden, dass nicht zu viel Textarbeit gefordert wird, da der Zeitaufwand für die Studierenden ohnehin extrem hoch ist.

Besonders relevant ist die Festlegung des Zeitpunktes für die Vorstellung der studentischen Forschungsdesigns in dem gemeinsamen Seminar. Findet diese am Ende des Seminars statt, sind die Möglichkeiten zur Kooperation der Studierenden sehr gering. Präsentieren die Studierenden ihre Ideen noch während des Designprozesses, können die Fragestellungen angepasst und aufeinander bezogen werden. Auch inhaltliche und methodische Verbesserungsvorschläge können dann noch Eingang in die Überlegungen der Studierenden finden.

Der Simulationstag selbst findet erst gegen Ende des Semesters statt. Im Anschluss an die Simulation muss noch mindestens eine Doppelsitzung für den Austausch der Simulations- und Forschungserfahrungen eingeplant werden. Bei SocialSIM'14 war die Auswertung des Simulationstages die Aufgabe der Studierenden. Sie stellten ihre Erfahrungen und Forschungsergebnisse in einer Hausarbeit dar. Die anschließende Reflexion regte zur weiteren Auseinandersetzung mit Simulationen und Theorien an. Diese Art der Ergebnissicherung lässt sich auch durch andere Formate ersetzen oder ergänzen. Im Idealfall kann eine Lehrveranstaltung in einem weiteren Semester Themen wieder aufgreifen und vertiefen. Eine überblicksartige Dokumentation der Ereignisse des Simulationstages gibt allen Studierenden wichtige Hilfestellungen für ihre eigenen Arbeiten. Sie kann ebenfalls von einem Teil der Studierenden übernommen werden.

Für die Durchführung der interdisziplinären Seminare ist es sinnvoll, wenn eine Lehrperson die Koordination übernimmt, selbst wenn für die einzelnen Sitzungen und Themen die Federführung dann unter mehreren Beteiligten aufgeteilt wird. Bei unserem Seminar wurde die Ausarbeitung eines Fragebogens beispielsweise von der Soziologie vorbereitet und organisiert. Grundsätzlich empfanden wir es als sinnvoll, dass die Lehrenden bei allen gemeinsamen Sitzungen anwesend sind, da sich so der Effekt des Kennenlernens disziplinärer Unterschiede verstärkt. Hilfreich ist es ebenfalls, wenn die Lehrenden sich Woche für Woche vor der gemeinsamen Sitzung gegenseitig darüber informieren, was Inhalte und Diskussionspunkte, aber auch Fragen der fachspezifischen Seminarsitzungen waren.

Für das Gelingen des interdisziplinären Austausches ist ein gegenseitiges Kennenlernen zu Beginn elementar. Zu unserem Erstaunen wirkten die Studierenden zu Beginn verunsichert und schüchtern, vielleicht auch, weil ihnen nicht ganz klar war, was sie zu erwarten hatten. Wenn möglich, sollte die interdisziplinäre Sitzung das gemeinsame Semester eröffnen, die Ziele des Seminars vorstellen und zur Zusammenarbeit anregen.

Da die Seminarinhalte komplex und die Zielsetzungen des Seminars vielfältig sind, eignet sich die von uns gewählte Konzeption am besten für Studierende aus höheren Semestern. Zumindest ein grundlegendes Disziplinenverständnis und methodische Vorbereitung erhöhen die Lerneffekte der Studierenden.

Trotz des erhöhten koordinatorischen Aufwands hat sich die interdisziplinäre Zusammenarbeit für uns sehr bewährt. Die Synergieeffekte wie die Irritationen, die sich daraus ergeben haben, empfanden wir als äußerst gewinnbringend für alle Beteiligten.

Literatur

Geuting, Manfred (2000): Soziale Simulation und Planspiel in pädagogischer Perspektive. In: Dietmar Herz, Andreas Blätte: Simulation und Planspiel in den Sozialwissenschaften. Eine Bestandsaufnahme der internationalen Diskussion. Münster LIT: 15–62.

Jackson, Cecile (2011): Research with experimental games. In: Progress in Development Studies, Vol 11,3: 229–241.

Henrich, Joseph et. al. (2005): „Economic man" in cross-cultural perspective. Behavioral experiments in 15 small-scale societies. In: Behavioral and brain sciences, Vol. 28: 795–855.

Sader, Manfred (1995): Rollenspiel. In: Uwe Flick et al.: Handbuch qualitative Sozialforschung. Grundlagen, Konzepte, Methoden und Anwendungen, S. 193–198.

Shaw, Carolyn M. (2010): Designing and Using Simulations and Role-Play Exercises. In: The International Studies Encyclopedia. Edited by Robert A. Denemark.

Stahlke, Iris (2001): Das Rollenspiel das Methode der qualitativen Sozialforschung. Möglichkeiten und Grenzen. Münster, New York, München, Berlin: Waxmann.

Weiterführende Literatur

Böhme, Marianne & Regnet, Thomas S. (2009): Planspiele – Komplexe Zusammenhänge spielerisch erfahren. In: Newsletter Wegweiser Bürgergesellschaft 25/2009.

Djaouti, D., Alvarez, J., Jessel, J. P., & Rampnoux, O. (2011): Origins of serious games. In: Serious Games and Edutainment Applications, S. 25–43. Springer London.

Edmonds, Bruce & Meyer, Ruth (Hg.) (2013): Simulating social complexity: a handbook. Berlin. Springer.

Gilbert, N. & Troitzsch, K. (2005): Simulation for the social scientist. McGraw-Hill International.

Herz, Dietmar & Blätte, Andreas (2000): Simulation und Planspiel in den Sozialwissenschaften: eine Bestandsaufnahme der internationalen Diskussion. Münster. Lit.

Hofmann, Solveig (2009): Dynamik sozialer Praktiken: Simulation gemeinsamer Unternehmungen von Frauengruppen. Wiesbaden. VS.

Manteufel, Andreas & Schiepek, Günter (1998): Systeme spielen: Selbstorganisation und Kompetenzentwicklung in sozialen Systemen. Göttingen. Vandenhoeck & Ruprecht.

Marker, Michael (2009): Die Schule als Staat. Demokratiekompetenz durch lernendes Handeln. Schwalbach: Wochenschau Verlag.

Saam, Nicole J., Thurner, Paul W. & Arndt, Frank (2004): Dynamics of international negotiations: a simulation of EU intergovernmental conferences. Mannheim: Mannheimer Zentrum für Europäische Sozialforschung. http://www.mzes.uni-mannheim.de/publications/wp/wp-78.pdf

Schirm, Stefan A., Smejkalova, Katerina & Rötzmeier, Malte (2010): Planspiel und Verhandlungssimulation als Universitätsseminar. Lehrstuhl für Internationale Politik Fakultät für Sozialwissenschaft, Ruhr Universität Bochum, Juni 2010.

Schmitt, Jürgen & Poppitz, Angela (2006): Planspiel „Sozialplanung in Oststadt". Arbeitspapier, Technische Universität Chemnitz. http://nbn-resolving.de/urn:nbn:de:swb:ch1–200601777

2. Weiternutzung von SocialSIM

2.1 Mögliche Anwendungen und Weiterentwicklungen des Simulationsprojekts

Larissa Mogk

Wie aus der bisherigen Beschreibung des Projekts hervorgegangen, profitierten die Teilnehmer*innen an SocialSIM'14 auf verschiedenen Ebenen von dem Simulationsprojekt. An dieser Stelle möchte ich die zwei wichtigsten Lerneffekte herausgreifen und aufzeigen, wie diese auch in anderen Formen sozialer Simulationen wirksam werden können. Konzepte für mögliche Weiterentwicklungen von SocialSIM werden im Anschluss vorgestellt.

SocialSIM nutzt das Simulationsspiel als Forschungsfeld und schafft damit eine ideale Basis für studentische Forschungspraxis. Alle Schritte, also die Planung und Festlegung auf eine Forschungsfrage, die dazugehörige Methodenwahl, die Durchführung der Erhebung und die Auswertung der Daten finden in einer gemeinschaftlichen und gut betreuten Umgebung statt. Neben der empirischen Erfahrung vermittelt SocialSIM erfahrungsbasiertes Wissen über die Zusammenhänge sozialer Praxis. Simulationsteilnehmer*innen sind selbst die Akteur*innen und bestimmen die politischen, wirtschaftlichen und sozialen Strukturen ihrer Gemeinschaft. Dabei lernen sie nicht nur modellhaft wie Gesellschaft konstituiert ist, sondern auch welche Konsequenzen aus ihrem Handeln folgen können. Vor allem in der Reflektion und Nachbereitung der Ereignisse des Simulationstages können die individuellen Simulationserfahrungen vor dem Hintergrund theoretischer Konzepte diskutiert werden. Für die Spieler*innen und die Studierenden werden Theorien so erfahrbar.

Die hier beschriebenen Potentiale und Chancen von SocialSIM können in unterschiedlichen Formen von Simulationsprojekten genutzt werden. Dabei zeigt sich die die Variabilität des SocialSIM-Simulationsdesigns. Eine Simulation wie das Fischerspiel, das sich in einer Doppelstunde der Allmendeproblematik annimmt, kann in einem kleinen Rahmen bereits erfolgreich die Prinzipien des erfahrungsbasierten Lernens integrieren, wie die eintägige Simulation SocialSIM es ausführlich ermöglicht. In der Graphik ist die Bandbreite unterschiedlicher Möglichkeiten aufgegriffen.

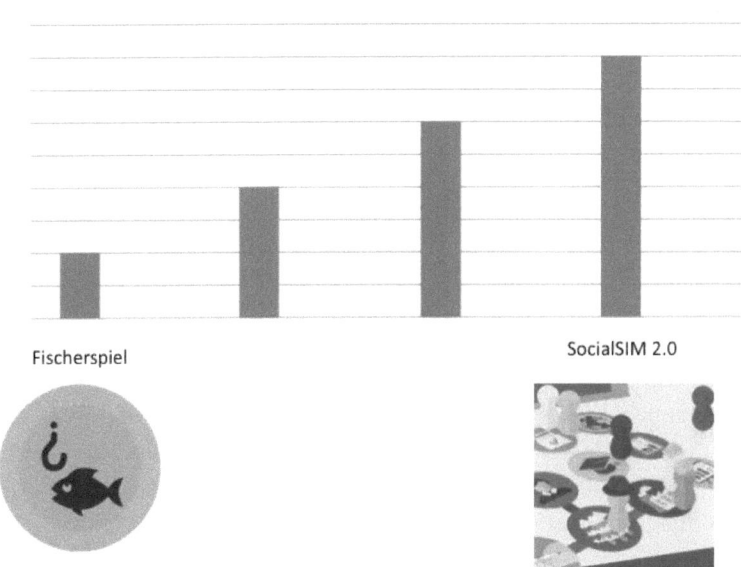

Am unteren Ende der Skala stehen kleine soziale Simulationen, die ohne großen Aufwand in die Lehre integriert werden können. Sie konzentrieren sich auf eine bestimmte Thematik, die in einem Spiel simuliert und anschließend reflektiert wird. Diese kleinformatigen Simulationen eignen sich sehr gut, um Theorien erfahrbar zu machen, weniger für die Umsetzung von Forschungsprojekten, die eine komplexe Umgebung erfordern.

Eine ausgearbeitete Auskopplung aus dem gesamten Design ist das Fischerspiel, das Benjamin Hennchen in Zusammenhang mit seinem Studienprojekt als eineinhalbstündiges Simulationsspiel konzipiert hat. Im Spiel werden die Teilnehmer*innen selbst zu Fischer*innen und müssen Regeln für den Fischfang aushandeln. Es kann in Schulstunden der Oberstufe oder in universitären Lehrveranstaltungen eingesetzt werden. Die Downloadversion der Spielanleitung und eine Kalkulationstabelle für die Errechnung der Fischbestände sind auf unserer Homepage (socialsim2014.worldpress.com) zu finden.

Für weitere Auskopplungen könnten einzelne Prozesse der ersten Phase herausgegriffen werden. Schon mit den drei Produktionseinheiten Mine, Fabrik und Garten entsteht eine vielseitige und miteinander vernetzte Wirtschaftslandschaft. Die zusätzlichen politischen Quests zur Einigung auf ein politisches System und die Verteilung der Ressourcen unterstützen die Strukturierung grundlegender gesellschaftlicher Prozesse. Spieler*innen müssen mit ihren Ressourcen haushalten und sich Grundfragen des menschlichen Zusammenlebens stellen. Wer arbeitet und wie viel? Wer ist verantwortlich für die Produktion und die Verteilung der erwirtschafteten SIM? Wer stellt sich der politischen Verantwortung?

Bei einem Simulationsprojekt dieser Art kann erfahren werden, in welcher Beziehung entscheidende Aspekte von Wirtschaft und Politik stehen. Genauso könnten für die beiden Fragen der politischen Organisation externe Vorgaben gemacht werden. Bestimmte Spieler*innen sind von Beginn an Besitzer*innen der Fabrik oder des Gartens und bestimmen die Arbeitsbedingungen. In diesem Format könnte die Simulation auch schon mit 20 bis 30 Personen gespielt werden. Als zeitlicher Rahmen würden etwa zwei Stunden veranschlagt. Bei der eingeschränkten Zwei-Stunden-Version ist es ratsam extern ein Ziel einzuführen. Durch Vorgaben wie „Ziel ist es so viele SIM wie möglich zu erwirtschaften" wird die Richtung des Spiels entschieden. Weitere Ziele könnten auch eine möglichst gerechte oder glückliche Gesellschaft sein, die von Spieler*innen aufgebaut werden muss.

In der Mitte der oben gezeigten Skala ist eine Simulation zu verorten, bei der lediglich die erste Phase von SocialSIM gespielt wird. Diese Version kann mit nur einer Gemeinschaft oder parallel mit mehreren Gemeinschaften durchgeführt werden und dient bei einer Umsetzung im großen Stil auch als Forschungsfeld für die methodische Praxis von Studierenden. Die Unterschiede der einzelnen Gemeinschaften sind dabei besonders interessant zu beobachten. Wie gehen sie mit den ihnen gestellten Herausforderungen um? Warum entwickeln sich die Gemeinschaften unterschiedlich?

Neben der wesentlich komplexeren Entwicklung von der sammelnden zur produzierenden Gesellschaft, gibt es in der ersten Spielphase von SocialSIM'14 ein klar formuliertes Ziel, den Bau der Brücke. Ähnlich wie in der oben beschriebenen Spielversion müssen die Spieler*innen zudem grundlegende politische Strukturen aufbauen und erfahren die Konsequenzen ihrer Handlungen. Vorteil dieser Simulation ist es, dass die Spielanleitung und Materialien aus SocialSIM'14 verwendet werden können. Die Spieldauer beträgt drei bis dreieinhalb Stunden.

Das Projekt SocialSIM'14 könnte aber auch genau so noch einmal durchgeführt werden und bietet ein sehr umfassendes und komplexes Design. In diesem Rahmen wäre ein Verantwortlicher oder eine Verantwortliche für die Organisation des Simulationsspiels sowie finanzielle Mittel für die Durchführung notwendig. Die Spielanleitung und Kopiervorlagen für *SocialSIM – Bau Dir Deine Gesellschaft!* wurden so aufgearbeitet, dass sie auch für diejenigen verständlich sind, die den genauen Ablauf der Simulation nicht kennen und können bei uns angefragt werden. Wird das Simulationsspiel in einen größeren Lehrkontext eingebunden, nehmen Lehrende aus der Soziologie, Ethnologie, Politikwissenschaft, aber auch anderer angrenzender Wissenschaften eine tragende Rolle ein. Sie begleiten die Studierenden bei der Vorbereitung ihrer Foschungsprojekte und arbeiten die thematischen Schwerpunkte auf.

Die Inhalte des Seminars haben sich bewährt und könnten auch ein weiteres Mal genutzt werden. Das Simulationsdesign wäre aber auch für weitere Themen wie Identitätsbildungsprozesse, Gender, Umweltpolitik, Arbeit und Freizeit, intergemeinschaftliche Kooperation oder Institutionenbildung offen und kann zusätzlich von weiteren Wissenschaften wie der VWL oder der Psychologie genutzt werden. Ebenso könnten sich Kurse zu Öffentlichkeitsarbeit und Projektmanagement, die das Ziel haben, Schlüsselkompetenzen zu vermitteln, an dem Projekt beteiligen.

Bei einem größeren Themenwechsel müsste das Spieldesign etwas angepasst oder verändert werden. So könnte beim Thema Migration mehr Fokus auf den Austausch zwischen einzelnen Gemeinschaften gelegt werden und Anreize für Migration müssten geschaffen werden. Das könnte beispielsweise funktionieren, indem die Grundvoraussetzungen der einzelnen Gemeinschaften so verändert werden, dass sie unterschiedliche Wege der Entwicklung einschlagen. Eine ungleiche Ressourcenverteilung würde wahrscheinlich bewirken, dass die Gemeinschaften aufeinander angewiesen sind. Die verschiedenen Lebensbedingungen könnten dann zu Migrationsbewegungen führen.

Eine ungleiche Verteilung der anfänglichen Ressourcen oder der zu lösenden Quests kann eine interessante Dynamik für die Simulation bedeuten. Der Vergleich zwischen den einzelnen Gemeinschaften und ihrem Umgang mit der Ungleichheit wäre dann ein interessantes Beobachtungsmoment. Das Monopol über einzelne Ressourcen oder den Besitz von Infrastruktur kann auch an einzelne Spieler*innen gegeben werden, um den Spielverlauf anders zu gestalten. Bei diesem Experiment muss allerdings auch mit größerer Frustration einzelner „Verlierer*innen" gerechnet werden. Aus didaktischen Gründen könnte in der Simulation auch ein Schnitt eingebaut werden, an dem die Ressourcen wieder neu verteilt werden dürfen. Dies sind nur einige Ideen das Spieldesign mit wenig Aufwand zu verändern. Die Eingriffe haben für den Ablauf der Simulation entscheidende Folgen und machen die Simulation vielseitig einsetzbar und variabel.

Als letztes möchte ich das Konzept für ein Simulationsprojekt vorstellen, das sich als Weiterentwicklung von SocialSIM'14 versteht. Es zielt darauf, den oben genannten Lerneffekten noch besser gerecht zu werden und wird hier SocialSIM 2.0 genannt. Dieses Projekt sieht vor, dass nicht nur die Vorbereitung und Durchführung der Forschungsprojekte durch Seminare begleitet wird, sondern, dass auch die Simulationsteilnehmer*innen ihre Erfahrungen in einer anschließenden Lehrveranstaltung reflektieren und nachbereiten können. Damit werden Studierende die Zielgruppe des Simulationsspiels und das Lehrprojekt ist semsterübergreifend angelegt. In der folgenden Graphik ist der Projektablauf wegen der Übersichtlichkeit in Sommer- und Wintersemester gegliedert, die Jahreszeit spielt für die Umsetzung jedoch keine Rolle.

SocialSIM 2.0

Simulationsspiel

Forschungsvorbereitung   Theoretische Nachbereitung

Interdisziplinäres Seminar   Disziplinäre Veranstaltungen

Sommersemester   Wintersemester

SocialSIM 2.0 profitiert von den Erfahrungen aus dem ersten Durchgang. Das neue Konzept beinhaltet weiterhin die Vorbereitung studentischer Übungsforschungen in einem interdisziplinären Seminar, sowie die Durchführung dieser Forschungsprojekte während dem Simulationsspiel *Social-SIM – Bau Dir Deine Gesellschaft!* Durch die Zusammenarbeit können circa

30 Studierende die Forschungsmethoden der anderen Fächer kennenlernen und ausprobieren. Sie teilen die Erfahrung der Simulation und erkennen die Gemeinsamkeiten und Unterschiede ihrer Disziplinen.

Der konkrete Projektablauf von SocialSIM 2.0 könnte so aussehen, dass in einem ersten Semester das forschungsvorbereitende Seminar, ähnlich dem 2014 durchgeführten, stattfindet. Der Zeitpunkt des Simulationstages verlagert sich bei SocialSIM 2.0 auf den Beginn des Wintersemesters, da die Veranstaltung mit 100 Studierenden gleichzeitig den Startpunkt für die Analyse der simulierten Prozesse in nachbereitenden Veranstaltungen darstellt. Vorstellbar ist eine Einführungsveranstaltung, die grundsätzliche Strukturen gesellschaftlichen und politischen Zusammenlebens thematisiert und Bezüge zu den Erfahrungen und Beobachtungen der Simulationsteilnehmer*innen herstellt. Denkbar wäre aber auch ein Seminar, bei dem die Erlebnisse aus der Simulation analysiert, abstrahiert und vor dem Hintergrund verschiedener theoretischer Konzepte diskutiert werden.

Diese Lehrveranstaltungen sollten vorzugsweise fachspezifisch durchgeführt werden. Im Rahmen dieser Veranstaltungen könnte außerdem eine Vorstellung der Forschungsergebnisse von Studierenden des ersten Seminars stattfinden. Die Verknüpfung von Theorie und Empirie und die verschiedenen Abstraktionsniveaus sind für Studierende meist nur schwer zu durchdringen. Die eigene Erfahrung bei SocialSIM könnte dieses Defizit ausgleichen und die Studierenden für die Beschäftigung mit theoretischen Konzepten motivieren. Bei einem interdisziplinären Workshop können die inhaltlichen Schwerpunktsetzungen der einzelnen Fächer präsentiert werden. So zeigt sich das Spektrum der bearbeiteten Themen und die Herangehensweise der beteiligten Disziplinen. Es ist für ein Fach auch möglich, nur an einem der beiden Seminare beteiligt zu sein. Dadurch ergibt sich eine große Flexibilität und Offenheit für andere Fächer.

2.2 Kommentar

Stephan Lengsfeld

Teilnehmenden, Organisatoren und Beobachtern war am Samstagabend des 2. August 2014 nach der SocialSIM-Simulation sicherlich eine frohe Gewissheit gemein: Das während der vergangenen zwölf Stunden Erlebte war ein in vielerlei Hinsicht besonderes Stück universitärer Lehre, zu der man alle Organisatoren beglückwünschen und allen aktiv Teilnehmenden herzlich danken kann.

Eine Gesellschaftssimulation mit über 80 Teilnehmenden, mit drei sich parallel morgens konstituierenden Gemeinschaften, die dann während des Tages vielfältigste Aufgaben und Interaktionen durchleben, ist an sich schon beeindruckend. Die Tatsache, dass hier insgesamt vier Fachdisziplinen aktiv beteiligt waren – Ethnologie, Politikwissenschaft, Soziologie und Wirtschaftswissenschaften – und Studierende in vielfacher Hinsicht sowohl in die Vorbereitung als auch die wissenschaftliche Datenerhebung und Analyse eingebunden waren, ist an Universitäten ebenfalls bemerkenswert. Somit war und ist SocialSIM im Hinblick auf transdisziplinäre Lehre in vielerlei Hinsicht ein fruchtbringendes Lehr- und Lern-Projekt, das viele Perspektiven für künftige Forschung und Lehre bietet.

Bezüglich einer Perspektive für künftige Nutzung und Weiterentwicklung möchte ich an der Interdisziplinarität anknüpfen; an derjenigen, die ich während der Mittagspause am Simulationstag erlebte durfte. Hier saß ich beim Mittagessen mit mehreren teilnehmenden Studierenden unterschiedlicher Fachdisziplinen am Tisch. Diese hatten in unterschiedlichen Gruppen der Simulation den Vormittag erlebt. Die lebhafte Diskussion, die sich zwischen den Studierenden entspann, bezog sich auf eine Analyse der Unterschiede zwischen den Gemeinschaften, auf eine intensive Diskussion bezüglich der Anreizwirkungen unterschiedlicher Spiele, Aufgaben und organisatorischer Rahmenbedingungen sowie auf eine darauf aufbauende Ableitung und Analyse noch zu erwartender Ereignisse am Nachmittag und der darin bevorstehenden Interaktion der Gemeinschaften untereinander. Fraglos wurden durch die Simulation am Vormittag bereits vielfältigste Lern- und Erkenntnisprozesse sowie themenbezogene Motivation induziert, die Dozierende sonst oftmals mühsam zu veranschaulichen versuchen.

In der vorliegenden Form erscheint SocialSIM geeignet, um für Studienanfänger*innen aller Disziplinen, die einen Bezug zu gesellschaftlichen Fragen haben, im ersten Semester grundlegende Erkenntnisgegenstände der jeweiligen Fachdisziplinen und die Verschränkungen zwischen ihnen erfahrbar zu machen. Ein Simulationstag zu Beginn des ersten Semesters kann genutzt werden, um einen starken Impuls für Lernmotivation und Erkenntnis relevanter Fragen zu setzen, die dann im künftigen Studium vertieft und erarbeitet werden. Mehrere Hochschulen führen derzeit spezielle Orientierungs-Semester ein, in denen die Studierenden neben fachlichem Input insbesondere auch die wissenschaftlichen und methodischen Schwerpunktsetzungen und Praxisperspektiven des Fachs erfahren sollen, um zu prüfen, ob die Wahl des Studienfachs geeignet ist. Hier kann SocialSIM im Rahmen der Orientierungsphasen – auch und gerade für Studierende, die noch kein umfassendes Fachwissen erworben haben – einen wertvollen Beitrag leisten.

Eine weitere Entwicklungsmöglichkeit liegt in einer stärkeren Weiterentwicklung von SocialSIM im Sinne einer Forschungsorientierung für konkrete gesellschaftliche und wirtschaftliche Fragestellungen. In verschiedenen Disziplinen ist der Einsatz experimenteller Forschung mit Entscheidungs- und Prozesssimulationen bereits fest etabliert – beispielsweise in der Psychologie sowie seit etwas über einem Jahrzehnt auch sehr verbreitet in der Wirtschaftswissenschaft. Da SocialSIM bereits jetzt viele typische Fragestellungen der Entscheidungsfindung und Koordination, insbesondere auch der experimentellen Wirtschaftsforschung an der Schnittstelle zu gesellschaftlichen Fragen beinhaltet, besteht die Möglichkeit einer diesbezüglichen Weiterentwicklung. Für die Beantwortung von Forschungsfragen besteht dabei ein Trade-off zwischen Schaffung einer stärker kontrollierten Umgebung und damit einhergehender Konkretisierung von Forschungsfragen einerseits und der in der Realität und auch in der derzeitigen Form von SocialSIM vorliegenden Überlagerung vielfältiger Effekte andererseits.

Das Fischerspiel mit der darin behandelten Allmendeproblematik entspricht aus Sicht der Wirtschaftswissenschaft einer Public-Good-Problematik, kombiniert mit einem Verhandlungsspiel. In diesem Bereich existiert bereits vielfältige experimentelle Forschung, wenngleich oft Entscheidungsabfragen am PC und nicht über persönliche Interaktion erfolgen, schon gar nicht zwischen Personen, die verschiedenen Gemeinschaften angehören und aktiv in die Prozesse derselben eingebunden sind. SocialSIM bietet hier interessante Perspektiven, wenn beispielsweise das Verhalten von Entscheidern analysiert wird, die unterschiedlichen Gesellschaftsformen entstammen bzw. sich gegenüber unterschiedlichen Gemeinschaften für ihre Verhandlungsergebnisse rechtfertigen müssen. Denkbar ist in diesem Zusammenhang, die Wahl der Gesellschaftsform nicht den Gemeinschaften selbst zu überlassen, sondern diese vorzugeben. Verbunden mit einer ggf. auch an anderen Stellen vorgenommenen Reduktion in Bezug auf Auswahl und Umfang der zu erfüllenden Aufgaben, kann somit für spezielle Forschungsfragen die Grundidee von SocialSIM geeignet angepasst und weiterentwickelt werden. Dies weiterführend ergeben sich auch interessante Anknüpfungspunkte für experimentelle und simulationsbasierte Forschungsansätze, deren Fokus – wie z. B. bei der an meinem Institut entwickelten Lehr- und Lernplattform EconRealPlay – auf betrieblichen Entscheidungs-, Koordinations- und Produktionsprozesse liegen, die aber vielfältige Analogien zu den in SocialSIM thematisierten Fragestellungen besitzen.

Bezüglich der Frage, wie genau ein experimentelles Design auszusehen hat, herrscht in den an SocialSIM beteiligten Disziplinen – Ethnologie, Politikwissenschaft, Soziologie, Wirtschaftswissenschaft – keine vollständige Kongruenz. Aber genau hier bietet SocialSIM – so wie auch im Rahmen der erfolgten Durchführung von den beteiligten Lehrstühlen bereits realisiert – die Perspektive, dass verschiedene Disziplinen einen umfassenden Ansatzpunkt für interdisziplinäre Forschung entwickeln. Die Erarbeitung wechselseitigen Verständnisses zwischen unterschiedlichen Fachdisziplinen und die Verschränkung und gemeinsame Nutzung bereits vorhandener Erkenntnisse und Methoden ist angesichts der Komplexität der national und international relevanten gesellschaftlichen Fragestellungen nicht nur wünschenswert, sondern sicherlich notwendig. SocialSIM bietet hierfür vielfältige Grundlagen sowie methodisches Know-how, liefert Anregungen und lädt zu einer diesbezüglichen Weiterentwicklung ein.

2.3   Kommentar

Harald Wohlfeil

Es gehört zu den vielen spannenden Aufgaben als Leiter der Abteilung Lehrentwicklung, innovative Lehrkonzepte von der Konzeption bis zur Durchführung verfolgen zu dürfen. Selten ergibt sich aber die Möglichkeit, an solchen Projekten selbst teilzunehmen und als „Betroffener" die Umsetzung der Ideen konkret erleben zu können. Daher stand für mich schon bald nach der Zuerkennung des *Instructional Development Award* (IDA)[1] für das Projekt SocialSIM fest, dass ich versuchen würde, an der geplanten Simulation teilzunehmen. Das gibt mir die Möglichkeit, das Projekt einerseits aus der Perspektive „von unten" und andererseits auf einer abstrakten Perspektive „von oben" zu kommentieren. Mein persönliches Fazit: Dieses Projekt hat viele Stärken – und noch weitere Potentiale, die es in Zukunft möglichst auszuschöpfen gilt.

Aus der Innerperspektive auf die Simulation selbst, bei der ich als Mitglied der „roten" Gemeinschaft Beeren und Holz gesammelt, Linsen sortiert, einen Brunnen und eine Brücke mitkonstruiert und Teile des chemischen Periodensystems auswendig gelernt sowie mit anderen diskutiert habe, wie darüber zu entscheiden sei, wie unsere Gemeinschaft Entscheidungen fällen sollte, hatte ich nicht nur eine Menge Spaß: Am beeindruckendsten bei solch einer Simulation ist wohl die Erfahrung, wie ernst das Spiel von den Beteiligten genommen wird und wie man sich selbst dieser Dynamik kaum entziehen kann: Wer sich dem nicht mit Absicht widersetzt, wird daher in vielen Fällen sein Handeln durch seine Überzeugungen und Werte bestimmen und diese auf die Spielsituation anwenden. Dadurch wird unmittelbar erlebt, wie gesellschaftliche Mechanismen wirken können.

Diese Erfahrung der sehr starken Authentizität der Spielerinnen und Spieler in dieser künstlichen (Ausnahme-)Situation – um damit zur Makroebene der Beobachtungen überzuleiten – macht das Konzept der Verbindung dieser Simulation mit einem Forschungsseminar so besonders fruchtbar. Denn Studierenden die Möglichkeit zu geben, im Rahmen der Simulation kleine Studien durchzuführen und die Daten dafür selbst und

---

1   Der *Instructional Development Award* wird jährlich von der Abteilung Lehrentwicklung der Universität Freiburg für innovative Lehrprojekte vergeben.

„live" zu erheben, ist in meinen Augen eine der besondere Stärken des Projekts. Was dieses Konzept aber zusätzlich von vielen anderen Lehrveranstaltungen abhebt, bei denen Studierende eigene Untersuchungsdesigns entwerfen, testen, durchführen und auswerten, ist die Zusammensetzung der Dozierenden und Studierenden. Das Schlagwort der Inter- oder auch Transdisziplinarität ist in den letzten Jahrzehnten – in Forschung wie Lehre – oft überstrapaziert worden. Doch gerade in Studium und Lehre wird in meiner Erfahrung – und zwar gerade von den Studierenden selbst – meist deutlich unterschätzt, wie schnell man selbst Theorien, Methoden und Gepflogenheiten einer Disziplin verinnerlicht und diesen spezifischen Zugang für „Wissenschaft" oder gar „Wahrheit" hält. An Kneipen- und WG-Tischen werden solch unterschiedliche Konzepte natürlich durchaus hitzig diskutiert. Um ein wahres Verständnis für die Perspektive des anderen und dessen theoretisch-methodische Herleitung zu entwickeln, sind aber systematische Annäherungen, wie sie in einer gemeinsamen Lehrveranstaltung möglich sind, mit Sicherheit deutlich effektiver.

Dabei handelt es sich bei den beteiligten Fächern (Ethnologie, Soziologie, Politik- und Wirtschaftswissenschaft) sogar noch um einigermaßen verwandte Disziplinen, bei denen eine Schnittmenge an methodischen Zugängen und Untersuchungsgegenständen gegeben ist. Und dennoch – davon bin ich überzeugt – werden viele Beteiligten den ein oder anderen Aha-Effekt gehabt haben, als sie in einer Diskussion verstanden haben, warum man sich gerade gegenseitig überhaupt nicht versteht, obwohl alle über dasselbe Thema sprechen. Dass die Wirtschaftswissenschaften bei dem aktuellen Durchlauf nur am Rande beteiligt waren, ist dabei in meinen Augen ein Faktor, der für zukünftige Durchläufe besonderes Potential für den produktiven Clash der Wissenschaftskulturen birgt: Denn es unterscheiden sich ja nicht nur die fachspezifischen Perspektiven, Annahmen und die daraus abgeleiteten Modelle, sondern durchaus auch die Werte und Haltungen. Mir ist leider nicht bekannt, ob es belastbare Daten zu den Wechselwirkungen zwischen den persönlichen Werten/Überzeugungen bei der Studienwahl sowie während bzw. nach der wissenschaftlichen Sozialisation gibt; es wird aber wohl niemand bestreiten, dass in verschiedenen Disziplinen ganz unterschiedliche Kulturen und Einstellungen vorherrschen.

Um es hier auch nochmal ganz explizit zu sagen: Ich halte das im Rahmen des IDA umgesetzte Projekt SocialSIM für durchweg gelungen, was insbesondere auch dem großen Engagement der beteiligten Personen zuzu-

schreiben ist. Insofern sind die knapp 70.000€, die als Preisgeld hierfür vergeben wurden, sicherlich gut investiert worden. Allerdings ist es natürlich
stets das große Interesse der Universität, dass die Preise nicht nur kurzfristig
Studium und Lehre verbessern, sondern – noch so ein Modewort – nachhaltig.

Dass bei der Suche nach Möglichkeiten zur langfristigen Weiterführung
solcher Projekte insbesondere die Ressourcen Zeit und Geld die begrenzen-
den Faktoren sind, ist offensichtlich: Im konkreten Fall muss die begleitende
Lehrveranstaltung vorbereitet und gehalten werden, muss der Veranstal-
tungsort gemietet und hergerichtet werden, braucht es für jeden Durchlauf
viele kleinere und größere Dinge von Buttons über schwarze Luftballons
(stellen Verschmutzung dar) bis hin zum Catering. Dazu kommt der große
logistische Aufwand, der kaum nebenher geleistet werden kann. Die Erfahrung zeigt, dass Projektgelder für ein konkretes Ziel und einen begrenzten
Zeitraum hin und wieder zu bekommen sind, die sogenannten Anschubfi-
nanzierungen. Dafür, solche einmal angeschobenen Projekte aber am Laufen zu halten, fühlen sich die meisten Mittelgeber aber dann nicht zuständig
– das ist beim IDA übrigens nicht anders.

Ich bin überzeugt davon, dass solche innovativen Ideen nur dann eine
reale Chance haben, dauerhaft umgesetzt zu werden, wenn man sie in den
Regelbetrieb des Studiums überführt, wenn sich die Fächer darauf festlegen,
dass es sich um eine für das Studium so zentrale Veranstaltung handelt, dass
notfalls andere Dinge dahinter zurückstehen müssen. Dass so eine Priori-
tätensetzung nur selten gelingt, ohne irgendjemandem auf die Füße zu treten, macht das nicht einfacher. Doch würde ich in diesem Fall keineswegs
schwarz dafür sehen, SocialSIM in Zukunft weiterführen zu können. Vielleicht nicht in diesem Umfang, nicht in dieser aufwändigen Ausgestaltung,
aber doch mit derselben Grundidee eines die ganze eigene Person einneh-
menden, spielerischen Zugangs zu gesellschaftlichen Mechanismen.

Um hier einfach einmal eine Idee in die Welt zu setzen wie ein solches
Projekt dauerhaft einen sinnvollen Platz einnehmen könnte: Wie wäre es,
wenn alle Studienanfänger*innen in den Sozialwissenschaften an einer
solchen Simulation teilnehmen würden? Also als Teil des offiziellen Studi-
enplans. Nehmen wir die Bachelor-Hauptfächler*innen in der Ethnologie,
Soziologie und Politikwissenschaften, kommen wir auf kaum über 100 Personen. Alle 300 VWL-Ersties mitzuversorgen wäre vielleicht etwas überzo-
gen, aber was wäre mit den Studierenden des BWL-Bachelors in Public and

Non-Profit Adminsitration? Durch eine Einbettung der Simulation in die Studieneingangsphase und ihre Koppelung an bestehende oder ggf. leicht zu verändernde Einführungsveranstaltungen könnte man die Art und Weise, wie den Studierenden bestimmte Theorien und Methoden vermittelt werden, verändern, indem auf eigenes Erleben von bestimmten gesellschaftlichen Mechanismen im Rahmen der Simulation Bezug genommen werden kann. Selbstverständlich könnte dann auch das Forschungsseminar weitergeführt werden und so zumindest ein Teil der Studierenden auch weiterhin anhand der Simulation einüben, eigene Studien durchzuführen.

Um aber die Simulation in der Studieneingangsphase zu mehr zu machen als zu einem für die allermeisten sicherlich spannendes, auflockerndes Element, nämlich zu einem integralen Bestandteil des Studiums, müsste sie eventuell an einzelnen Stellen überarbeitet werden. Das Stichwort lautet hier „Lernziele", also diejenigen Fähigkeiten bzw. Kompetenzen, die Studierenden nach dem Besuch einer Veranstaltung erlernt haben sollten. Beim begleitenden Forschungsseminar lassen sich solche Lernziele gut formulieren. Eines der Lernziele (die immer so formuliert werden, dass ausgedrückt wird, was die Personen danach konkret können) könnte sein: „Die Studierenden können eine geeignete Fragestellung für eine empirische Untersuchung formulieren". Ein anderes: „Die Studierenden können die Methoden ihrer Fachdisziplin erklären und mit denen anderer Disziplinen vergleichen".

Als Teilnehmer*in etwas zu lernen, war nicht das Ziel dieses Pilotprojekts, auch wenn die meisten sicherlich von sich behaupten können zumindest neue Erfahrungen gemacht zu haben. Um die Simulation in das Curriculum zu integrieren, wäre es notwendig, konkrete Lernziele für die Studienanfänger*innen zu definieren und sicherzustellen, dass sie in der Regel auch erreicht werden. Nun dürfte es sich schwierig gestalten die Simulation so zu verändern, um formale Lerngelegenheiten zu intigieren, ohne den so entscheidenden spielerischen Charakter zu verlieren. Denn Lernen auf universitärem Niveau, bei dem es vor allem um die Durchdringung von komplexen Strukturen geht, bedarf starker reflexiver Elemente, die nicht integrierbar sind, ohne den Spielfluss und damit die Authentizität des eigenen Verhaltens zu hemmen.

Wenn aber die Simulation in begleitenden Lehrveranstaltungen nachbereitet wird, in denen Theorien wie die zum gesellschaftlichen Effekt der Ausgestaltung von Property Rights oder zu den Vor- und Nachteilen unterschiedlicher demokratischer Modelle behandelt werden, könnte hier ein recht unmittelbarer Bezug zwischen dem persönlichen Erleben und der Theorie hergestellt werden, die ein nachhaltiges Lernen begünstigen kann. Darüber hinaus kann so das eigene Verhalten reflektiert werden. Fraglos ein wichtiges Element der persönlichen Entwicklung, die das Studium ja ebenfalls fördern soll.

Mir ist wohl bewusst, dass all dies graue Theorie bleibt, solange nicht die Ressourcen vorhanden sind, um die Umsetzung möglich zu machen. Aber vielleicht gibt es ja noch den einen oder anderen Topf, um die Simulation samt begleitendem Seminar zumindest noch ein, zwei Mal in der bisherigen Art und Weise umzusetzen. Denn eine oben beschriebene Anpassung der Studieneingangsphase – auch noch über Fächergrenzen hinweg – erweist sich mit Sicherheit als Herausforderung, für die man vermutlich einen langen Atem braucht. Doch wäre es wirklich sehr schade, wenn die viele Arbeit und das große Engagement keinen langfristigen Effekt haben würden. Schon alleine deshalb, weil es vielen anderen die Erfahrung nehmen würde, mit spielerischem Ernst eine eigene Gesellschaft aufzubauen und sich dabei selbst auszuprobieren und zu beobachten – und natürlich eine Menge Spaß.

Rüdiger Wild

Konstruktivistische Medientheorie

Beobachter, Teilnehmer und Akteure in medialen Diskursen

Interaktionistischer Konstruktivismus,
Band 13, 2016, 284 Seiten, br., 34,90 €,
ISBN 978-3-8309-3327-4
E-Book: 30,99 €, ISBN 978-3-8309-8327-9

Die konstruktivistische Medientheorie versteht sich als eine kulturtheoretisch begründete Medientheorie, in der Menschen als Konstrukteure ihrer Wirklichkeiten nicht nur als Beobachter, sondern auch als Teilnehmer und Akteure zu betrachten sind. Anhand medialer und medientheoretischer Diskurse zu den Themen Information, Beschleunigung und Gleichzeitigkeit, Medienmacht und Simulation werden nicht nur beobachterabhängige Versionen von Wirklichkeiten erörtert. Auch die sozialen und kulturellen Teilnahmen an einer medial geprägten und zunehmend digitalisierten Gesellschaft und die sich in diesem Kontext verändernden Handlungsmöglichkeiten werden in den Blick genommen und kritisch reflektiert. Mediale Technologien und Verwendungsweisen von Medien stehen darum im Vordergrund dieser Arbeit, welche schließlich in einen Entwurf medialer Beobachtertypen einfließen. Dieses Buch richtet sich an Bildungswissenschaftler und Medienpädagogen und alle, die an einer kritischen Perspektive auf unsere Mediennutzung interessiert sind.